AF628493

Panoramawege
Harz

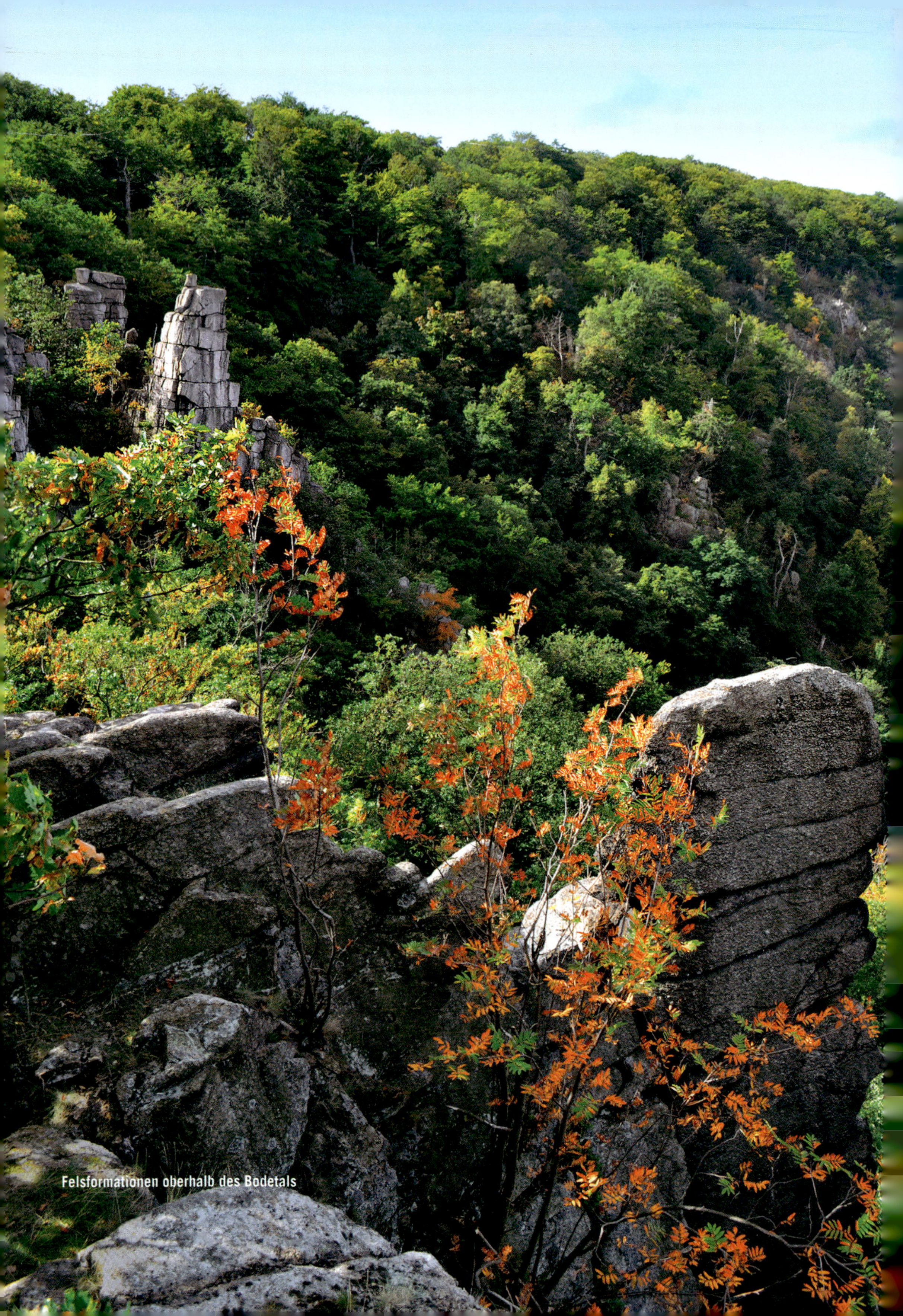

Felsformationen oberhalb des Bodetals

Michael Moll

Panoramawege HARZ

Die 30 schönsten Aussichtstouren

BRUCKMANN

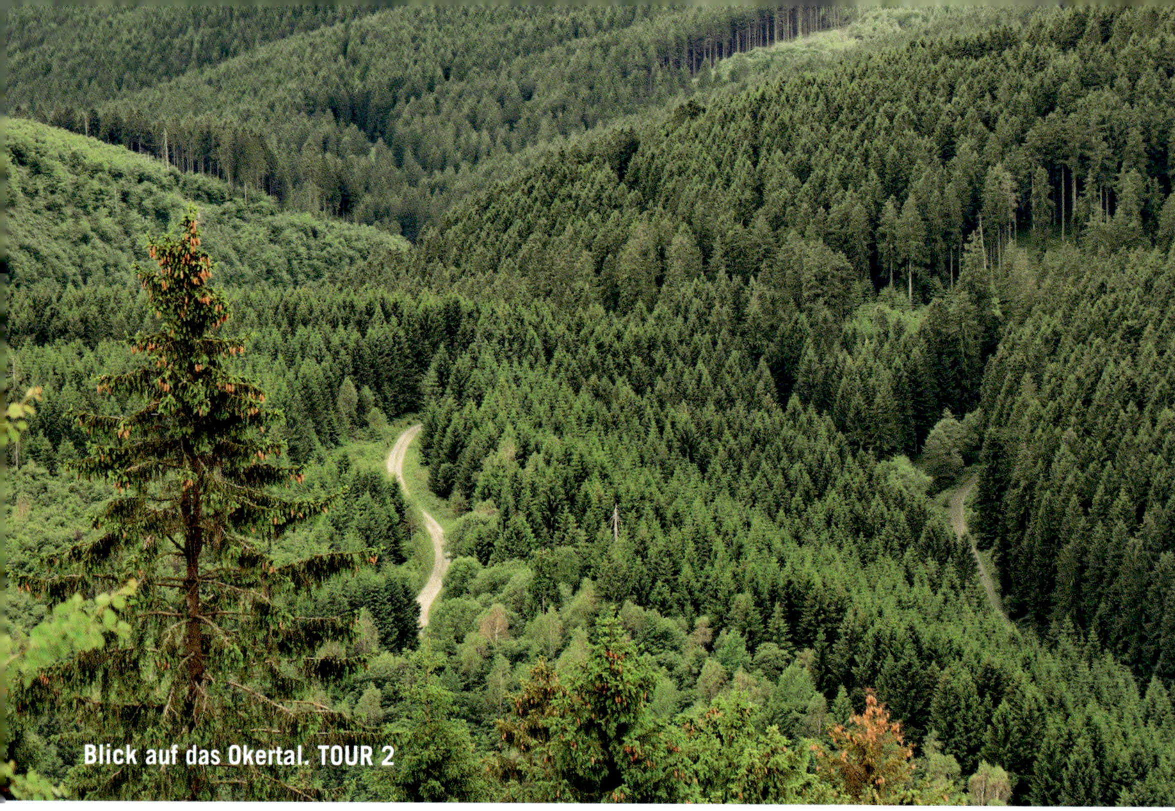

Blick auf das Okertal. TOUR 2

Inhalt

Diese Sitzbank ist offensichtlich schon besetzt. TOUR 7

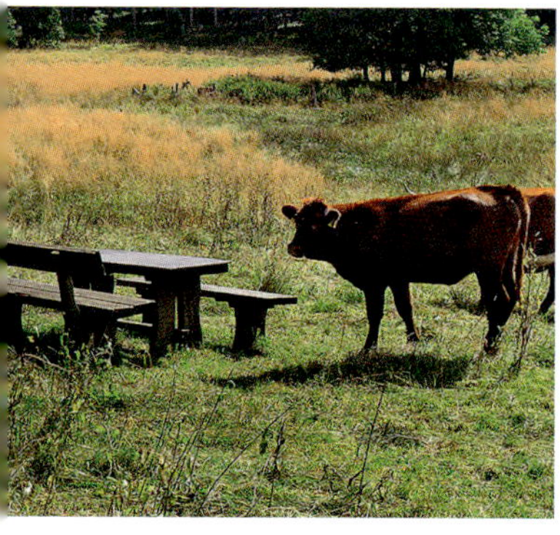

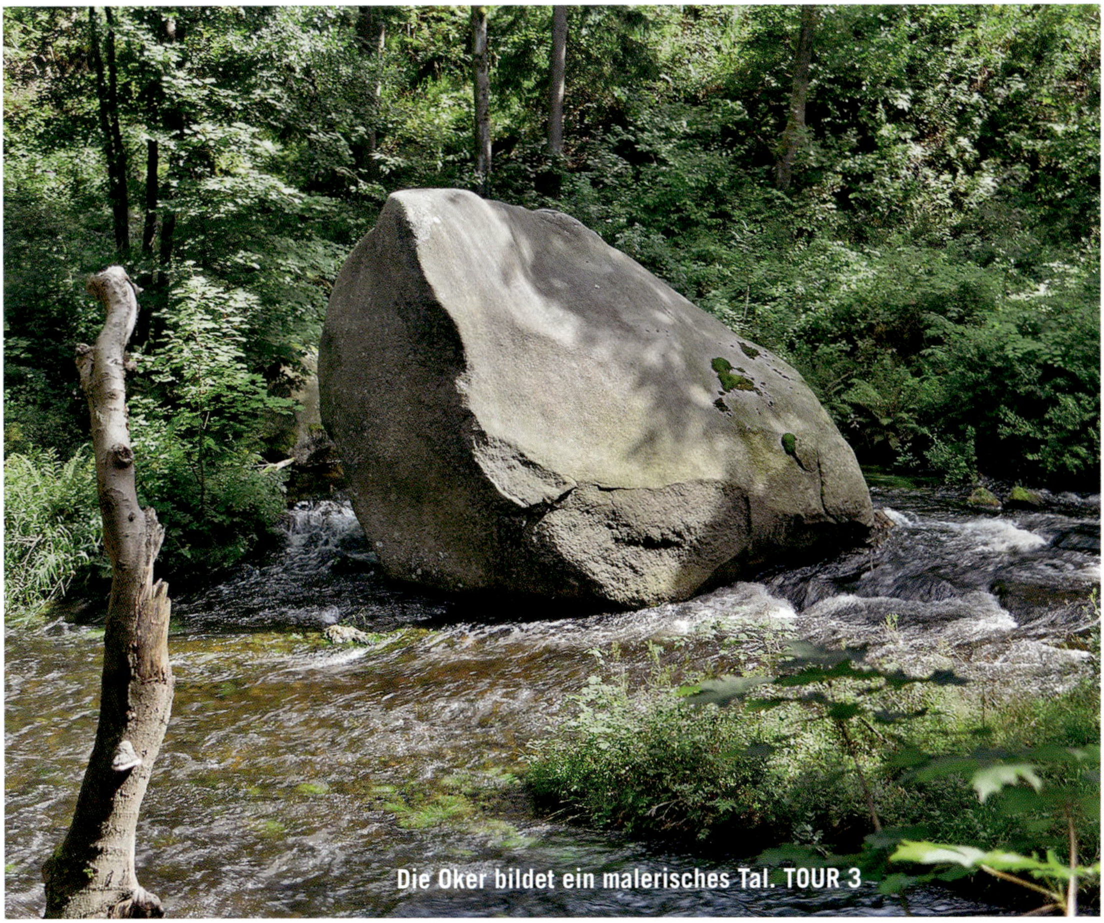

Die Oker bildet ein malerisches Tal. TOUR 3

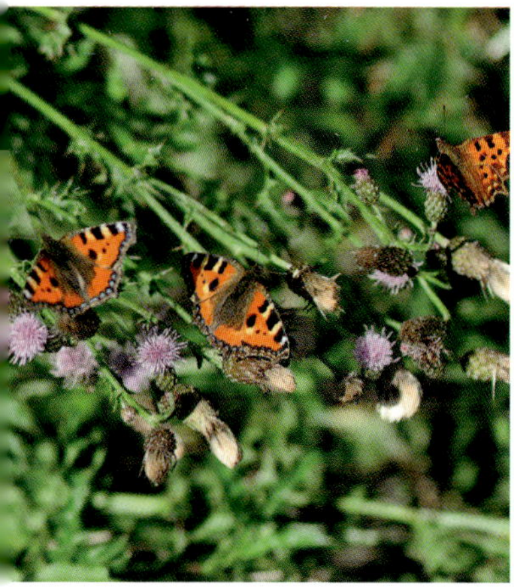

Schmetterlingsart »Kleiner Fuchs«, gesehen auf TOUR 11

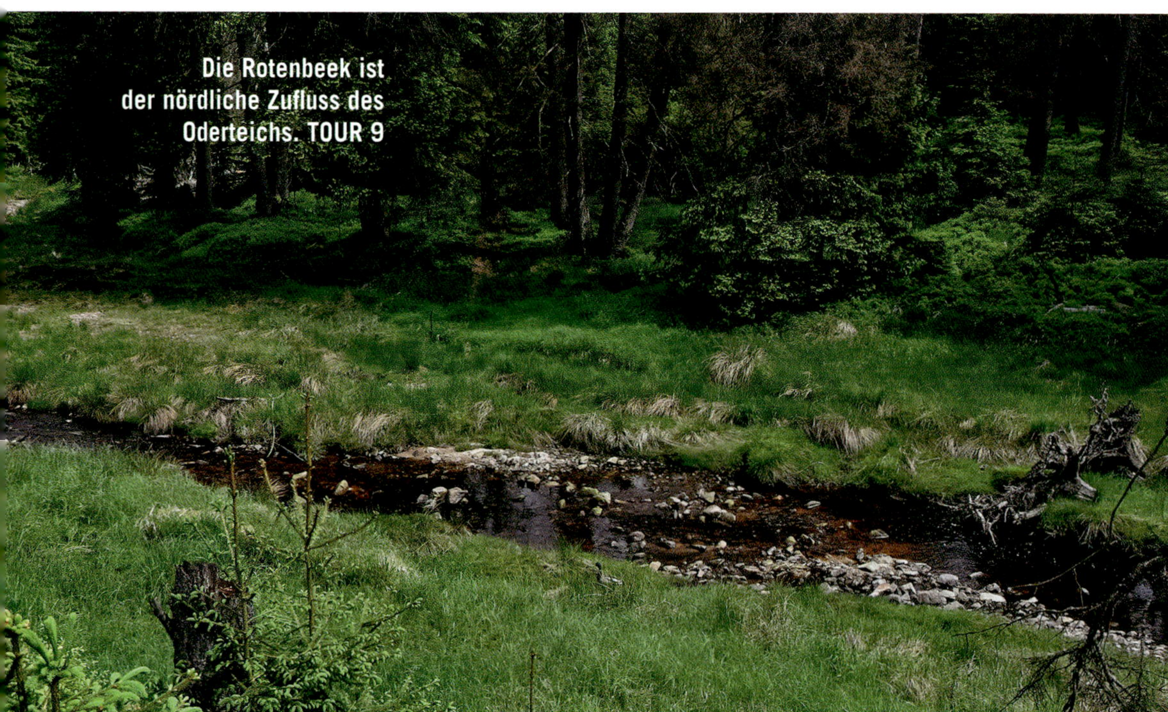

Die Rotenbeek ist der nördliche Zufluss des Oderteichs. TOUR 9

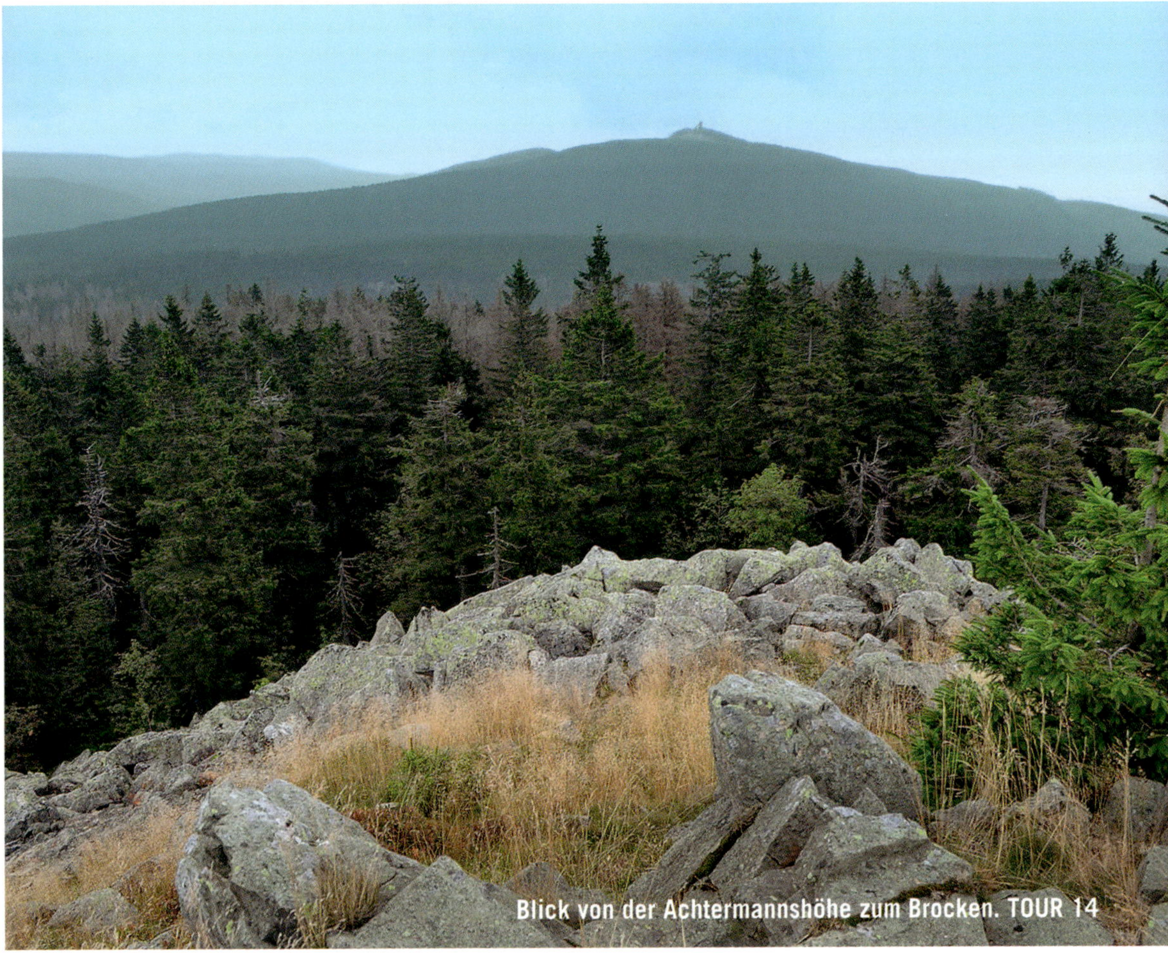

Blick von der Achtermannshöhe zum Brocken. TOUR 14

Gute Ausschilderung zum Anhaltinischen Saalstein. TOUR 20

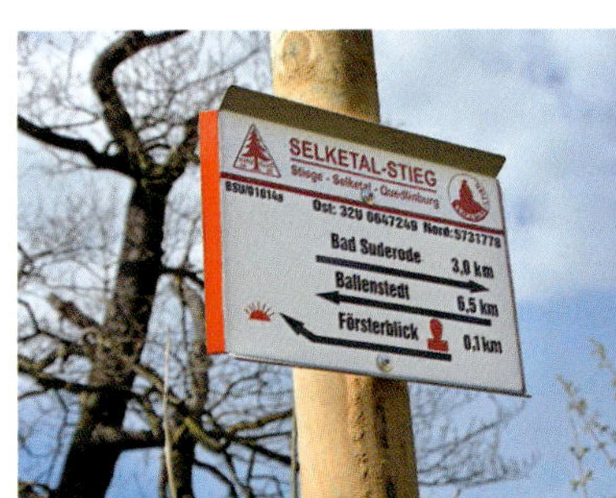

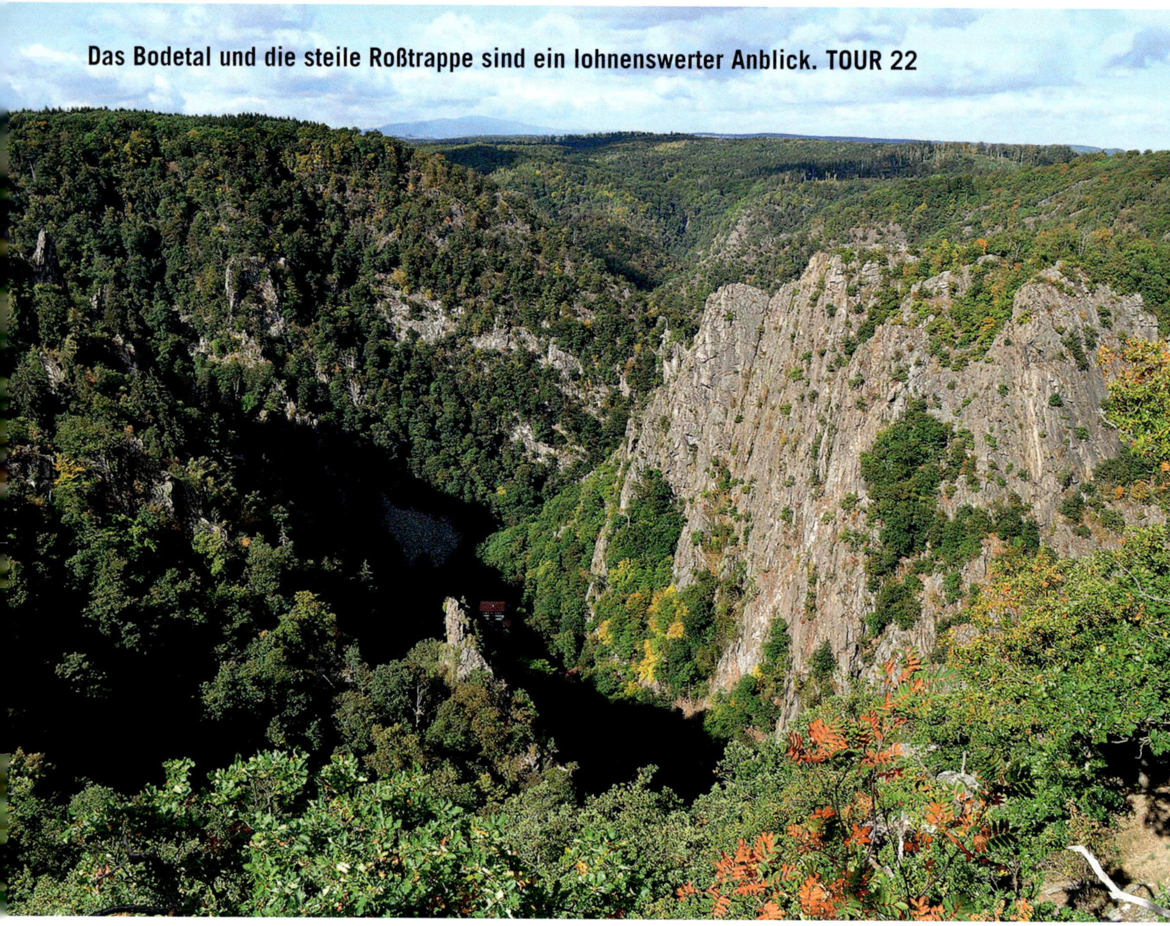

Das Bodetal und die steile Roßtrappe sind ein lohnenswerter Anblick. TOUR 22

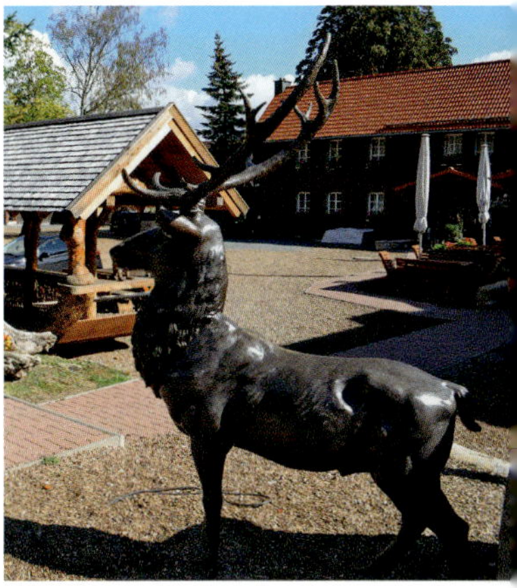

Gemütliche Einkehrmöglichkeit am Forsthaus Todtenrode. TOUR 23

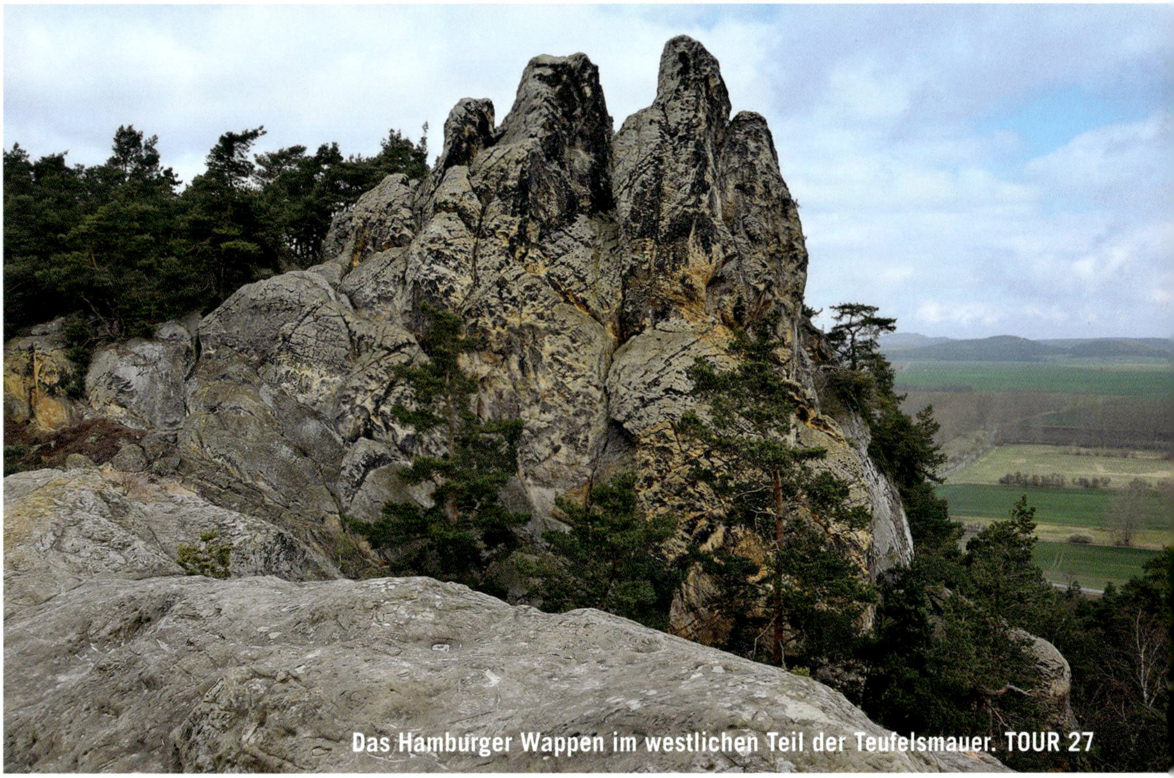

Das Hamburger Wappen im westlichen Teil der Teufelsmauer. TOUR 27

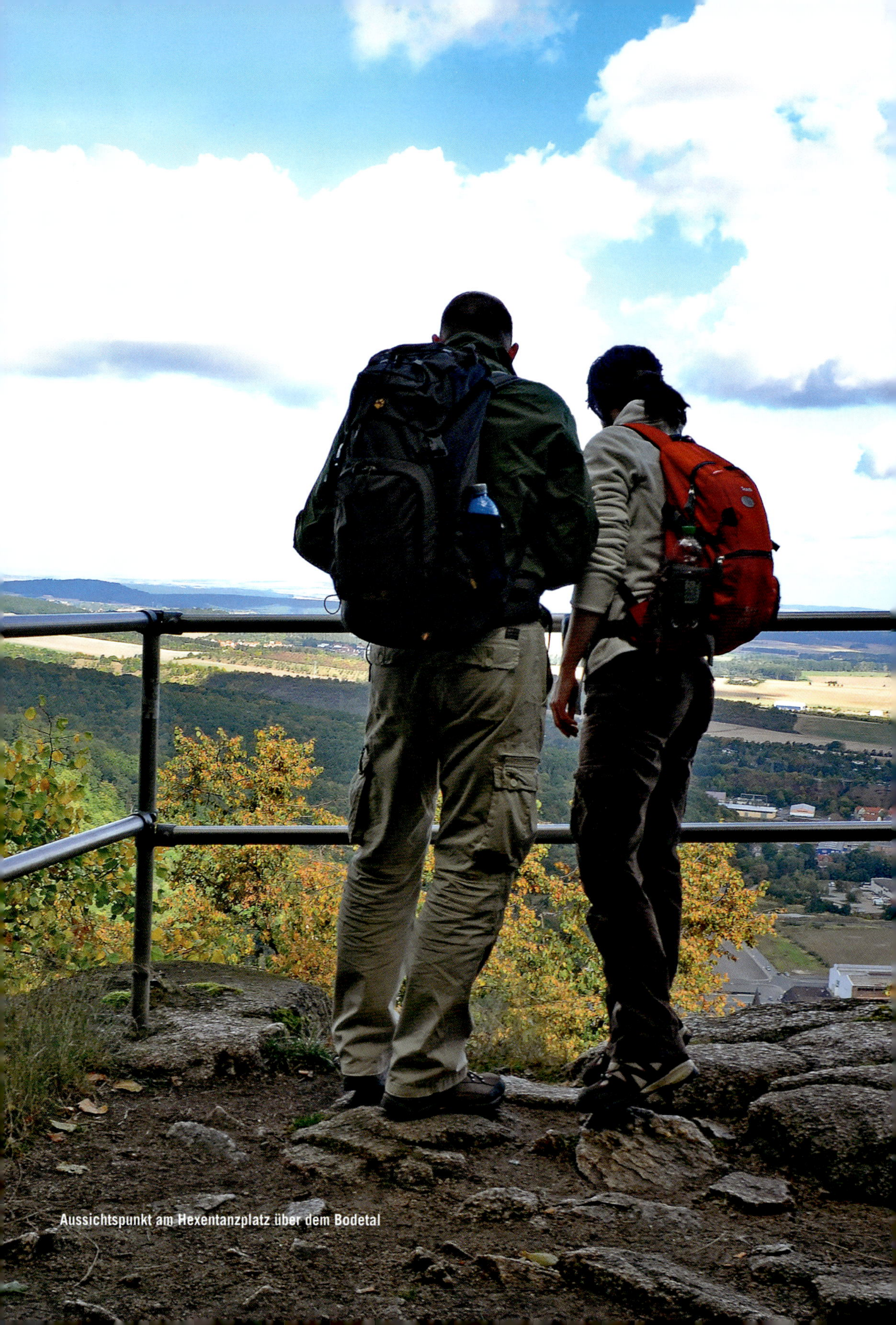

Aussichtspunkt am Hexentanzplatz über dem Bodetal

Panoramatouren durch den Harz

Ich sage es gleich mal vorweg: Ich liebe den Harz. Ich habe schon viele Wander- und Reiseführer geschrieben, die mich in die unterschiedlichsten Regionen Deutschlands brachten. Jede zeigt natürlich ihren eigenen Reiz und Vor- und Nachteile, doch der Harz hat mich sofort erobert. Diese Mittelgebirgsregion erhebt sich in Norddeutschland und ist ziemlich klar abgegrenzt. Nach Osten hin flacht der Harz zwar ab, doch im Norden und Süden folgt nach den Gipfeln gleich eine weite Ebene, was wiederum dazu führt, dass man von den vielen Gipfeln des Harzes immer wieder einen tollen Fernblick genießen kann.

Doch besonders die wunderbar angelegten Wege im Hochharz bzw. im Nationalpark haben es mir angetan. Wenn die Kiefern ihren Duft verströmen und kleine Bäche leise neben den Wanderwegen plätschern, dann macht es einfach nur Freude, durch die Wälder zu wandern und Teil der Landschaft zu werden. Doch der Harz besteht nicht nur aus Wäldern und Bächen, sondern bietet auch geologisch einige Sehenswürdigkeiten. Schon Goethe wusste das zu schätzen und reiste als Forscher dreimal in den Harz, um sich mit den teils bizarren Felsformationen zu beschäftigen. Froschfelsen, Ottofelsen, Treppenstein – das sind nur einige der Namen, die die Felsen im Laufe der Zeit erhielten.

Mein persönlicher Lieblingsfelsen ist die sogenannte Mausefalle oberhalb von Romkerhall. Ein großer Felsen wird scheinbar von einem kleineren Felsen festgehalten und würde man diesen wegschnippen, dann würde die Falle zuschnappen. Sieht gewagt aus, was die Natur dort geschaffen hat. Aber genau solche Dinge sind es, die den Harz so liebenswert machen. Es gibt eine große Auswahl an Felsen, Bergen, Tälern, Seen, Flüssen, Bächen, Städten, Aussichtspunkten und mittendrin eine Schmalspurbahn, die dampfend durch die Landschaft schnauft. Für all diese Sehenswürdigkeiten bin ich dem Harz dankbar.

Aber bedanken möchte ich mich auch beim Bruckmann Verlag, der es mir ermöglicht hat, dieses Buch zu schreiben und vor allen Dingen auch bei meiner Frau Monika, die mich auf sämtlichen Touren begleitete. Gemeinsam haben wir die Berge erklommen, die Stempel der Harzer Wandernadel gesammelt, den Regen ausgehalten, die Sonne genossen und zahlreiche Informationen gesammelt, die Ihnen hoffentlich helfen und auch dafür sorgen werden, dass Sie den Harz mögen werden. Einen ersten Schritt haben Sie hierfür schon getan, denn sonst würden Sie das Buch jetzt nicht in den Händen halten. Haben Sie viel Spaß damit und noch viel mehr Freude auf den Wanderwegen!

Michael Moll

Einleitung

Wandern – nicht nur für den Stempelpass

Der Harz ist eine der beliebtesten Wanderregionen Deutschlands und dabei extrem vielfältig. Das Mittelgebirge erstreckt sich über drei Bundesländer, war lange Zeit politisch geteilt, erreicht Höhen von über 1100 Metern und besitzt dennoch auch flache Ebenen. Daher wird jeder Wanderer und Naturliebhaber etwas für sich im Harz finden, was ihm gut gefällt, während ihn anderes vielleicht weniger anspricht. Thüringen hat den geringsten Anteil am Harz und beansprucht den südlichen Bereich der Region für sich, der von einer interessanten Karstlandschaft geprägt ist. Entsprechend verläuft dort der Karstwanderweg als Fernwanderweg durch den südlichen Harz. Niedersachsen mit den Städten Goslar, Clausthal-Zellerfeld, Osterode am Harz und Braunlage vereinnahmt den westlichen Harz, während der größte Anteil des Mittelgebirges nach Sachsen-Anhalt geht. Dort befinden sich nicht nur sehenswerte Städte wie Blankenburg, Wernigerode und Quedlinburg, sondern auch der höchste Berg der Region – der Brocken. Er ist der höchste Gipfel Norddeutschlands und bietet in 1141 Metern Höhe eine tolle Aussicht über die flache norddeutsche Ebene.

Dem Brocken gleich gegenüber befindet sich der Wurmberg als höchster Berg Niedersachsens. Diese beiden und einige weitere Gipfel erheben sich wiederum im Nationalpark Harz, der rund zehn Prozent Fläche der gesamten Region ausmacht und sich zentral im Harz befindet. Damit nimmt er einen großen Teil des Hochharzes ein. Bedeutend für Wanderer ist hierbei oft der Unterschied in der Qualität der Ausschilderung. Während im Nationalpark große und liebevoll gestaltete Holzschilder den Weg weisen und dabei sehr genau sind, findet man im Rest des Harzes metallene Schilder, die vom Harzclub aufgestellt wurden. Hier hat sich auf den Hauptrouten in den letzten Jahren zwar einiges in puncto Zuverlässigkeit und Lesbarkeit getan, doch bestehen hier immer noch gelegentlich Ungenauigkeiten.

Wollgras wächst am Ufer des Oderteichs.

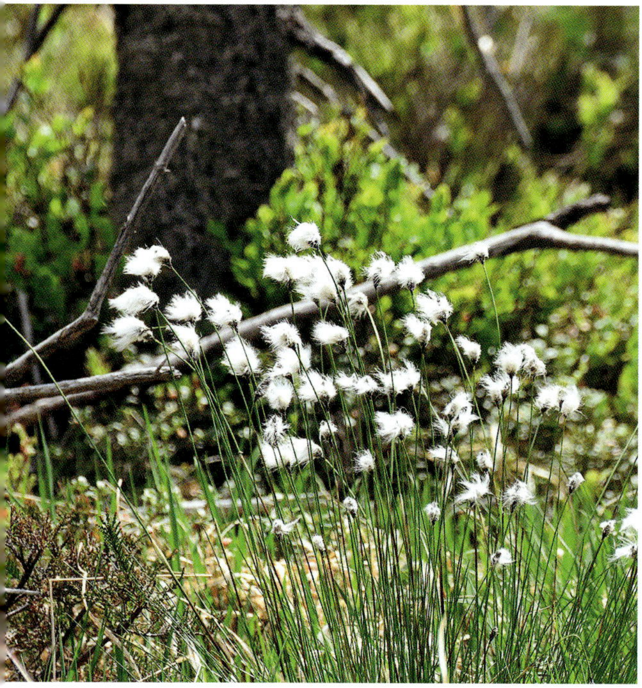

Wo hohe Berge sind, da gibt es in der Regel auch tiefe Täler und Schluchten, die sich spektakulär in die Landschaft graben. Dazu zählen ganz ohne Zweifel das enge Okertal südlich von Goslar und das relativ dunkle Bodetal bei Altenbrak. Letzteres ist weiter flussabwärts noch spektakulärer, wenn es unterhalb des le-

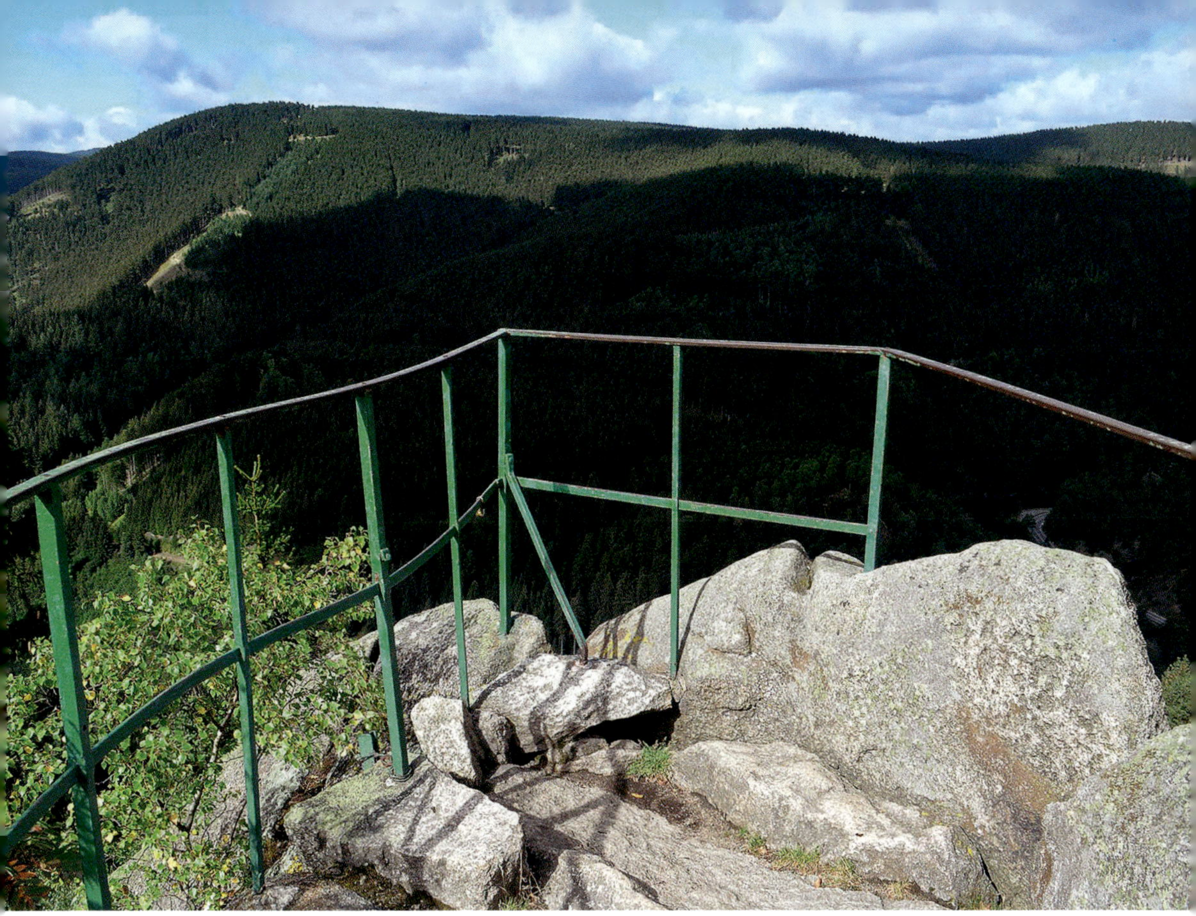

gendären Hexentanzplatzes bei Thale eine enge Schlucht bildet. Aber der Harz hat nicht nur landschaftliche Qualitäten, sondern auch kulturell so einiges zu bieten. Für den abendlichen Stadtspaziergang nach den Tageswanderungen bietet sich zum Beispiel ein Besuch der Altstadt von Quedlinburg an. Diese ist zusammen mit dem Schloss und der Stiftskirche als Weltkulturerbe gelistet. Auch die Altstadt von Goslar ist laut UNESCO schützenswert. Sie wurde zusammen mit dem nahe gelegenen Bergwerk Rammelsberg und der Oberharzer Wasserwirtschaft auf die Weltkulturerbeliste gesetzt. Ohnehin ist die Bergbautradition im Harz unübersehbar. Das Bergwerk Rammelsberg konnte bei seiner Einstellung auf eine 1000-jährige Geschichte zurückblicken und das Oberharzer Wasserregal zeigt sich heute als idyllische Seenlandschaft, wurde jedoch von Menschenhand erschaffen, um den Bergbau ab dem 17. Jahrhundert durchzuführen.

Ausblick von den Kästeklippen

Die Auswahl an Wanderwegen im Harz ist genauso vielfältig wie der Harz selbst. Es existieren einfache Touren, die auf breiten Forstwegen durch die ebenen Wälder führen, aber es gibt auch Wanderungen, die ohne festes Schuhwerk und ohne Trittsicherheit besser nicht durchgeführt werden sollten. Ähnlich unterschiedlich verhält es sich mit der Besucherfrequenz auf den Wanderwegen. Während die gut ausgebauten Wege im Nationalpark, und hier insbesondere rund um den Brocken, oftmals sehr gut besucht sind, hat man andere Berggipfel vielfach für sich alleine. Besonders der Ostharz wird recht stiefmütterlich behandelt. Zugegeben, die Gebirgslandschaft

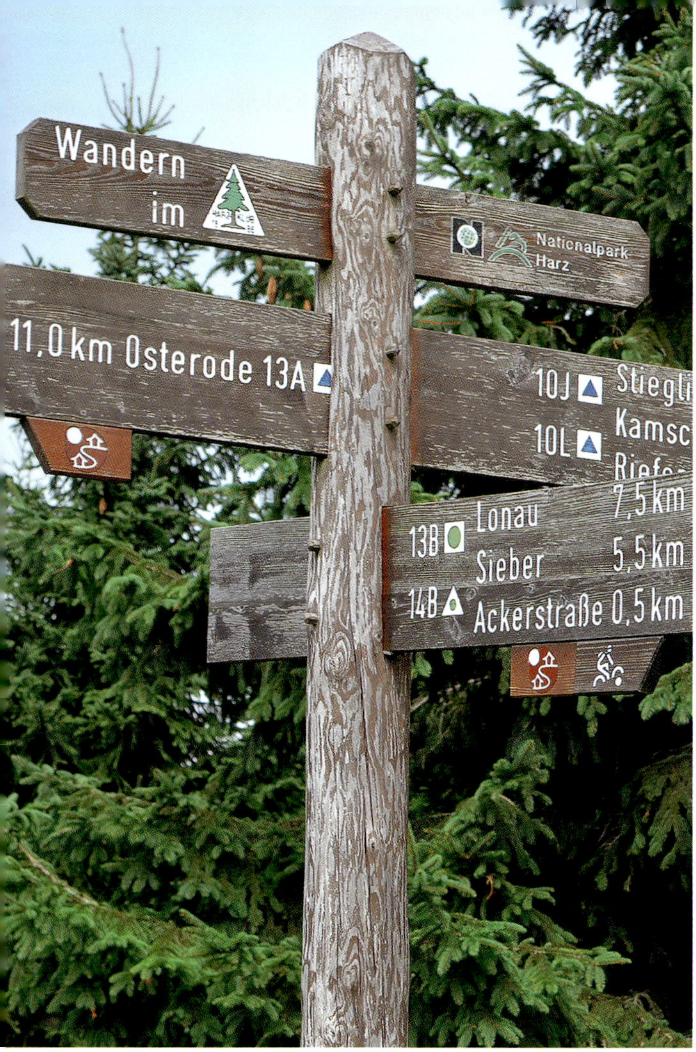

Die meisten Wege sind gut beschildert.

flacht nach Osten hin ab und die Touren bieten dort meistens weniger Höhenmeter. Aber das Selketal oder die Gipskarstlandschaft Questenberg sind mindestens genauso sehens- und erlebenswert. Neben den grandiosen Landschaften gibt es aber auch noch zahlreiche Burgruinen, Schlösser und Aussichtstürme, die besichtigt und erklommen werden wollen. Alles in allem ist der Harz keine Landschaft, die man mal eben an einem Wochenende kennenlernt.

Um diese Vielfalt optimal erleben zu können, bietet es sich an, der menschlichen Sammelleidenschaft nachzugeben und sich mit der sogenannten Harzer Wandernadel zu befassen. Bei diesem Projekt, das von einem Verein initiiert wurde, wurden insgesamt 222 Stempelkästen über den gesamten Harz verteilt angebracht. In allen drei Bundesländern stehen in den Wäldern und an den Sehenswürdigkeiten der Region Holzkästen mit jeweils einem Stempel – einmalig in Deutschland. Manche Stempelkästen sind verhältnismäßig einfach zu erreichen und befinden sich an Orten wie dem Bergwerk Rammelsberg, wo auch Tagestouristen leicht mit dem Auto anreisen können. Doch für die meisten Stempel sind einige Kilometer Wanderung zurückzulegen. Dabei gelangt man an interessante Ziele und Aussichtspunkte, die man sonst möglicherweise gar nicht angesteuert hätte. Natürlich sind 222 Stempel eine Hausnummer und das macht man nicht in einem einzigen Harzurlaub, aber da es keine zeitliche Frist gibt, kann man die Stempel über die Jahre sammeln und sich bei Zwischenzielen mit kleinen Auszeichnungen selbst belohnen. Für acht unterschiedliche Stempel erhält man die bronzene Wandernadel. Dieser folgt Silber mit 16 Stempeln und Gold mit 24 Stempeln. Wer 50 Stempel erwandert hat, der darf sich bereits Harzer Wanderkönig nennen und bei 150 Stempeln erhält man den Harzer Wanderschuh. Darüber hinaus gibt es für Kinder den Harzer Wanderprinz bzw. die Wanderprinzessin für elf Stempelstellen sowie den Harzer Wandersteiger, der an die Bergbaugeschichte der Region geknüpft ist. Weitere Themennadeln befassen sich mit Johann Wolfgang von Goethe, mit dem Harzer Grenzweg und dem Harzer Hexenstieg. Die benötigen eine überschaubare Anzahl an Stempeln, die an thematisch passenden Orten einzuholen sind. Informationen hierzu erhält man im Servicebüro der Harzer Wandernadel, Schnappelberg 6, 38889 Blankenburg (Harz), Tel. 03944/9547148 oder im Internet

unter www.harzer-wandernadel.de, wo man die Stempelpässe und das dazugehörige Zubehör auch schon vor der Reise bestellen kann.
Wer sich nicht zutraut, alle 222 Stempel zu erwandern, der kann auch im kleineren Umfang sammeln. Der Harzer Klosterwanderweg verläuft am nördlichen Harzrand zu zahlreichen Klöstern und Klosterorten, wo man auf den 67 Kilometer langen Weg zwischen Thale und Goslar neun Stempelstellen antrifft. Ein Stempel mehr ist es auf den 74 Kilometern des Lutherwegs. Und ob Kloster oder Luther, bei beiden Wegen erhält man anschließend eine entsprechende Wandernadel. Für die ganz Eiligen empfiehlt sich abschließend der Liebesbankweg bei Goslar Hahnenklee, der hier im Buch ausführlich beschrieben wird. Entlang sieben Kilometern befinden sich drei Stempelstellen, die anschließend mit einem Liebesbankzertifikat belohnt werden.

Praktische Informationen

Reisen im Harz

Mit dem Auto oder Wohnmobil reist es sich hervorragend und bequem im Harz. Von West nach Ost verläuft die Bundesstraße 242, während man parallel dazu im nördlichen Harzvorland auf der Autobahn 36 und im Süden auf der Autobahn 38 gut vorwärtskommt. Verbunden sind diese drei Hauptstraßen über die Nordsüdverbindungen der Bundesstraßen 241, 498, 4, 27, 81 und 185 (von West nach Ost). Die wichtigste von ihnen ist die Bundesstraße 4, die von Bad Harzburg nach Nordhausen verläuft und dabei durch den Nationalpark Harz und damit am stark frequentierten Torfhaus vorbeiführt.
Beim öffentlichen Nahverkehr darf natürlich die Harzer Schmalspurbahn nicht unerwähnt bleiben. Mit ihr kann man sich sogar die Besteigung des Brockens ersparen, wenn man denn das so möchte. Sie besteht aus drei Streckenabschnitten: Die Selketalbahn startet in der Altstadt von Quedlinburg und trifft mit Abstechern nach Harzgerode und Hasselfelde auf die Harzquerbahn. Diese verläuft in Nordsüdrichtung von Wernigerode nach Nordhausen. Am Bahnhof Drei Annen Hohne, einem beliebten Punkt, um mehrere Dampflokomotiven auf einmal sehen zu können, zweigt wiederum die Brockenbahn ab, die schließlich den höchsten Berg des Harzes ansteuert.
Wer im Landkreis Harz übernachtet, also in Städten wie Falkenstein, Quedlinburg, Wernigerode oder Halberstadt, der hat die Möglichkeit, mit

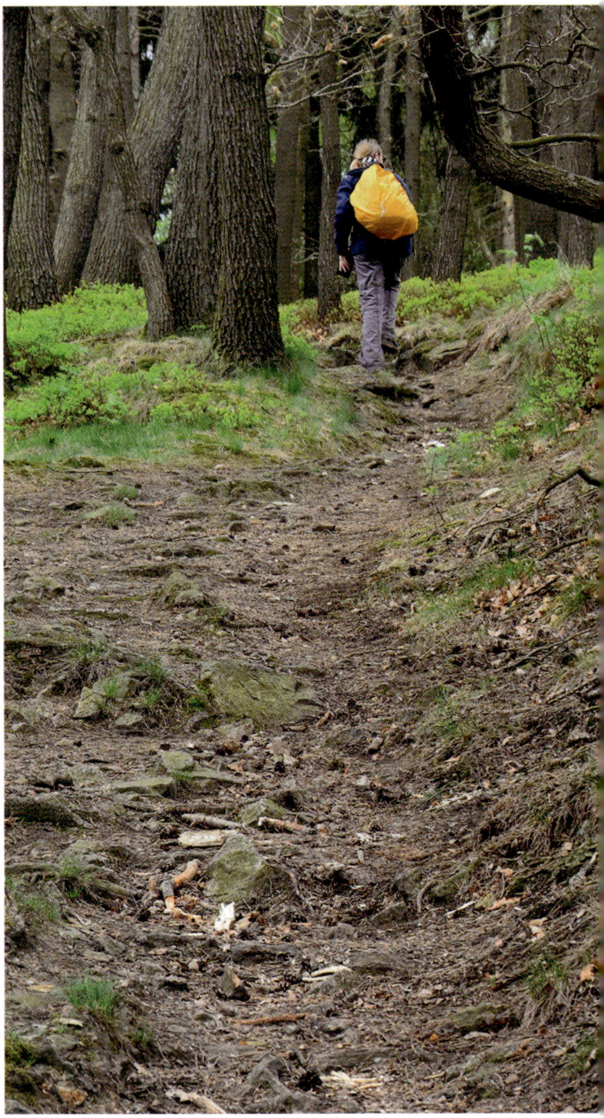

Wanderweg oberhalb des Kalten Talbachs

dem sogenannten Harzer Urlaubsticket (HATIX) kostenfrei alle Bus- und Straßenbahnverbindungen in dem Landkreis zu nutzen.

Beste Jahreszeit und Wetter

Grundsätzlich lässt sich der Harz zu jeder Jahreszeit erwandern, denn er hat natürlich das ganze Jahr hindurch seinen Reiz. Wobei der verschneite Winter im Hochharz dann nur erfahrenen Wanderern zu empfehlen ist, denn gerade diese Zeit ist rund um den Brocken oder gar auf dem Brocken sehr frostig und Wanderungen sind anstrengend. Die schönste Zeit ist selbstverständlich der Sommer, wenn die Bäume ihr Grün tragen und die Tierwelt zu hören, spüren und sehen ist. Wer im Frühling unterwegs sein möchte, der sollte bedenken, dass dieser besonders im Hochharz mit rund vier Wochen Verzögerung gegenüber dem Flachland eintritt. Wer also in Hamburg oder im Ruhrgebiet zu seiner Fahrt in den Harz aufbricht und sich bereits seit einiger Zeit am Anblick der gelb leuchtenden Osterglocken erfreut, wird in den Höhenlagen rund um Braunlage feststellen, dass diese ihre Blüten noch nicht geöffnet haben und die Bäume auch noch keine Blätter tragen.

Ähnliches gilt für das Wetter. Denn während sich die Wolken im Hochharz abregnen, kann im Ostharz herrlicher Sonnenschein bei strahlend blauem Himmel bestehen. Ohnehin sollte man wissen, dass das Klima bzw. Wetter am Brocken kaum mit jenem des übrigen Harzes vergleichbar ist. An vielen Tagen verbirgt sich die Kuppe des Brockens in dichten Wolken bzw. Nebel. Der Rekord hierbei wurde im Jahr 1958 aufgestellt, als der Brocken an 330 Tagen nicht sichtbar war. Umgekehrt lohnt sich die Besteigung des Brockens an solchen Tagen natürlich nicht, da die ansonsten tolle Fernsicht dann ebenso eingeschränkt ist. Daher sollte man immer einen Blick zum Brocken werfen und nötigenfalls an dem Tag lieber einen anderen Berg besteigen. Auch sollte man natürlich berücksichtigen, dass es auf dem Brocken recht kühl zugeht. Von Hitzerekord kann man nämlich kaum sprechen, wenn die höchste jemals gemessene Temperatur gerade einmal 29,7 °C beträgt (Juli 2019). Durch den dort vorherrschenden Wind liegt die gefühlte Temperatur außerdem weit darunter. Man sollte also bei der Brockenbesteigung darauf achten, angemessene Kleidung zu tragen.

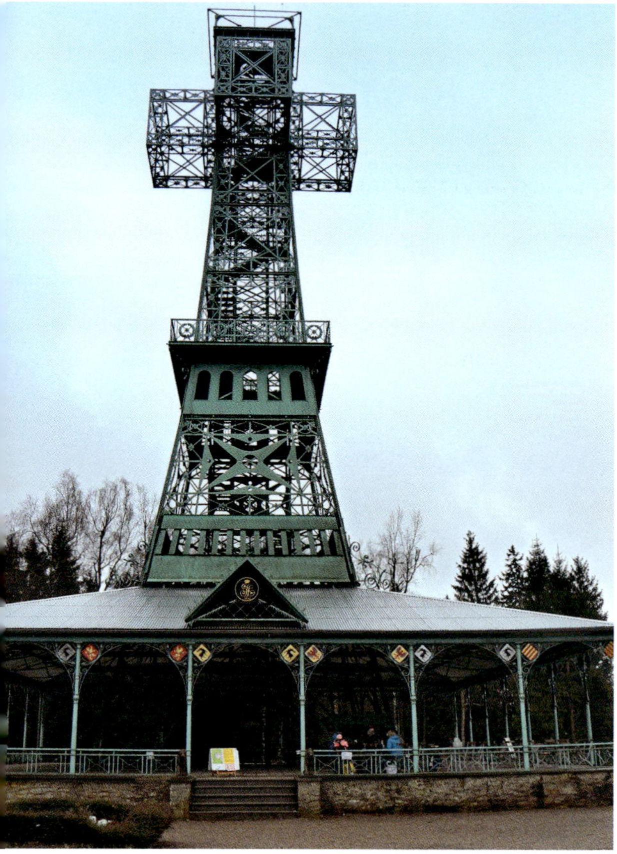

Das Josephskreuz erinnert an den Pariser Eiffelturm.

Ausrüstung

Viele Wanderwege sind sehr leicht begehbar, dennoch ist festes Schuhwerk, das über die Knöchel ragt, sinnvoll und empfehlenswert. Wie schon oben erwähnt, ist wetterfeste bzw. warme

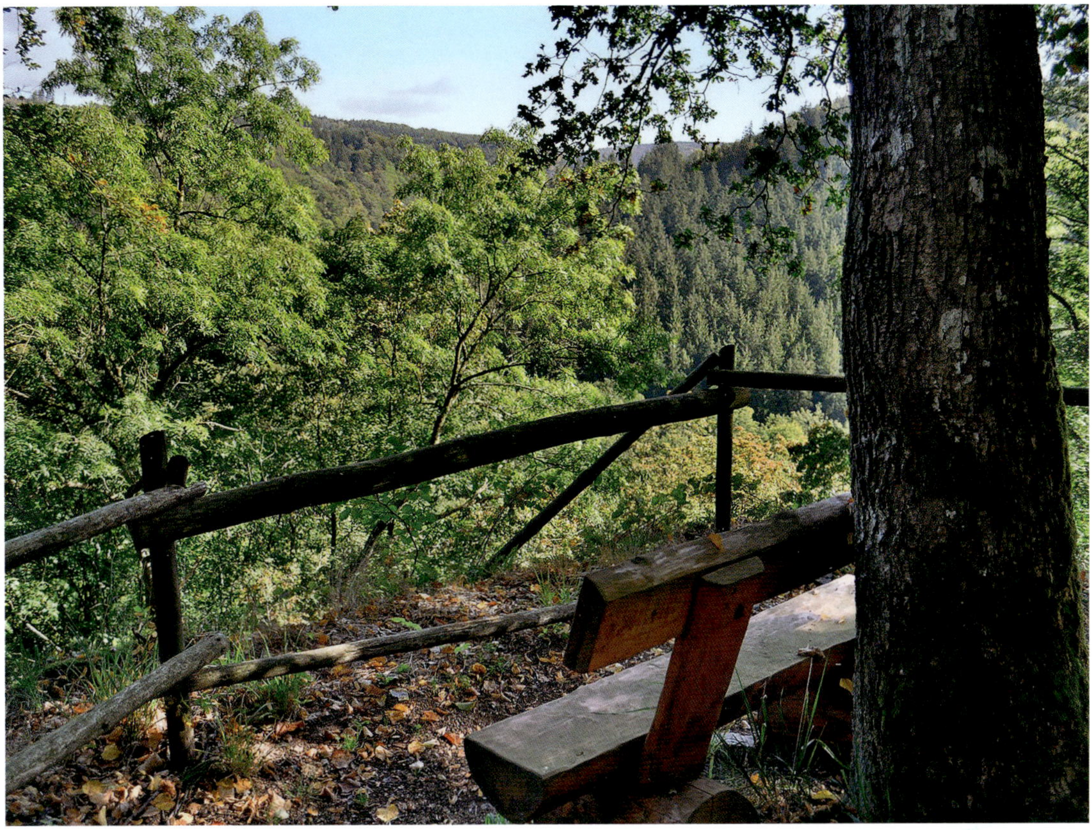

Rastplatz mit Aussicht in die grüne Landschaft

Kleidung hilfreich, wenn man sich aufmacht, den Brocken zu besteigen oder mit der Harzer Schmalspurbahn auf den Gipfel zu fahren.

Gehzeiten

Die Gehzeiten in diesem Buch sind nur als ungefähre Annäherungswerte ohne Pausen zu verstehen. Diese hängen natürlich von der eigenen Kondition und Geschwindigkeit ab.

Einkehrmöglichkeiten

Nicht alle Touren führen an Einkehrmöglichkeiten vorbei. Daher ist auf Rucksackverpflegung zu achten. Außerdem sollte man sich vor Antritt der Wanderung am Ausgangspunkt über die Öffnungszeiten der anvisierten Einkehrmöglichkeit informieren. Diese können saisonbedingt unterschiedlich ausfallen.

Naturschutz

Natürlich sind die Wege nicht zu verlassen, im Nationalpark dürfen keine Pflanzen gepflückt werden und auch im übrigen Harz sollte man sie nicht unnötig pflücken. Tiere sind in Ruhe zu lassen. Am besten erlebt man den Harz, wenn man sich selber leise durch die Landschaft bewegt und Gespräche während der Wanderung in angemessener Lautstärke führt.

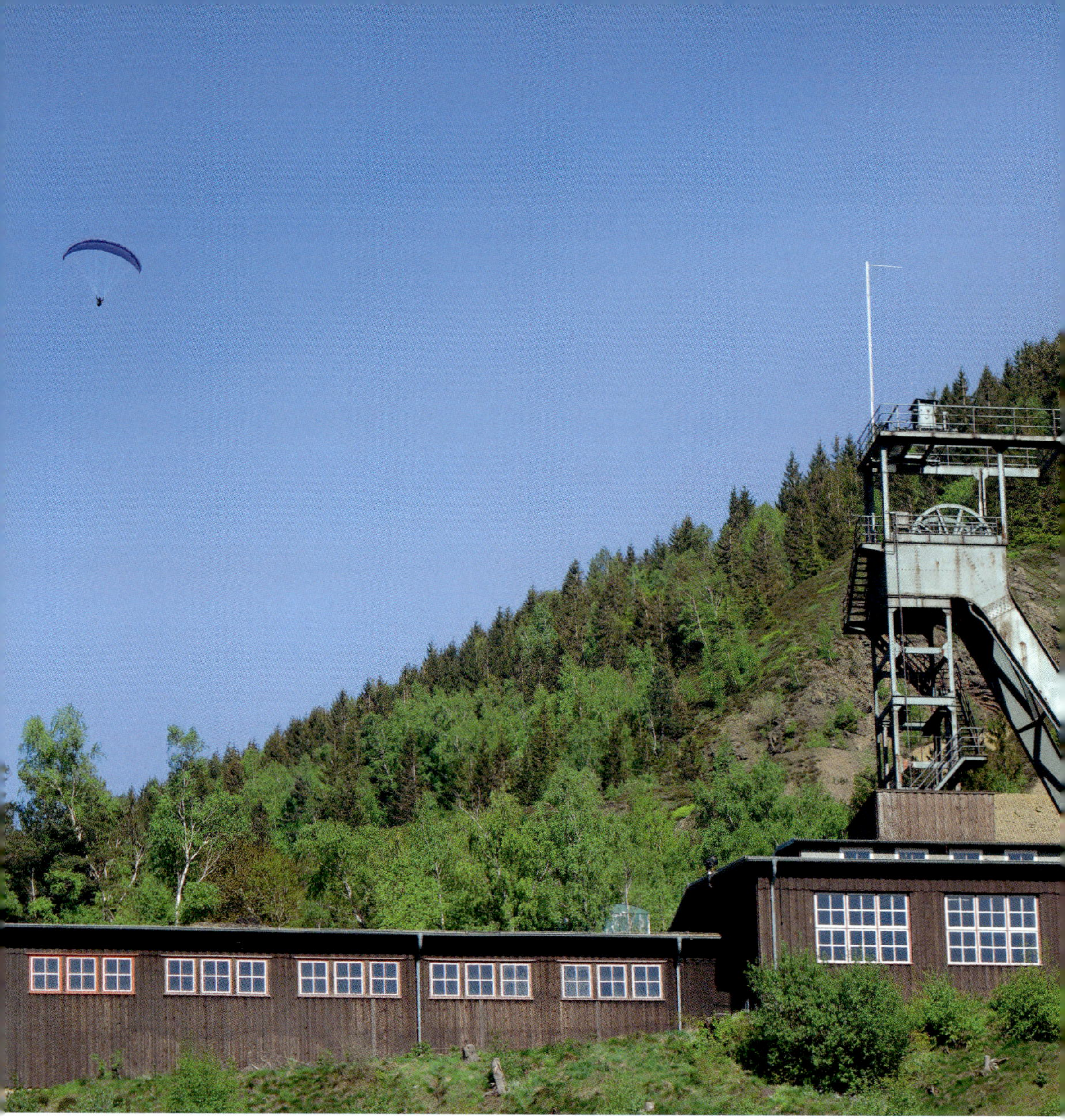

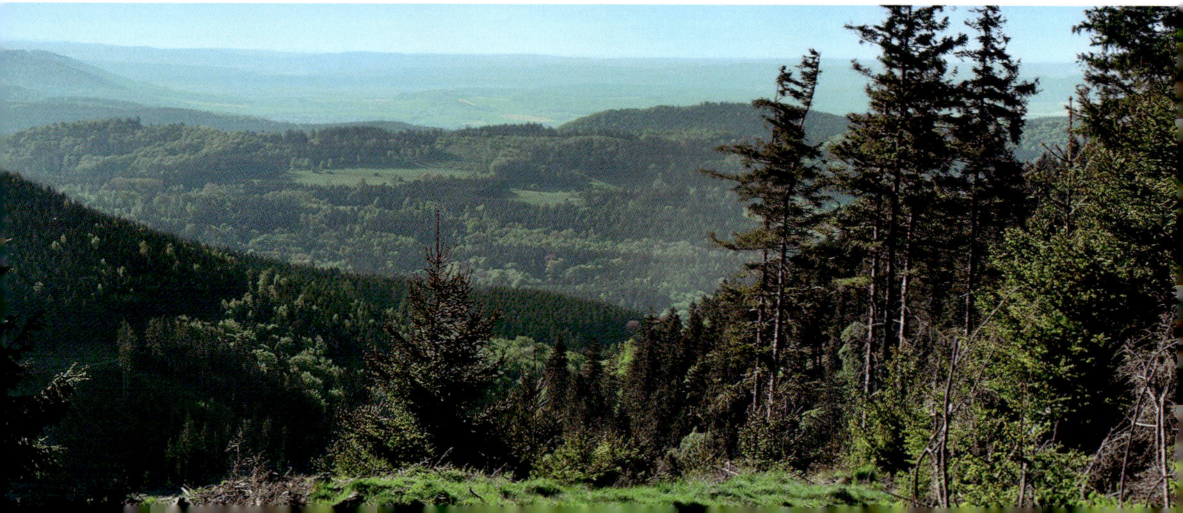

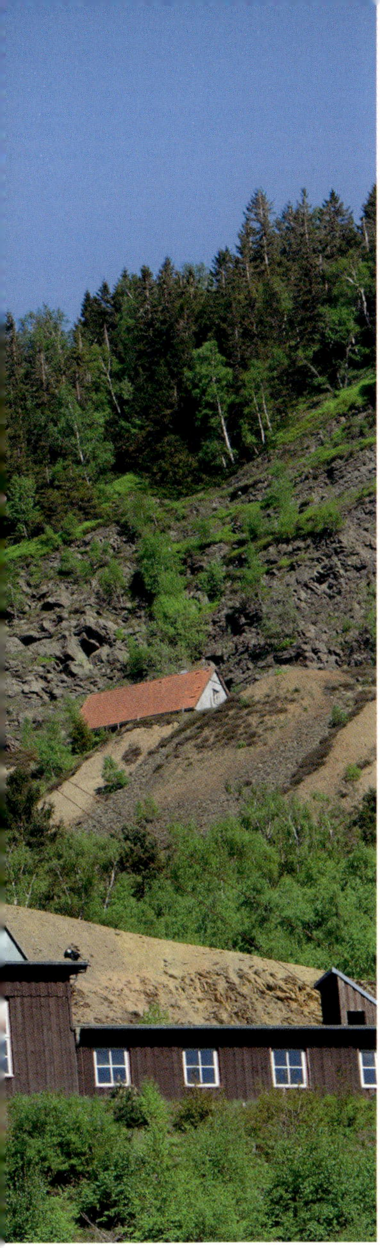

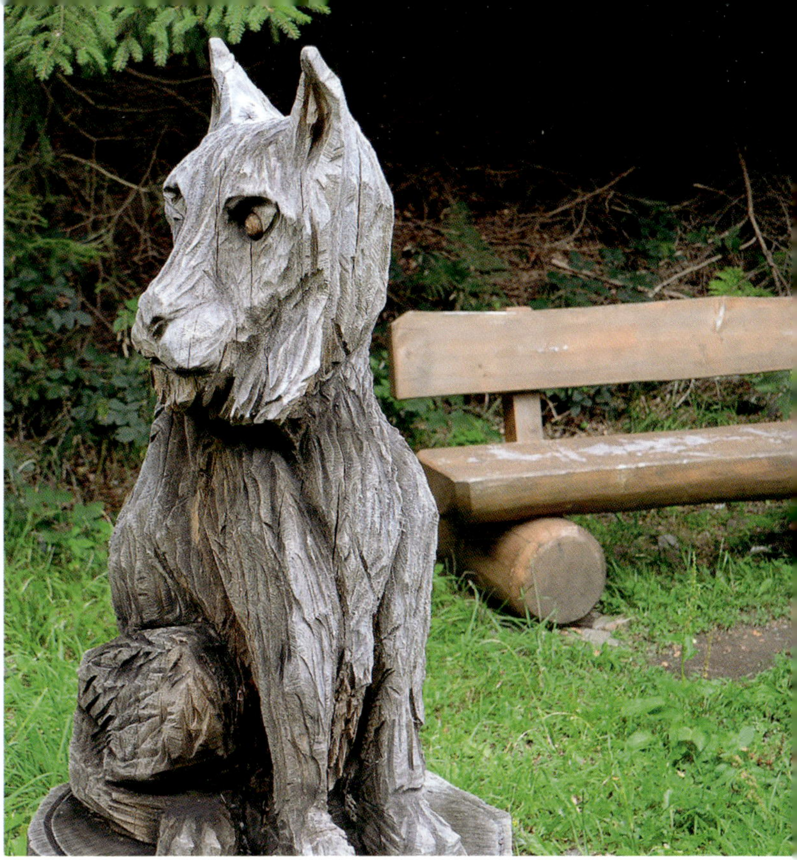

Westharz

Das Bergwerk Rammelsberg steht heute auf der Liste der Weltkulturerben (o. li.). Am Luchsstein wird dem letzten Luchs im Harz gedacht (o. re.). Nach der Wanderung lohnt sich ein Spaziergang in die Altstadt von Goslar (u. re.). Wanderweg weit oberhalb von Goslar (u. l.)

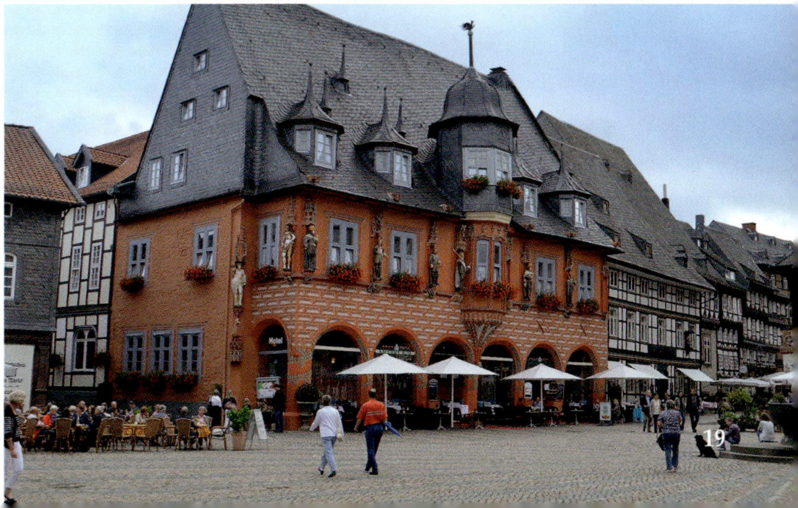

1

Der Liebesbankweg

Wanderung mit Schmetterlingen im Bauch

Leicht 6,3 km 190 Hm 2:30 Std.

Tourencharakter
Leichte, meist schattige Wanderung auf Waldwegen und Wurzelpfaden mit einigen Ausblicken. Aufgrund der Liebesbänke zahlreiche Pausenmöglichkeiten, sehr leichte Orientierung dank hervorragender Ausschilderung.

Ausgangs-/Endpunkt
Parkplatz Bocksbergweg, Goslar-Hahnenklee (GPS: 51.856924, 10.343248)

Anfahrt
Auto: Mit dem Auto auf der Bundesstraße 241 zwischen Goslar und Clausthal-Zellerfeld bis zum Abzweig bei Kreuzeck. Dort auf die L 516 und hinter Bockswiese rechts nach Hahnenklee. **Bus:** Mit dem Bus 830 ab Goslar bis Hahnenklee.

Einkehr
Gaststätten vor oder nach der Tour in Hahnenklee, unterwegs Kaffeehaus Egerland oder Restaurant Schoko am Kreuzeck

Karte
Karte der Harzer Wandernadel, Blatt 1, 1:50 000, über http://shop.harzer-wandernadel.de

Tourismusinformation
Hahnenklee Tourismus, Kurhausweg 7, 38644 Goslar-Hahnenklee, Tel. 05325/5104-0, www.hahnenklee.de

Sonstiges
Ausgabe eines Zertifikats nach Abschluss der Wanderung; Stempelstelle 112 der Harzer Wandernadel

Im Goslarer Ortsteil Hahnenklee lässt der Liebesbankweg die Herzen von Verliebten höher schlagen. Entlang der gesamten Strecke stehen liebevoll geschnitzte Sitzbänke, die über die einzelnen Jahrestage einer Ehe informieren. Gut für die Ehe, wenn man diese nicht vergisst.

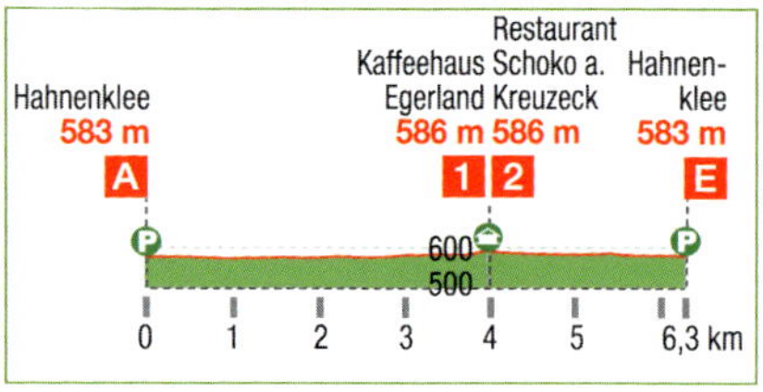

Es schadet einer Ehe nicht, wenn man seiner Anvertrauten zum Hochzeitstag ein kleines Geschenk bereitet – so sagt man. Und gerne wird allgemein behauptet, dass Ehemänner den Jahrestag des »schönsten Tages im Leben einer Frau« allzu oft vergessen würden. Vielleicht kann man mit einer Wanderung auf dem Liebesbankweg etwas gutmachen, einen Versuch ist es zumindest wert. Aber auch für Pärchen, die sich das Jawort noch gar nicht gegeben haben, ist der Wanderweg empfehlenswert. Denn auf der Hochzeitsbank wurden schon einige

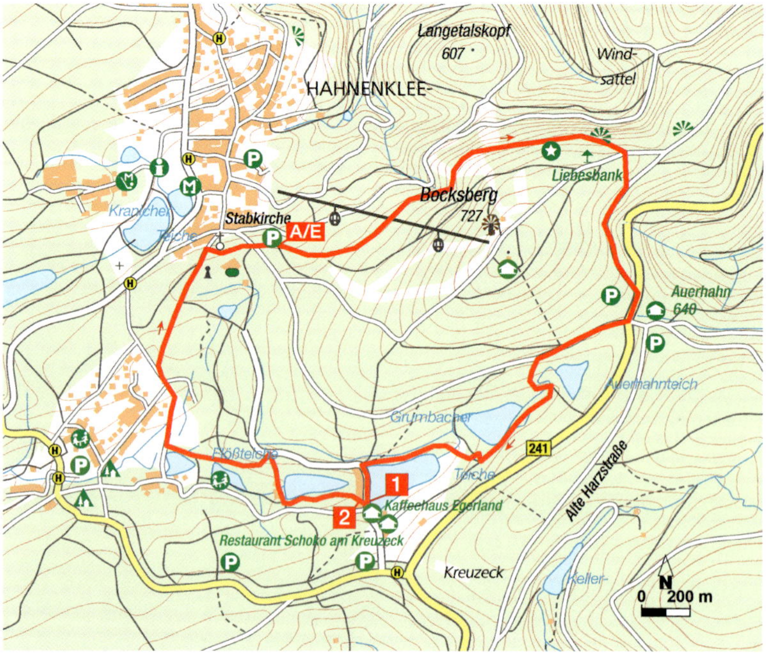

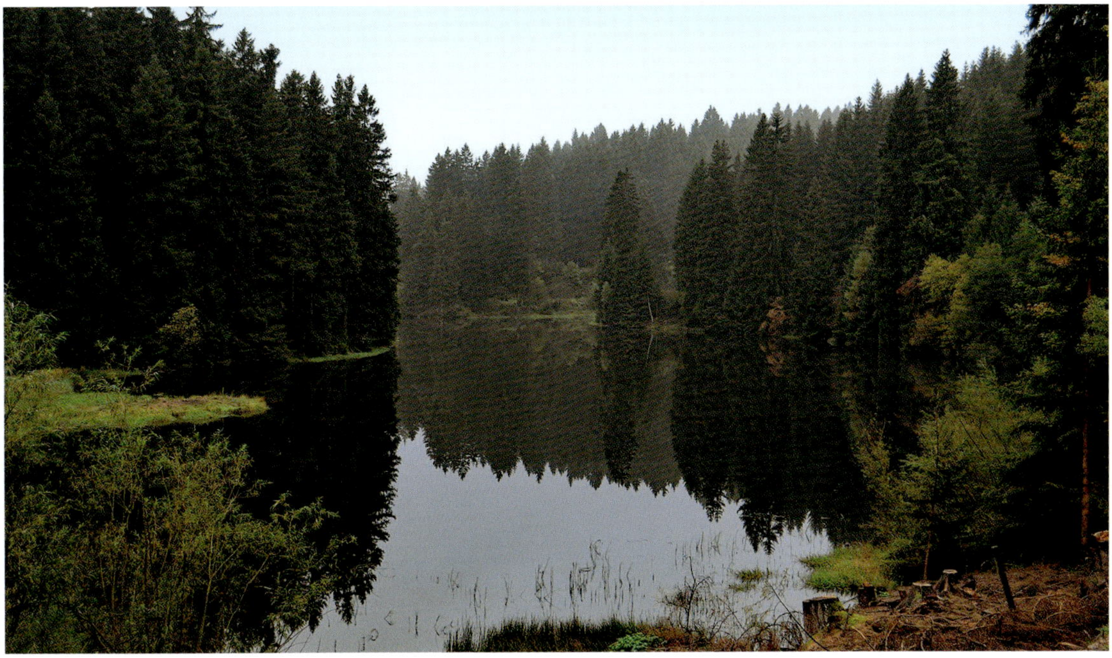

Unterwegs genießt man den Ausblick auf die Seen.

Hochzeiten gefeiert. Wer noch nicht so weit ist, der sollte aber zumindest mal darüber nachdenken, an so einem romantischen Ort auf die Knie zu gehen, die Hand der Braut zu nehmen und die alles entscheidende Frage zu stellen. Dann wird im besten Falle aus einer Wanderung im Wald eine Wanderung fürs Leben.

Festhalten sollte man den magischen Moment dann aber auch und zwar nicht nur mit einem Selfie, sondern mit einem waschechten Zertifikat. Ausgestellt wird es von der Tourismusinformation in Hahnenklee, wenn man nachgewiesen hat, dass man die 25 Sitzgelegenheiten auf dem Liebesbankweg kennengelernt hat. Dafür besorgt man sich dort vor der Tour eine Art Trauschein, der während der Wanderung an drei Stempelstellen abgestempelt wird. Gleich die erste Bank findet man dann schon auf dem Parkplatz, die »Rendezvous-Bank«. Natürlich, keine Partnerschaft ohne vorheriges Kennenlernen.

Los geht es dann nahe der ebenfalls absolut sehenswerten Stabkirche in **A Hahnenklee**, indem man durch das Tor der Liebe den Wanderweg betritt. Na gut, man kann es auch ignorieren und einfach daran vorbeigehen. Aber wollen wir den Bund der Ehe gleich auf diese Weise beginnen? Nein, also ab durch das Tor und dem stilisierten Herzen folgen, das uns an den Bäumen den Weg weist.

Wir erreichen den Quelle der Liebe und die »Haschmich-Bank«. Die Schmetterlinge im Bauch animieren dazu, sich gegenseitig zu necken. Die Realität sollte man aber nicht aus den Augen

Die Gustav-Adolf-Stabkirche

Stabkirchen wurden normalerweise in Norwegen errichtet. Für deutsche Verhältnisse ist diese Architekturform eher ungewöhnlich. Die Stabkirche von Hahnenklee orientiert sich mit ihrer hölzernen Bauweise daher an der Stabkirche im südnorwegischen Borgund, wurde im Jahr 1908 feierlich eingeweiht und ist seither Wahrzeichen von Hahnenklee.

Kleine Quelle am Wegesrand

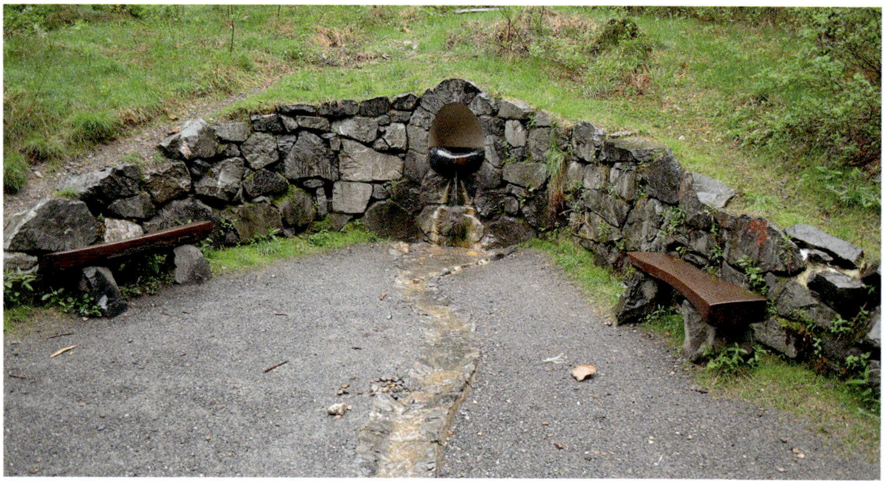

verlieren, denn anschließend queren wir die Abfahrt für den Freeride Trail und Mountainbiker können von rechts über unseren Wanderweg geschossen kommen. Bei einer Unachtsamkeit würde das in einer kurzen Liebestragödie enden.

Viel lieber genießen wir den Ausblick von der folgenden »Verlobungs-Bank«, um gleich im Anschluss die »Hochzeits-Bank« kennenzulernen. Von nun an wandert man gemeinsam durch gute und durch schlechte Zeiten. Schlechte Zeiten sind es, wenn es Bindfäden regnet und die Aussichten ein wenig geschmälert sind. Aber was macht man nicht alles im Namen der Liebe? Man umrundet zum Beispiel den Bocksberg an dessen Nordseite und unterquert die Seilbahn, mit der man sich auf den Gipfel bringen lassen könnte. Ein Jahr ist vergangen und man hat die Papier-Hochzeit erreicht. Gleichzeitig trifft man auf den ersten Stempelkasten und bescheinigt sich selbst, dass man auf einem guten Weg ist.

Nach einem kurzen Abstieg gelangen wir zur nächsten »Hochzeits-Bank«, die uns an den fünften Hochzeitstag erinnert. Dabei klopft man auf Holz und die Ehe scheint ganz gut zu verlaufen, daher befinden wir uns an der Bank der Hölzernen Hochzeit, wo wir gleich mal den zweiten Stempel in unsere Stempelkarte drücken. Die Sitzplätze sind geformt wie zwei Herzen, die miteinander vereint sind. Von dieser haben wir einen schönen Ausblick auf den Auerhahn-Teich, einer von mehreren Teichen, die wie Perlen an einer Kette aneinandergereiht sind und unsere Wanderung begleiten. Mit Wasser gespeist werden sie aus dem Bärentaler Graben, einem schmalen Wasserlauf, der an der Nordflanke des nahe gelegenen Schalke entspringt. Böse Zungen behaupten, die Liebe zu einem Fußballverein im Ruhrgebiet sei größer als die Liebe zur Ehefrau. Wie gut, dass es sich bei dem hier genannten Schalke um einen 762 Meter hohen Berg im Harz handelt. Kein Grund also, die Straße zu überqueren und sich auf den Weg zum Gipfel zu machen.

Wir bleiben Ehepartner und Wanderweg treu und erleben die »Rosenhochzeits-Bank«, die wir uns nach zehn Ehejahren verdient haben, sowie die Bank der Nickelhochzeit. Dafür legen wir noch zweieinhalb Jahre drauf. Nur wenig später folgt die Veilchenhochzeit, die für 13 erfolgreiche Ehejahre steht. Die dazugehörige Sitzbank zeigt zwei verliebte Menschen und bietet uns gleichzeitig einen schönen Ausblick auf den Neuen Grumbacher Teich.

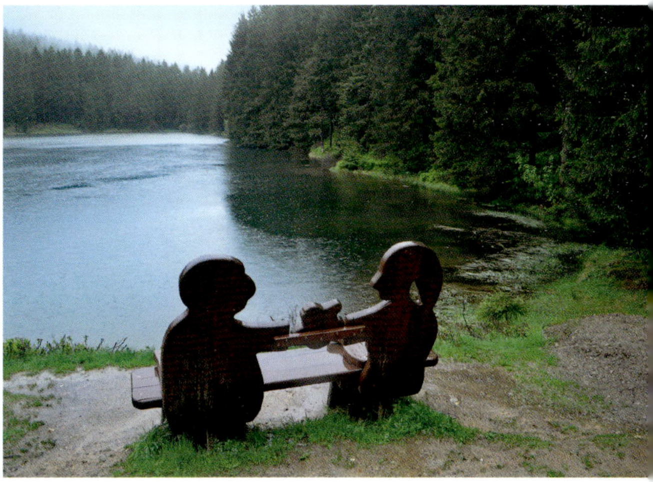

Manche Sitzbänke bieten eine wunderbare Aussicht auf die Seen.

Der etwas weiter unterhalb gelegene Obere Grumbacher Teich bietet uns einen Blick auf den Campingplatz gegenüber. Am Nordufer erreichen wir die Schalker-Graben-Hütte, die uns bei Regenwetter ein willkommener Unterstand ist. Auch bei schlechter Ehe sollte man die beiden Sitzbänke rechts und links der Hütte mit Vorsicht genießen. Sie stehen für die Kristallhochzeit nach 15 und für die Porzellanhochzeit nach 20 Jahren Ehe. Und wie schnell kann da etwas kaputtgehen.

Nachdem wir den Teichdamm überquert haben, biegen wir rechts ab, aber nicht ohne vorher noch die Silberhochzeit zu feiern. 25 Jahre Ehe und wir stehen hier mitten im Wald. Wie praktisch, dass gleich nebenan zwei Einkehrmöglichkeiten, das ❶ **Kaffeehaus Egerland** und das ❷ **Restaurant Schoko am Kreuzeck** zu einem Umtrunk einladen. Am Südufer des Mittleren Grumbacher Teiches und dem folgenden Oberen Flößteich wandern wir bis zu einem Wasserspielplatz und zu einer leicht unbequemen Sitzbank, die ein wenig an eine sich windende Schlange erinnert. Dabei steht sie für 30 Jahre Ehe, die als Perlenhochzeit begangen wird.

Wir überqueren erneut einen Damm und erfreuen uns daran, dass wir nach 35 Jahren Ehe wohl nicht mehr alleine sind. Zumindest zeigt die Bank der Leinwandhochzeit nun nicht mehr nur ein verliebtes Pärchen, sondern gleich eine ganze Familie. Die Rubinhochzeit nach 40 Jahren folgt nur wenige Meter darauf und präsentiert sich mit zwei übergroßen Turteltäubchen. Es scheint zu laufen in dieser Ehe.

Die Teiche lassen wir jetzt hinter uns, biegen nach rechts ab und folgen einem leichten Aufstieg, um nach wenigen Metern noch den letzten fehlenden Stempel zu ergattern. Und während der eine stempelt, kann der andere seinen Füßen im Wassertretbecken eine Erholung bieten. So funktioniert das wohl nach Jahrzehnten des Ehelebens. Aber die ganz großen Feierlichkeiten kommen natürlich erst noch. So wartet die Sitzbank der Goldenen Hochzeit in unmittelbarer Nähe und mit einem kurzen Marsch durch den Wald kommen wir zur Diamantenhochzeit nach 60 Jahren und der Kronjuwelenhochzeit nach 75 Jahren. Gratulation an alle Paare, die das erreicht haben. Und natürlich auch Gratulation an die Wanderer, die vom Ⓔ **Parkplatz** aus nun wieder zur Tourismusinformation gehen und sich das Zertifikat aushändigen lassen.

Portal als Einstieg in den Liebesbankweg

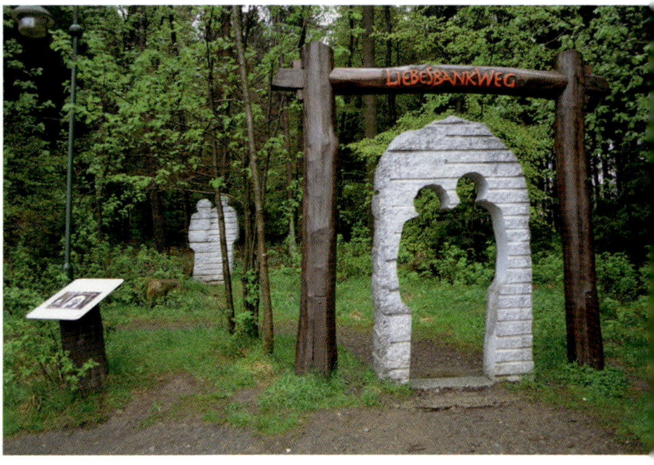

2

Die Hallesche Hütte

Aufstieg für Wanderer mit starken Nerven

Schwer 7,2 km 380 Hm 3:00 Std.

Tourencharakter
Schwierige Wanderung nur für erfahrene Wanderer. Festes Schuhwerk ist nötig, Wanderstöcke sind hilfreich. Trittsicherheit ist dringend erforderlich und bei oder nach längerem Regen ist von dieser Tour abzuraten. Oben wandert es sich schließlich sehr leicht auf einem breiten Forstweg, und zum Abschluss folgt sogar ein längerer Abschnitt auf Asphalt.

Ausgangs-/Endpunkt
Parkplatz Romkerhall im Okertal, Goslar-Oker (GPS: 51.858057, 10.470813)

Anfahrt
Auto: Mit dem Auto auf der Bundesstraße 498 ab Goslar bis zum Parkplatz Romkerhall auf der linken Seite. Von Süden ebenfalls über die Bundesstraße 498 über Altenau. **Bus:** Die Busse 801 und 802 fahren ab Goslar nur bis zur Haltestelle Waldhaus im Okertal, von dort 3,5 km bis zum Ausgangspunkt.

Einkehr
Restaurant Romkerhalle gegenüber dem Wasserkraftwerk vor oder nach der Wanderung, unterwegs im Imbiss Okerterrasse an der Okertalsperre

Karte
Karte der Harzer Wandernadel, Blatt 1, 1:50 000, über http://shop.harzer-wandernadel.de

Tourismusinformation
Goslar Marketing GmbH, Markt 7, 38640 Goslar, Tel. 05321/78060, www.goslar.de

Sonstiges
Stempelstelle 119

Im Okertal erwartet uns eine Wanderung, die ein wenig Nervenkitzel bietet und daher nur erfahrenen Wanderern zu empfehlen ist. Es geht steil bergauf und zwar auf einem schmalen Pfad, der rechts und links des Weges keinen weiteren Spielraum lässt.

Die Warnung, dass man diese Tour nur mit einer gesunden Portion Trittsicherheit und Erfahrung durchführen soll, ist durchaus ernst zu nehmen. Es ist eine richtige Abenteuerwanderung, denn wenn tatsächlich etwas passiert und man Hilfe benötigt, dann hat man im engen Okertal noch nicht einmal Mobilfunkempfang. Genau in diesem Okertal geht es zunächst gemütlich los. Man verlässt den Ⓐ **Parkplatz** südlich des Romkerhaller Wasserfalls und überquert die Oker einige Meter weiter nörd-

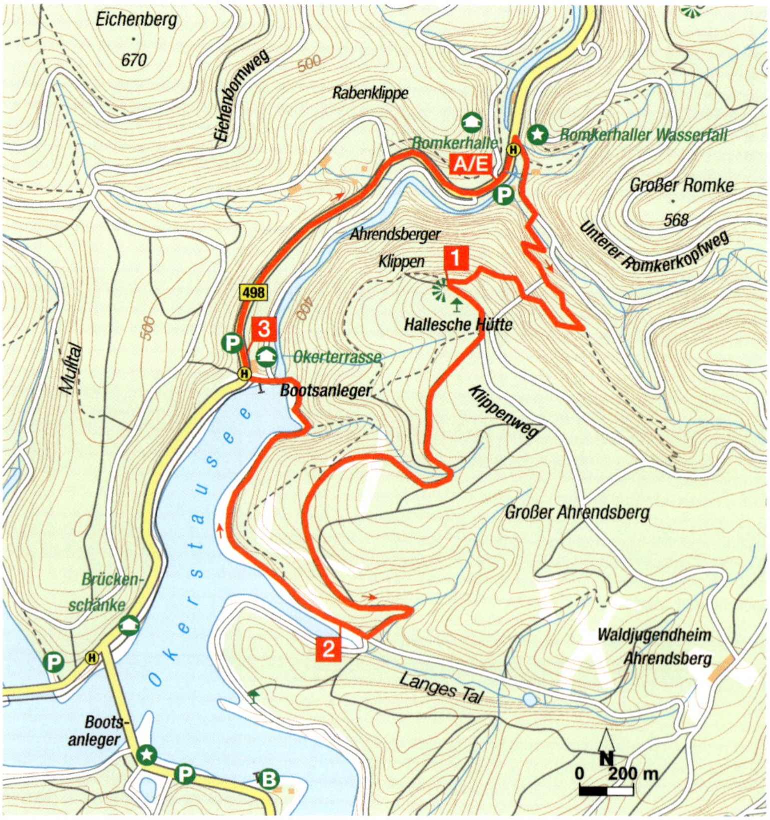

lich. Danach wird es kurz verwirrend, mehrere Schilder zeigen scheinbar wahllos in irgendwelche Pfade hinein, die sogleich steil ansteigen. Der Weg hinauf zu den Ahrendsberger Klippen ist jedoch asphaltiert und führt zunächst zum Wasserkraftwerk Romkerhalle. Dieses wurde in den 1950er-Jahren in Betrieb genommen und mittels Wasser angetrieben, das durch eine Rohrleitung von der Staumauer hierher geführt wird. Gleichzeitig beginnt hier die Wildwasserstrecke der Oker, die gerne von wagemutigen Wassersportlern genutzt wird.

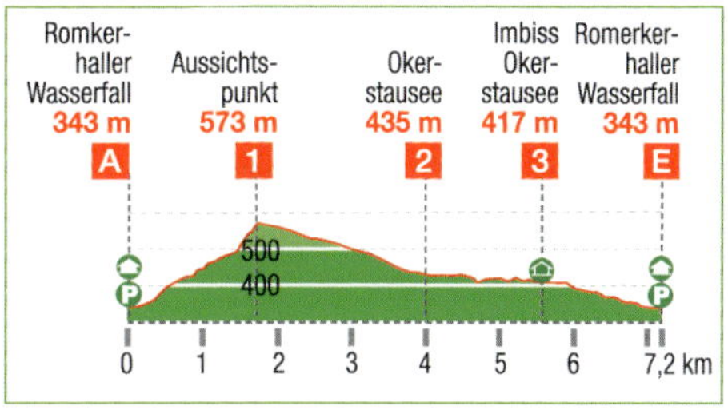

Wagemutig ist ein gutes Stichwort, denn am Gebäude des Wasserkraftwerks beginnt ein schmaler Pfad. Auf einem Wanderwegschild hat jemand mit Filzstift die Warnung hinterlassen, dass der Abstieg auf diesem Weg bei Regenwetter lebensgefährlich sei. Solche Warnhinweise sind natürlich immer wichtig und auch hilfreich, doch der Mensch ist ja von Natur aus neugierig und außerdem wollen wir nicht ab-, sondern hinaufsteigen. Also wagen wir unsere ersten Schritte in den Wald hinein. Rechts und links steilen sich die Berge auf, während hinter uns die Oker durch ihr enges Tal verläuft. Mit dem Gedanken, man könne ja jederzeit wieder umkehren, wenn es einem zu gewagt wird, folgen wir dem Waldweg, der schon jetzt ein Nebeneinander nicht zulässt. Es ist eng, aber noch nicht steil.

Links: Ein schmaler Weg markiert den steilen Aufstieg.

Rechts: Grün leuchtet das Okertal.

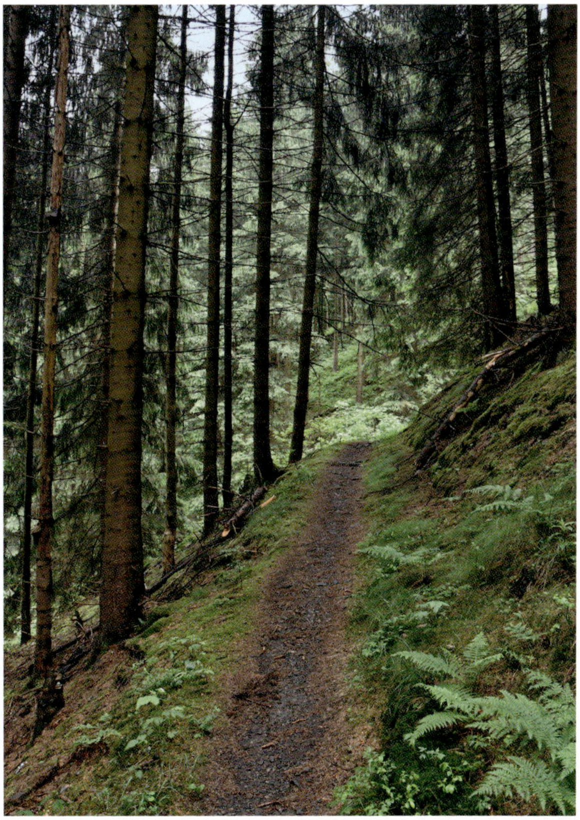

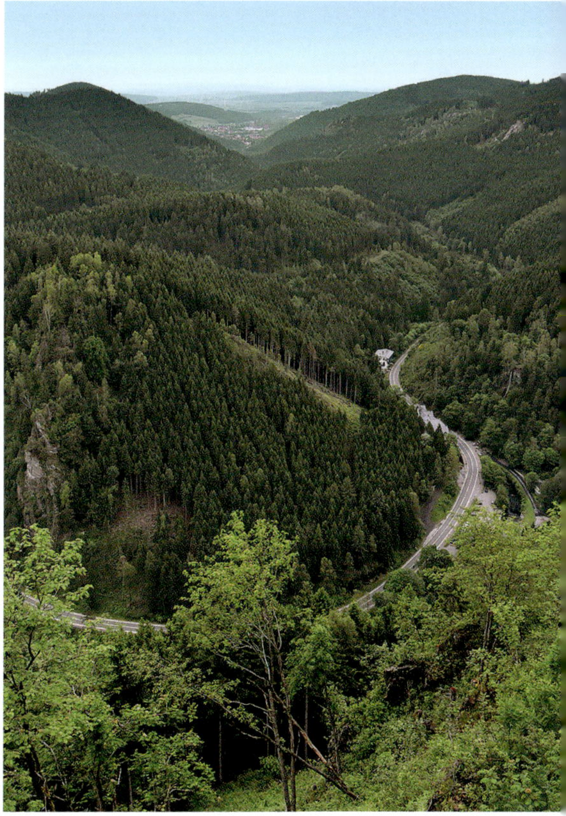

Natürlich steigt der Weg an, aber es bleibt alles noch im üblichen Rahmen. Rechts des Weges ist der Untergrund teilweise mit Moos bewachsen. Manch umgestürzter Baum dient als Totholz für Insekten und ist so Teil des natürlichen Kreislaufs in der Natur. Kurzum, es wirkt harmonisch. Nach links hingegen fällt der Berg ab. Weiter unten fließt fast unbemerkt das Wasser der Großen Romke. Der Bach mündet beim Wasserkraftwerk in die Oker. Rund 600 Meter legen wir auf diesem Weg zurück, der

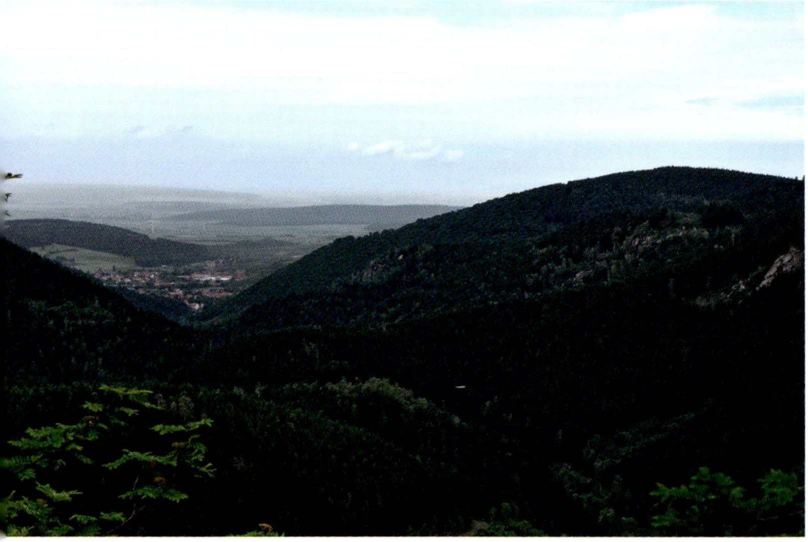

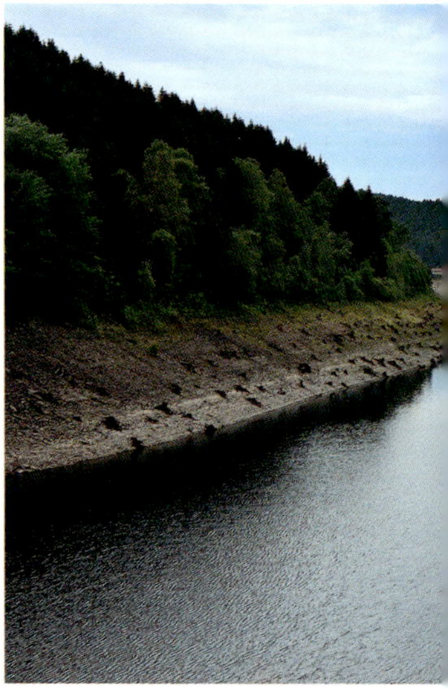

als Jägerstieg bezeichnet wird und uns auf diesem Stück 120 Höhenmeter bis zu einem Abzweig ansteigen lässt. Dort wenden wir uns nach rechts und wünschen uns plötzlich eine Machete. Zweige, Äste und Sträucher ragen in den Weg hinein und müssen zur Seite gedrückt werden, natürlich so, dass der Hintermann diese nicht ins Gesicht geschlagen bekommt.

Hatten wir bis dahin geglaubt, der Weg sei schmal, so lernen wir jetzt, dass es noch schmaler werden kann. Hier muss jeder Schritt sitzen und erhöhte Konzentration ist gefordert. In Serpentinen gewinnen wir deutlich an Höhe und wenn es nur noch 20 Höhenmeter bis zum höchsten Punkt sind, können wir einmal durchatmen und einen ersten tollen Ausblick in das Okertal genießen. Doch die letzten Höhenmeter sind auch noch zu überwinden und haben es in sich. Von einem Waldweg kann hier nicht mehr die Rede sein, vielmehr klettern wir über Felsen nach oben. Aber ein Handlauf zu unserer Rechten unterstützt uns dabei und ist uns auch Zeichen, dass wir das Ziel bald erreicht haben.

Die Oker

Die Oker ist fast 130 Kilometer lang und entspringt auf einer Höhe von rund 910 Metern am Bruchberg im Oberharz, somit also am zweithöchsten Berg Niedersachsens. Bis zur Okertalsperre hat sie bereits rund 500 Höhenmeter hinter sich gebracht und fließt hier in einem engen Tal. Den Harz verlässt der Fluss im gleichnamigen Goslarer Ortsteil, woraufhin sie später Wolfenbüttel und Braunschweig durchquert. Bei Müden mündet sie schließlich in die Aller.

Ob man da wohl mit dem Mountainbike hinabfahren könne, fragen uns zwei junge Männer, die uns oben an der Halleschen Hütte begrüßen. Nass geschwitzt und noch außer Atem empfehlen wir das nicht. Aber wie schon gesagt: Der Mensch ist von Natur aus neugierig. Doch der Versuch, diesen Weg mit dem Mountainbike hinunterzufahren, wird nach kurzer Zeit von ihnen abgebrochen, ist auch besser so.

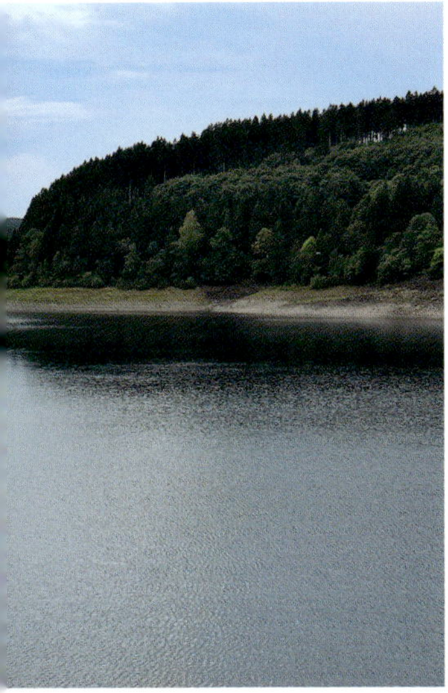

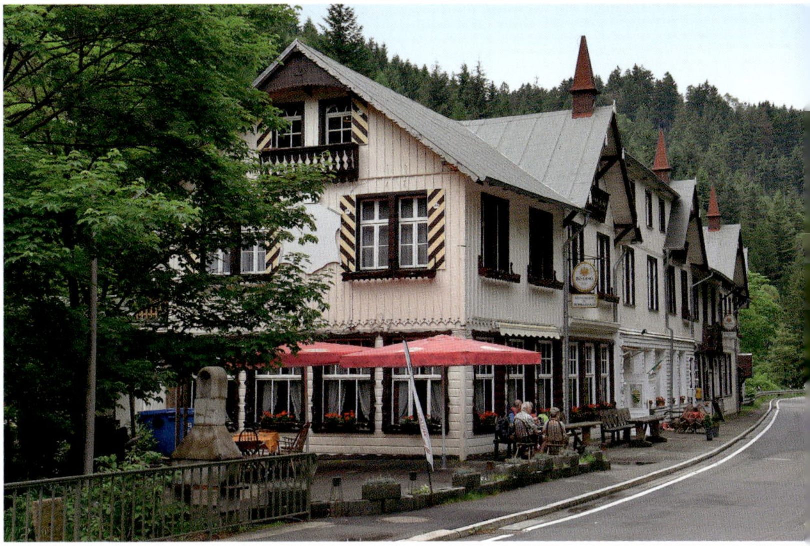

Wir genießen die Aussicht von den ❶ **Ahrendsberger Klippen** tief hinab in das Okertal. Den Fluss erkennt man kaum, dafür die Straße, die sich durch das enge Tal schlängelt. Am Talausgang in Richtung Norden sehen wir die zu Goslar gehörende Ortschaft Oker. Deutlich näher sind uns die Gipfel von Kleinem und Großem Romker. Gegenüber, auf der anderen Seite des Okertals, erhebt sich der Eichenberg mit einer Höhe von 670 Metern. Nach einer Rast am Aussichtspunkt gehen wir an der Halleschen Hütte und der dortigen Stempelstelle der Harzer Wandernadel vorbei. Hinter einem Aussichtspunkt biegen wir an einem Abzweig nach rechts ab und folgen dem breiten Forstweg durch den Wald. Deutlich führt er nun bergab und bringt uns durch mehrere Kurven bis zu einem Asphaltweg, dem wir nach rechts folgen.

Links: Am Horizont erkennt man die Ortschaft Oker.

Mitte: An manchen Tagen ist wenig Wasser im Stausee.

Rechts: Hotel am Ausgangspunkt

Zu unserer Linken erstreckt sich der ❷ **Okerstausee**. Wir lassen unseren Blick über das Wasser streifen und sehen die Weißwasserbrücke, die sich über den See spannt, und die Ortschaft Schulenberg am gegenüberliegenden Ufer. Dem Asphaltweg folgen wir bis zur 75 Meter hohen Staumauer der Okertalsperre. Nach Überquerung der Staumauer haben wir an einem kleinen ❸ **Imbiss** die Möglichkeit zur Einkehr. An der anderen Seite der Bundesstraße führt wieder ein Wanderweg in den Wald hinein. Diesem können wir folgen und oberhalb der Straße bis kurz vor Romkerhalle wandern. Wer ein wenig abkürzen möchte, kann auch auf dem unspektakuläreren Fußweg direkt neben der Straße den Ⓔ **Parkplatz** beim Wasserfall erreichen.

3

Unterwegs oberhalb vom Okertal

Von Mausefallen und Verlobungen

Mittel | 9 km | 362 Hm | 3:00 Std.

Tourencharakter
Zu Beginn anstrengende Steigung vom Okertal hinauf zur Feigenbaumklippe. Oben ist der Wanderweg jedoch breit und gut ausgebaut. Ab dem Kästehaus geht es überwiegend im schattigen Wald bergab. Zahlreiche Felsformationen mit Aussichtspunkten säumen den Wanderweg.

Ausgangs-/Endpunkt
Parkplatz Romkerhall im Okertal, Goslar-Oker (GPS: 51.858057, 10.470813)

Anfahrt
Auto: Mit dem Auto auf der Bundesstraße 498 ab Goslar bis zum Parkplatz Romkerhall auf der linken Seite. Von Süden kommend ebenfalls über die Bundesstraße 498 über Altenau. **Bus:** Die Busse 801 und 802 fahren ab Goslar nur bis zur Haltestelle Waldhaus im Okertal, von dort 3,5 km zum Ausgangspunkt.

Einkehr
Restaurant Romkerhalle gegenüber dem Wasserkraftwerk und unterwegs Kästehaus

Karte
Karte der Harzer Wandernadel, Blatt 1, 1:50 000, über http://shop.harzer-wandernadel.de

Tourismusinformation
Goslar Marketing GmbH, Markt 7, 38640 Goslar, Tel. 05321/78060, www.goslar.de

Sonstiges
Stempelstellen 118 (Kästeklippe), 117 (Treppenstein) und 116 (Verlobungsinsel)

Mausefallen, die leicht überdimensioniert sind, und malerische Orte, die als Verlobungsinsel bezeichnet werden. Zwischendurch noch ein paar Fernblicke. Dies alles macht diese Wanderung im Okertal aus.

Wir starten am Ⓐ Parkplatz beim Romkerhaller Wasserfall. Im Jahr 1863 wurde dieser künstlich angelegt. Er war ein Wasserfall mit Betriebszeiten, denn in der Anfangszeit ließ man das Wasser nur am Nachmittag den Felshang hinunterplätschern. Über 60 Höhenmeter sind es, die das Wasser als Kaskade zurücklegt. Es stammt aus der Kleinen Romke, die

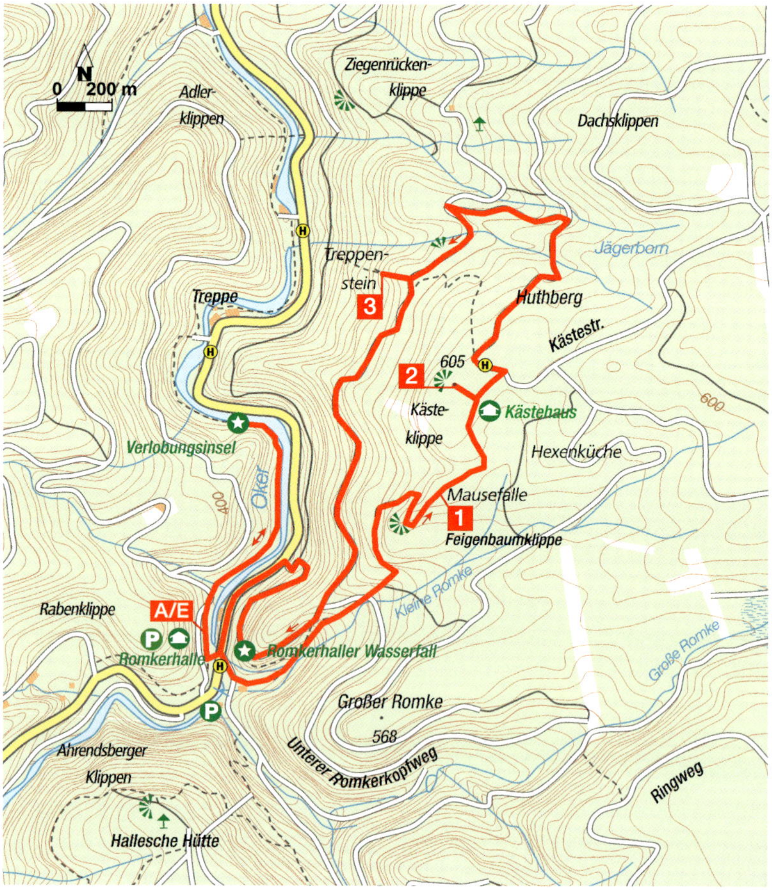

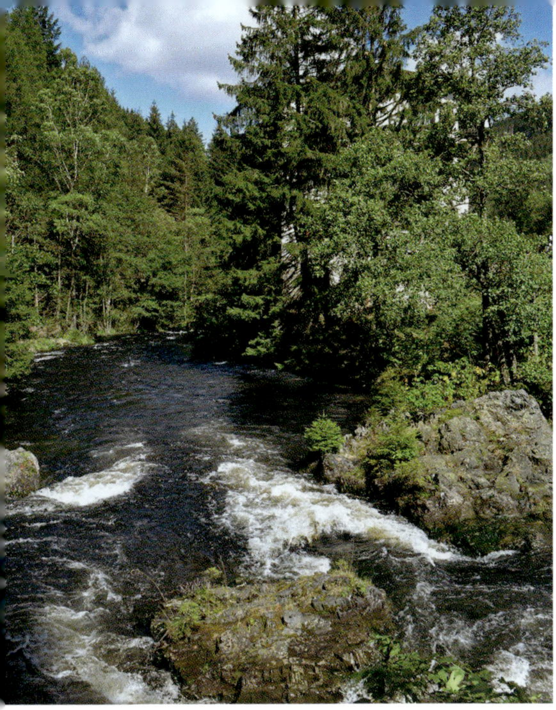

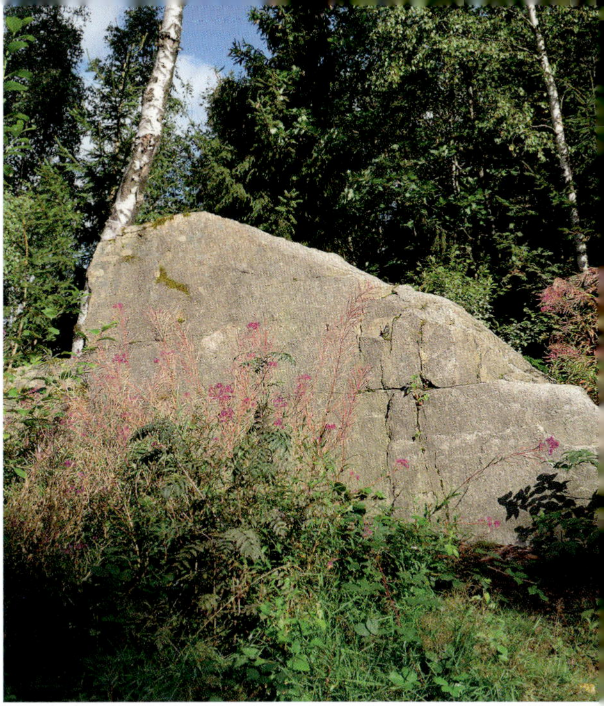

eigentlich in die Oker mündet, doch ein Teil der Kleinen Romke wird durch einen Graben bis zum Abhang geleitet. Der Grund für den künstlichen Wasserfall ist ganz simpel: Man wollte die Attraktivität des Tals an dieser Stelle steigern. Immerhin befindet sich ein Hotel gleich gegenüber dem Wasserfall.
Lassen wir das Hotel erst einmal hinter uns und gehen schräg gegenüber auf der anderen Seite der Bundesstraße in den Wald hinein. Noch bevor wir das Wasserkraftwerk Romkerhalle erreichen, steigt der Weg deutlich an und führt uns durch den Wald nach oben. Eine weite Linkskurve und knapp 70 Höhenmeter später treffen wir auf den schmalen Kunstgraben, durch den Wasser der Kleinen Romke in Richtung Wasserfall fließt. Auf dem felsigen Pfad steigen wir jedoch noch weiter nach oben und können bereits jetzt schon zwischendurch den Ausblick in das Okertal oder hinüber zu den Ahrendsberger Klippen genießen.

Links: Die Oker bildet ein malerisches Tal.

Rechts: Mächtige Felsformationen säumen den Weg.

Klippen gibt es aber auch hier auf unserem Berg, so zum Beispiel bald vor uns die Feigenbaumklippe. Zahlreiche Felsen, die meterhoch aufragen und an denen die Wollsackverwitterung wirkt, geben nicht nur ein wunderbares Bild ab, sondern laden zu einer kleinen Pause mit Fernsicht ein. Bewaldete Hänge und Berggipfel sind um uns herum und dennoch können wir von der Feigenbaumklippe sehen, wie sich das Okertal nach Norden hin öffnet und den Blick in das Harzvorland freigibt. Nach dem steilen Aufstieg zur Feigenbaumklippe geht es nun deutlich entspannter durch die Höhen. Gleich als Nächstes erreichen wir nach wenigen Metern einen Felsen, der seinen Namen zu Recht zu tragen scheint. Und er trägt nicht nur einen Namen, sondern auch einen anderen, weitaus größeren Felsen. Die

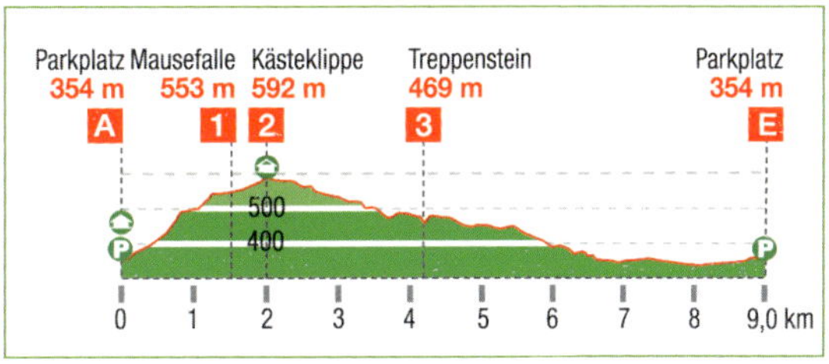

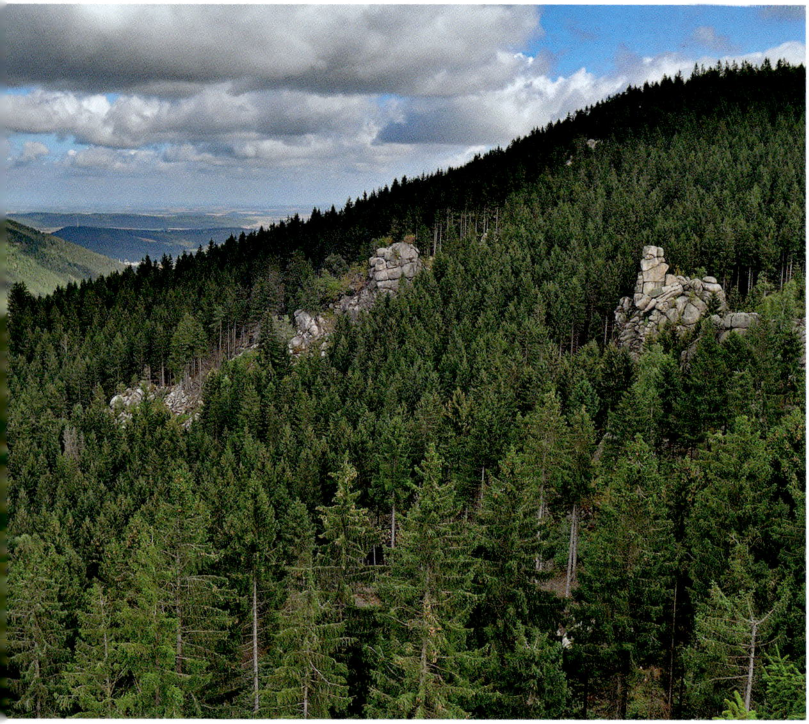

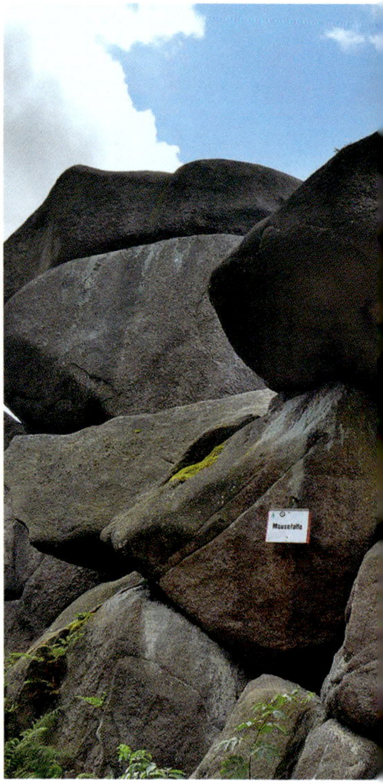

❶ **Mausefalle** ist deutlich zu erkennen. Ein großer Felsbrocken scheint von einem nur kleinen Stein gehalten zu werden. Die Formation wirkt sehr filigran und man bekommt den Eindruck, der kleine tragende Felsen könnte leicht weggestoßen werden, damit die Falle zuschnappt.

Wir wandern weiter auf dem breiten Waldweg, der nur noch sanft ansteigt, halten uns an einer Gabelung halb links und erreichen nach wenigen Hundert Metern schon die nächste Gesteinsansammlung. An der linken Seite erheben sich abermals einige Klippen, die als Hexenküche bezeichnet werden. Die Felsen ragen zwar weit in die Höhe und manche erinnern an Schlote, doch zum Glück läuft niemand mit Zaubersprüchen um einen großen Topf herum, in dem Hexensud brodelt. Also gehen wir ein paar Meter weiter und kümmern uns um das, was in der Gaststätte Kästehaus zubereitet wird. Außerdem füllen wir hier unser Stempelheft der Harzer Wandernadel mit einem weiteren Eintrag auf und statten der gleichnamigen ❷ **Kästeklippe** einen Besuch ab. Auch diese bietet wieder einen wunderbaren Ausblick über das Okertal.

Harzklippen

Als Harzklippen werden die zahlreichen Felsen, Felsformationen und Vorsprünge bezeichnet, die man im gesamten Mittelgebirge antrifft. Die oft aus Granit bestehenden Felsen sind nicht selten als Naturdenkmal geschützt und beinahe alle tragen einen Namen, der entweder an das Aussehen des jeweiligen Felsens erinnert oder historisch entstanden ist. Die Bandbreite reicht von A(chtermannstor) bis Z(eterklippen).

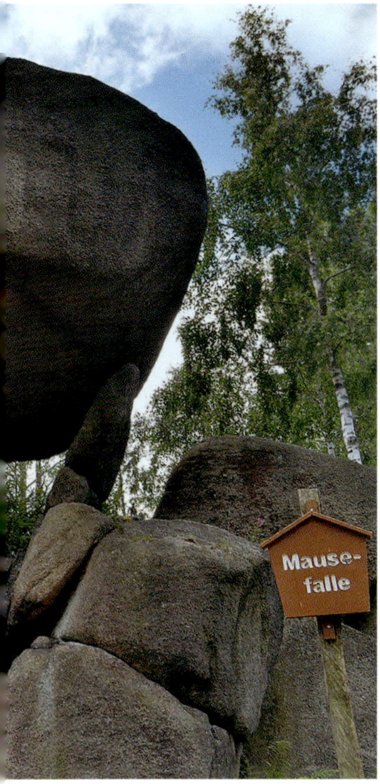

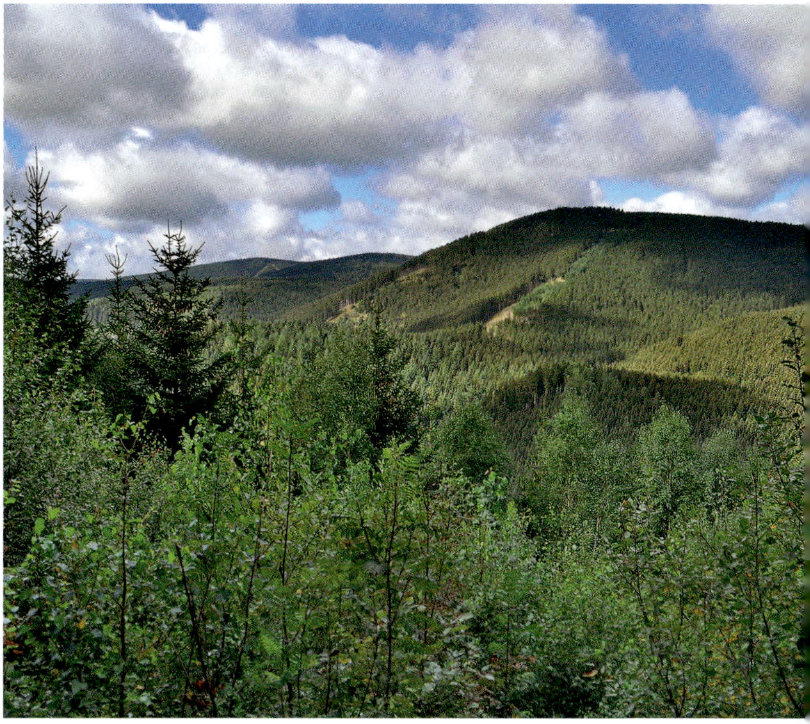

Wenig später folgen eine Asphaltstraße und eine Bushaltestelle, von wo aus wir mit dem Bus nach Bad Harzburg fahren könnten. Doch wir biegen lieber links ab und nutzen die Kästestraße im leichten Bergab bis zu einem scharfen Abzweig nach links. Hier wandern wir ebenfalls nach links und erreichen kurz darauf den Bergmannschen Weg, an dem wir uns ebenfalls nach links wenden. Nur 300 Meter darauf erscheinen auf der rechten Seite die nächsten Felsformationen. Auch sie tragen wieder einen passenden Namen – ❸ Treppenstein. Wie Treppen sind sie geformt und außerdem sind einige Stufen in den Fels geschlagen worden, sodass wir den höchsten Punkt des Treppensteins bequem erreichen können. Nach einem weiteren Eintrag in unseren Stempelpass verläuft der Wanderweg nun parallel zum Okertal und bringt uns sanft, aber stetig in ebendieses wieder hinab. Erneut kommen wir am Zulauf des Romkerhaller Wasserfalls heraus und erreichen natürlich auch den obersten Punkt der Kaskaden, von wo aus wir zum Königreich Romkerhall hinabblicken. Wenig später stehen wir unten an der Straße und haben als kleinen Abstecher noch die Möglichkeit, hinter dem Hotel dem Lauf der Oker nach Norden zu folgen.

Auf einem schmalen Pfad neben der Oker gelangen wir nach 500 Metern zu einer Holzbrücke und über diese auf die malerische Verlobungsinsel. Wildromantisch rauscht das Wasser über die zahlreichen Felsen an uns vorbei, während wir an dieser Stelle die Wanderung noch einmal Revue passieren lassen und den dritten und letzten Stempel dieses Tages erhalten. Nun zurück zum Ⓔ Parkplatz am Romkerhaller Wasserfall.

Links: Aus den Wäldern ragen die Felsformationen heraus.

Mitte: Die Mausefalle spricht für sich.

Rechts: Unterwegs genießt man immer wieder schöne Ausblicke.

4 Zu Besuch an der Oberharzer Wasserwirtschaft

Wanderung durch ein Weltkulturerbe

Leicht 8,5 km 185 Hm 3:00 Std.

Tourencharakter
Sehr leichte Wanderung durch das UNESCO-Weltkulturerbe Oberharzer Wasserregal. Ohne viel Steigungen geht es an mehreren künstlichen Teichen vorbei.

Ausgangs-/Endpunkt
Wanderparkplatz an der Zufahrtsstraße zum Polsterberger Hubhaus, direkt an der Bundesstraße 242 (GPS: 51.790479, 10.395157)

Anfahrt
Auto: Von Clausthal-Zellerfeld auf der Bundesstraße 242 in Richtung Braunlage. Schon bald nach dem Ortsausgang und einer kurzen Fahrt durch den Wald befindet sich der Wanderparkplatz an der linken Seite. **Bus:** Mit dem Bus 840 bis zur Haltestelle Polsterberg.

Einkehr
Waldgaststätte Polsterberger Hubhaus

Karte
Karte der Harzer Wandernadel, Blatt 1, 1:50 000, über http://shop.harzer-wandernadel.de

Tourismusinformation
Touristinformation Clausthal-Zellerfeld, Bergstraße 31, 38678 Clausthal-Zellerfeld, Tel. 05323/81024, www.clausthalzellerfeld.de

Sonstiges
Weltkulturerbe der UNESCO; Stempelstellen 127 (Weppner-Hütte/Jägersbleeker Teich) und 128 (Huttaler Widerwaage)

Mit wenig Steigungen, schon gar keinen steilen, trotzdem schöne Ausblicke zu genießen und dabei nicht nur durch Wald, sondern auch an einigen Seen vorbeizuwandern – das alles bietet diese entspannende Tour für den Sonntagnachmittag im Südosten von Clausthal-Zellerfeld.

»Des ist doch hier wie in Ägypten«, spricht es der ältere Herr mit seinem Filzhut aus und lässt zunächst verwirrte Blicke in der Wandergruppe entstehen. »Na, ihr wisst scho', wegen der Pyramiden.« Die Verwunderung will nicht weichen, bis sich dann mal jemand erbarmt zu fragen, was er denn meine. »Na, wegen dieser UNO-Sache«, wirft er in die Runde, dreht sich um und zieht von dannen. Aber in der Wandergruppe ist der Groschen gefallen. Er meinte wohl nicht die UNO, sondern die UNESCO. Und der einzige Zusammenhang, der zwischen den Pyramiden nahe Kairo und dem dichten Wald um uns herum besteht, ist der Eintrag in die Weltkulturerbeliste der UNESCO. Also gut, wenn man es so be-

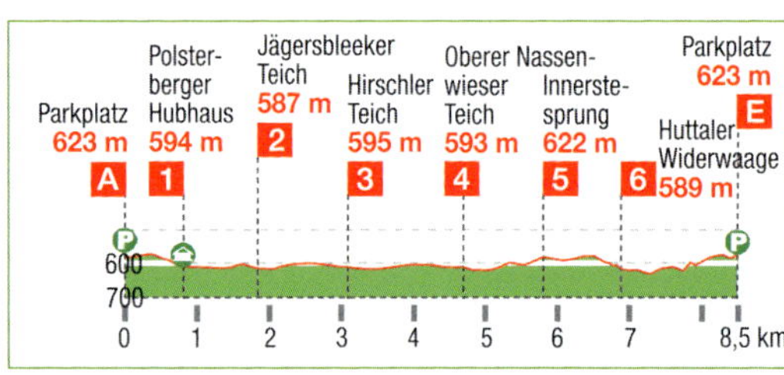

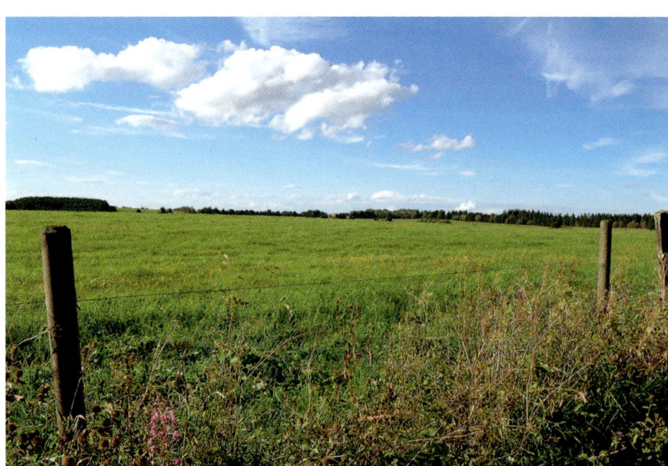

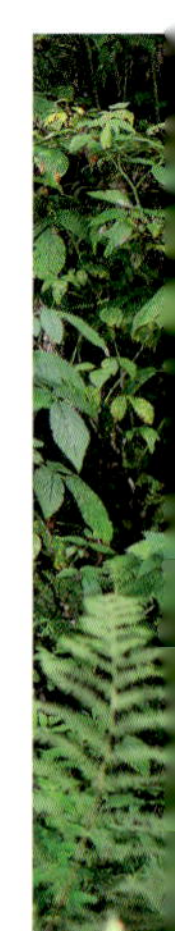

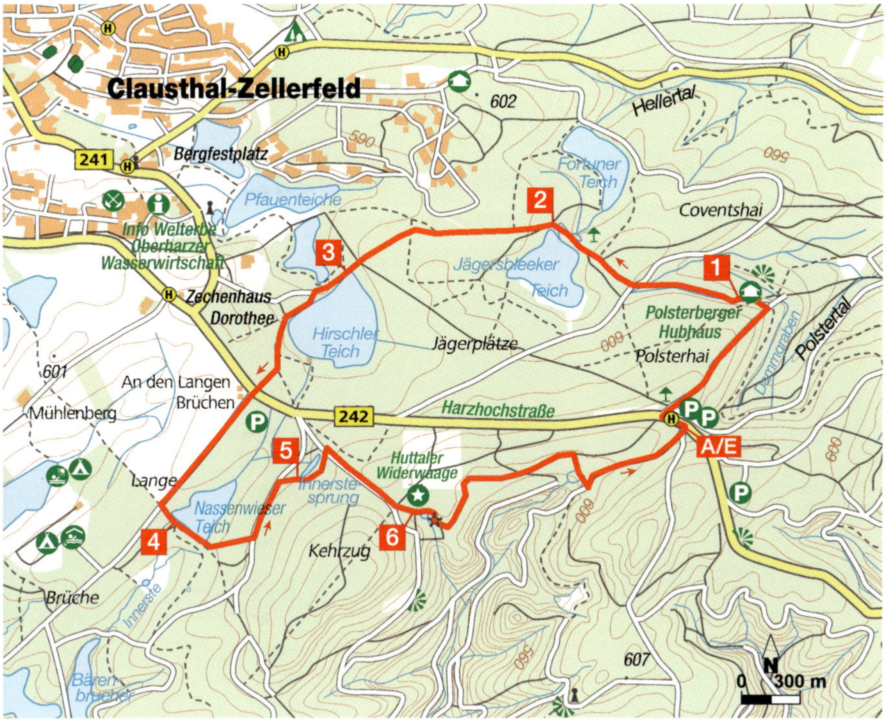

trachtet, dann wandern wir heute wohl durch Ägypten oder entlang der Chinesischen Mauer oder zu Machu Picchu. All diese legendären Orte sind quasi gleichzusetzen mit der Oberharzer Wasserwirtschaft im Westharz.

Wir werfen einen Blick auf den Wegweiser am Ⓐ **Parkplatz** und sehen nicht nur den Hinweis zum Polsterberger Hubhaus, das unser erstes Zwischenziel sein soll, sondern auch das weiß-blaue Symbol eines Wasserrads, das bei flüchtigem Hinschauen jedoch aussieht wie ein Autoreifen. Doch bei dieser Tour dreht sich alles ums Wasser

Links: Auch Blicke über Felder und Weiden gibt es im Harz.

Mitte: Der Findling markiert den Innerstesprung.

Rechts: Die Huttaler Widerwaage regelt den Wasserpegel.

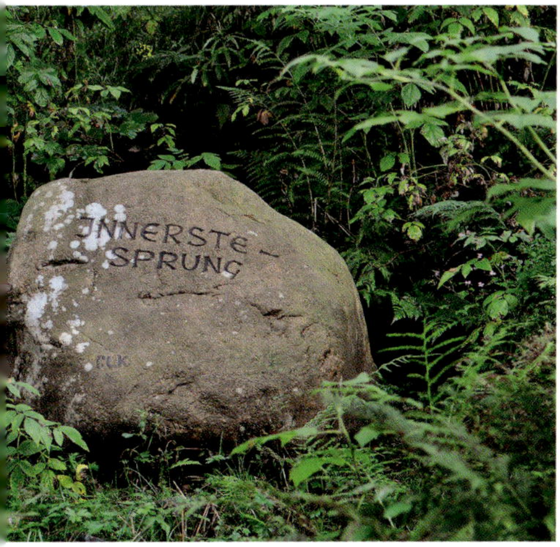

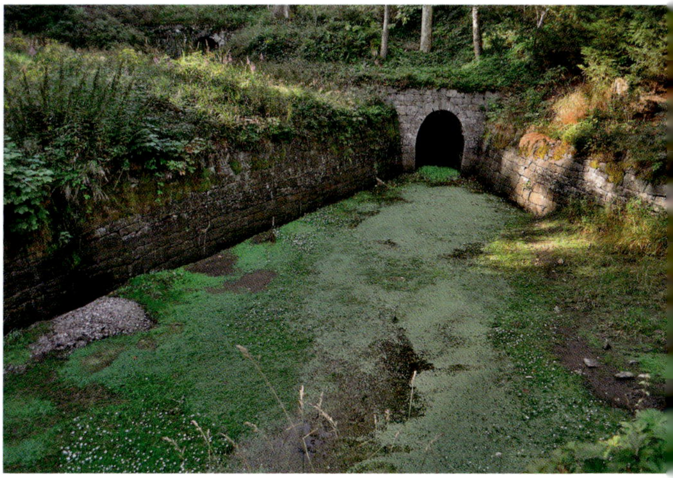

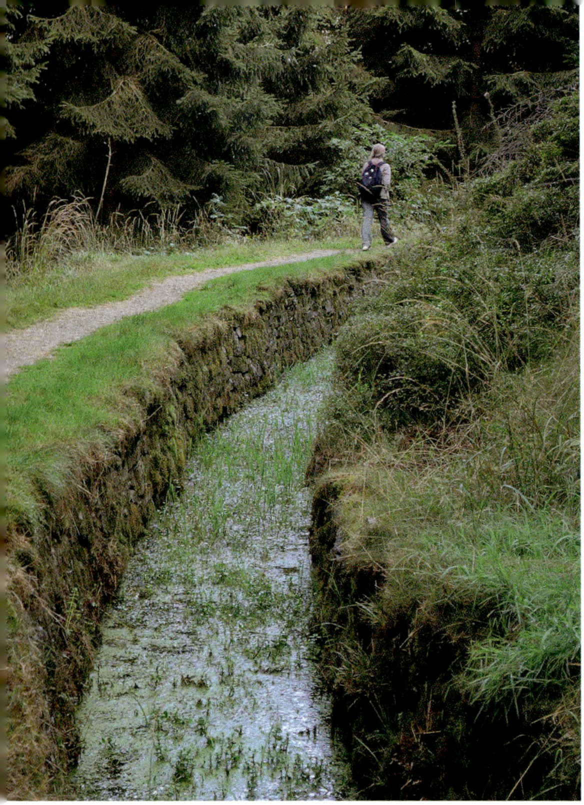

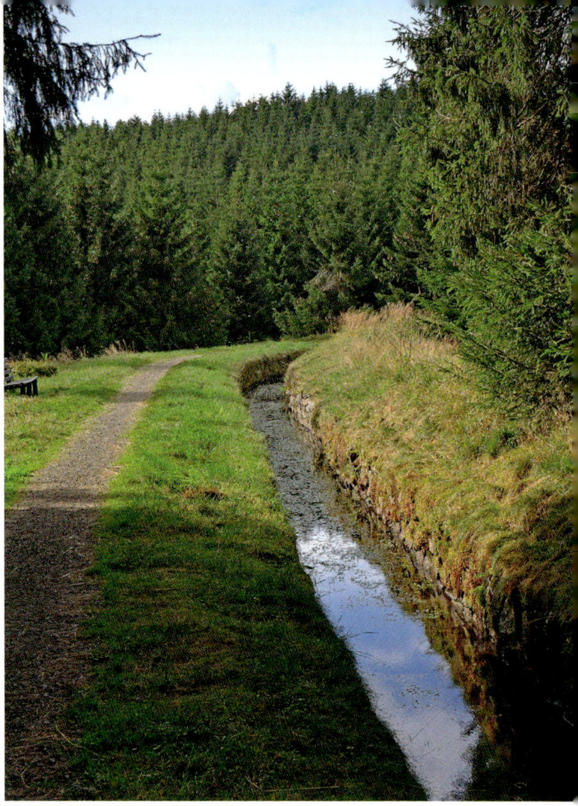

Zum Weltkulturerbe gehören die vielen kleinen Wassergräben.

und daher bleiben wir bei Wasserrad. Wir folgen der Beschilderung nach rechts und lassen die angrenzende Bundesstraße hinter uns. Kaum spürbar fällt der Weg, der gleichzeitig die Zufahrtsstraße zum Polsterberger Hubhaus ist, ab und bringt uns durch den Wald. Die Angabe auf dem Wegweiser ist leicht übertrieben und so erreichen wir das ❶ **Polsterberger Hubhaus** nicht erst nach einem Kilometer, sondern schon nach rund 700 Metern. Das macht uns aber nichts aus, denn so wissen wir, dass wir nach der Wanderung relativ zügig eine Einkehrmöglichkeit erreichen, falls wir sie jetzt noch auslassen. Einstmals handelte es sich um ein Pumpenhaus für den Oberharzer Bergbau und ist heute ein Teil der Oberharzer Wasserwirtschaft.

Zwischen den beiden Gebäuden wenden wir uns nach links und wandern an dem schmalen Tränkegraben wieder in den Wald hinein. Dieser wurde im 18. Jahrhundert durch das Hubhaus mit Wasser gespeist, das verschiedene Teiche der Umgebung füllen konnte. Wir überqueren an einer Kreuzung den Weg namens Roter Handschuh und gelangen nach wenigen Augenblicken zu dem ersten von mehreren stehenden Gewässern, dem ❷ **Jägersbleeker Teich**. Dort haben wir am Staudamm die Möglichkeit, in der Weppner-Hütte, benannt nach dem Forstamtmann August Weppner, eine kleine Pause einzulegen. Den Staudamm überqueren wir und sehen zu unserer Rechten weiter entfernt schon die ersten Ausläufer des dortigen Fortuner Teiches. Auf dem weiteren Weg durch den Wald halten wir uns an einer Gabelung halb links und befinden uns wenig später am Staudamm des ❸ **Hirschler Teiches**. Beide Teiche entstanden in der zweiten Hälfte des 17. Jahrhunderts und wurden angelegt, um die Wasserräder anzutreiben, die der Energieversorgung im Bergbau dienten.

Vom Staudamm aus blicken wir rechts auf den Oberen Pfauenteich, der sich etwas weiter unterhalb befindet, und gehen wieder in den Wald hinein. Wir überqueren die Bundesstraße und bleiben am Waldrand, während sich zu unserer Rechten eine Weide ausbreitet. Am Ende der Weide biegen wir links in den Wald hinein und erblicken gleich darauf das nächste Gewässer im Bunde. Auch der ❹ **Obere Nassenwieser Teich**, so der Name, stammt aus dieser Zeit und wurde zum selben Zweck angelegt. Heute genießen wir den Ausblick über die Wasseroberfläche und halten uns am Ende der Staumauer halb links, um wenig später am breiten Querweg nach links abzubiegen. Diesen verlassen wir aber schon nach rund 350 Metern rechts über einen schmalen Pfad, auf dem wir gleich zum nächsten Teich gelangen. Dieser ist der kleinste für heute und gleichzeitig der erste Stausee der Innerste. Denn der ❺ **Innerstesprung,** die Quelle des fast 100 Kilometer langen Flusses, befindet sich gleich rechts neben dem Teich namens Entensumpf.

Das Oberharzer Wasserregal

Das Oberharzer Wasserregal entstand zwischen dem 16. und 19. Jahrhundert. Die Wasserräder in den Bergwerken mussten immer angetrieben werden, wofür das Wasser in den künstlich geschaffenen Teichen gespeichert wurde. Das System bestand aus über 140 Teichen und über 500 Kilometer Gräben. Im Jahr 2010 wurden die Bauwerke als Oberharzer Wasserwirtschaft ins Weltkulturerbe aufgenommen.

Zwischen Innerstesprung und Entensumpf erreichen wir wieder einen breiten Waldweg, biegen rechts ab und halten uns an einer Gabelung halb links, um auf einem schmalen Waldweg leicht bergab zur ❻ **Huttaler Widerwaage** zu gelangen. Auch dieses Bauwerk ist natürlich Teil des Welterbes. Die genaue Funktionsweise des Wehrs wird auf einem Schild anschaulich erläutert. Auf dem schönen Wanderweg entlang des Huttaler Grabens wandern wir durch einen malerischen Wald, erreichen einen weiteren Picknickplatz und gelangen rechts herum zu einem breiten Waldweg. Diesem folgen wir abschließend nach links, um wenig später erneut die Bundesstraße zu überqueren. Am Ⓔ **Parkplatz** angekommen, vermissen wir zwar weiterhin die Pyramiden, aber schön und lehrreich war dieses Weltkulturerbe dennoch.

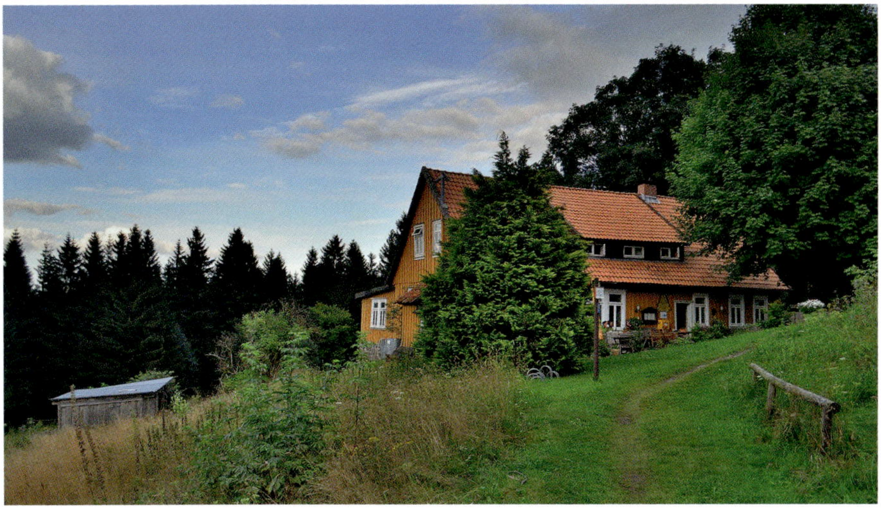

Heute ist das Polsterberger Hubhaus eine beliebte Einkehrmöglichkeit.

5

Wandern mit Seeblick

Oberhalb der Innerstetalsperre

Schwer 21 km 610 Hm 7:00 Std.

Tourencharakter
Verhältnismäßig leichte, aber lange Wanderung, die mit einem entspannten Spaziergang entlang der Innerstetalsperre beginnt. Es folgt ein deutlicher Aufstieg. Oben angekommen, folgt nur noch ein Anstieg zur Lageswarte.

Ausgangs-/Endpunkt
Parkstreifen an der Staumauer der Innerstetalsperre (GPS: 51.912161, 10.298181)

Anfahrt
Auto: Auf der Bundesstraße 82 bis Langelsheim und dort in Richtung Lautenthal der Straße stadtauswärts folgen, nach 2 km ist rechts die Talsperre mit den Parkmöglichkeiten. **Bus:** Mit Bus 831 bis zur Haltestelle Innerstetalsperre Staudamm.

Einkehr
Keine

Karte
Karte der Harzer Wandernadel, Blatt 1, 1:50 000, über http://shop.harzer-wandernadel.de

Tourismusinformation
Die nächstgelegenen Touristinfos sind in der Harzstraße 8, 38685 Langelsheim, und in der Kaspar-Bitter-Straße 7b, 38685 Langelsheim-Lautenthal, Tel. 05325/4444, www.langelsheim.de

Sonstiges
Stempelstellen 103 (Luchsstein), 104 (Tränkebachhütte) und 102 (Lageswarte)

»Dann durchquert die Innerste noch Langelsheim und verlässt den Harz. Irgendwann trifft sie auf die Leine, wo wir wohnen«, erklärt ein Vater seinen beiden Kindern den Fluss, der sich unterhalb der Staumauer deutlich schmaler und gemächlich seinen Weg durch das Tal bahnt.

Wir befinden uns auf der Staumauer, die den Fluss zur Ⓐ **Innerstetalsperre** anwachsen lässt. Und die junge Familie wohnt offensichtlich im Landkreis Hildesheim, wo der Fluss sein Ende findet. Die Kinder finden es interessant und fragen gleich weiter, wie tief es hier ist. Mit dem folgenden »sehr tief« der Mutter scheinen die Kinder zufriedengestellt,

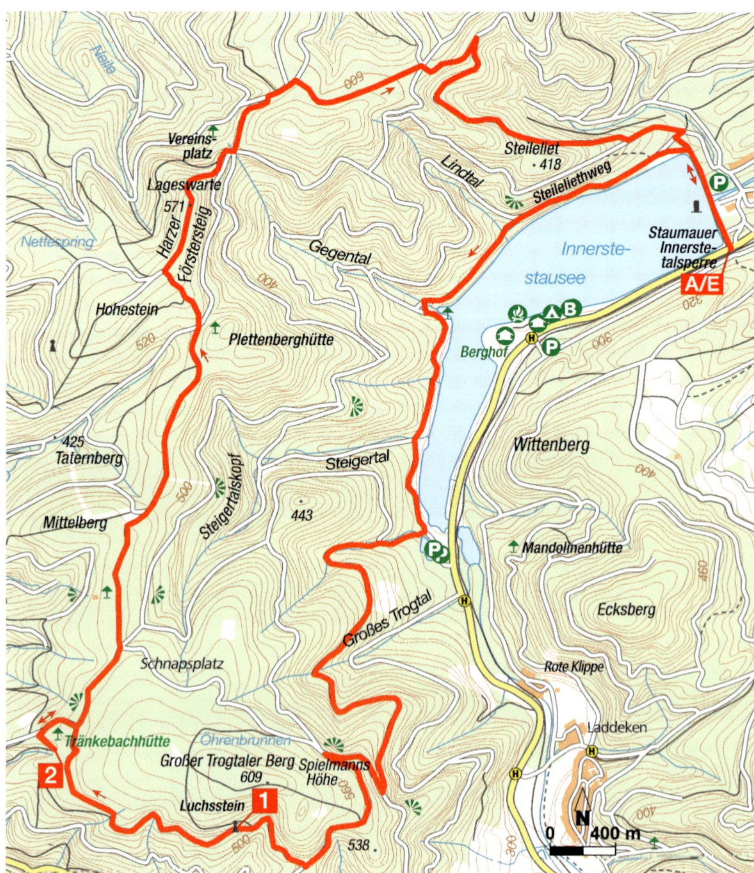

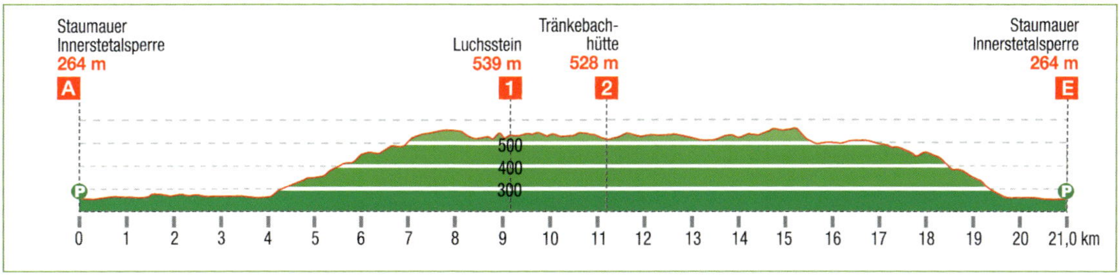

doch mit 40 Metern Staudammhöhe liegt die Innerstetalsperre eher im Mittelfeld der Harzer Stauseen. Aber mit 750 Metern Länge ist sie relativ lang und dabei schnurgerade. Diese Staumauer überqueren wir ab dem Parkplatz, blicken links über die Wasseroberfläche und nach rechts in das beschriebene Tal, wo die Innerste nach Norden weiterreist. Am nördlichen Ende der Staumauer angekommen, wenden wir uns nach links und genießen zunächst in Ufernähe die Wanderung am See entlang. Über die Wasseroberfläche hinweg sehen wir am anderen Seeufer die weißen Wohnwagen des dortigen Campingplatzes und erkennen auch gut die Anleger des kleinen Yachthafens.

Links: Ausblick über die Innerstetalsperre

Rechts: Nach der Talsperre fließt die schmale Innerste weiter durch ihr Tal.

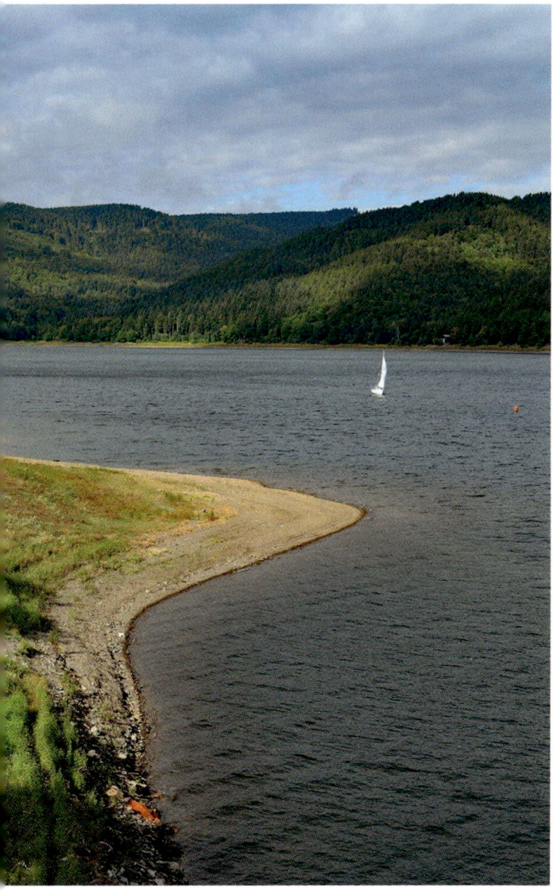

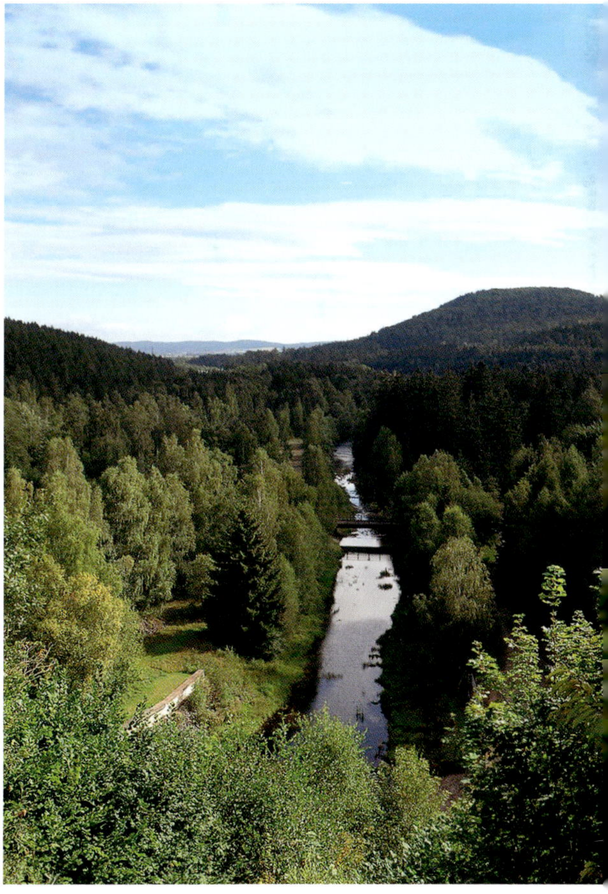

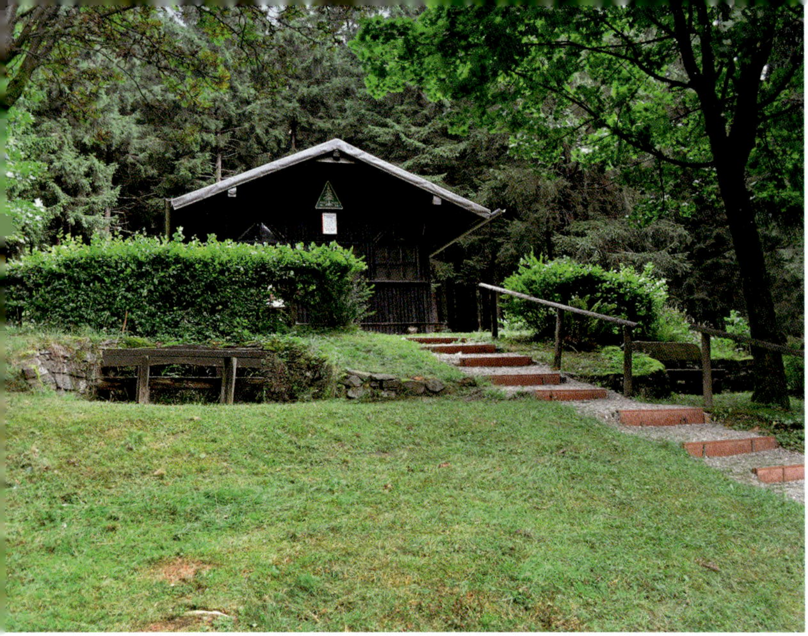

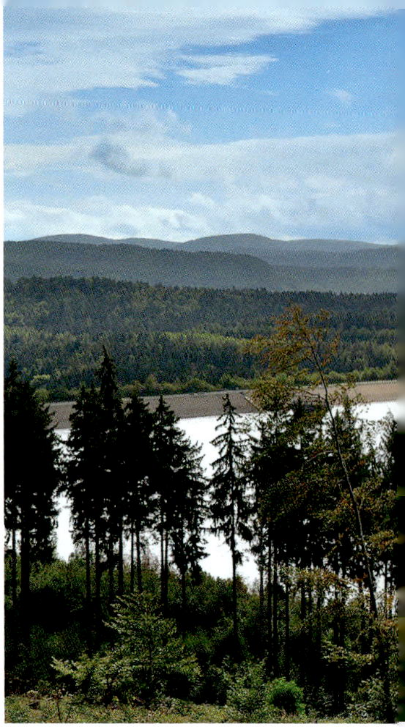

Links: Die Tränkebachhütte ist ein idealer Rastplatz.

Mitte: Hinter der Innerstetalsperre erheben sich die Gipfel des Harz.

Rechts: Geschnitzter Wolf aus einem alten Baumstamm

Anfangs teilen wir uns einen asphaltierten Weg mit einigen Radfahrern. Höhenunterschiede gibt es auch noch keine zu überwinden und dennoch freuen wir uns über die ein oder andere Sitzbank, die uns eine kleine Pause ermöglicht, bei der wir den Blick über das Wasser schweifen lassen. Schon bald sind wir am Campingplatz vorbei, der See wird immer schmaler und zu unserer Linken öffnet sich eine Auenlandschaft, durch die sich die Innerste schlängelt, ohne von uns wahrgenommen zu werden. An einer Gabelung mit Sitzgelegenheit geht es dann aber für uns ans Eingemachte. Wir biegen rechts ab und folgen dem deutlichen Aufstieg in den Wald hinein. Rund 250 Höhenmeter sind zu überwinden, wobei wir durch mehrere enge Kurven hindurchwandern. Nach jeder Kurve folgt die nächste Kurve und es wird leicht anstrengend, doch Durchhalten ist angesagt. Unser Weg mündet in einen breiten Waldweg, an dem wir scharf nach rechts abbiegen. Hier ist das Ende des Aufstiegs aber noch nicht erreicht. Nach 40 Höhenmeter sind es auf einer Länge von fast 500 Metern. Endlich können wir durchatmen. Genau 549 Höhenmeter zeigt das Display unseres GPS-Geräts an und in dieser Höhenlage bleiben wir nun in etwa.

Wir biegen erneut scharf ab, dieses Mal nach links, und gelangen zur Spielmanns Höhe, an der wir nach links abbiegen und wenig später etwas erschrocken innehalten. Am Wegesrand befindet sich irgendein Tier, doch beim Näherkommen stellen wir fest, dass es geschnitzte Holzkunst ist. Dargestellt wird hier ein ❶ **Luchs**, der einen vorwurfsvoll anzublicken scheint. Kein Wunder, er steht nämlich stellvertretend für den letzten Luchs, der hier im Harz geschossen wurde. Im März 1818 fand das traurige Ereignis statt. Jetzt, knapp 200 Jahre später, können wir uns aber freuen, dass es wieder Luchse im Harz gibt. In einem groß angelegten Wiederansiedlungsprogramm wurden 24 Luchse in den Jahren 2000 bis 2006 ausgewildert, die mittlerweile so viele Nachkommen haben, dass der Luchs mit einer geschätzten Population von 90 Tieren im gesamten Harz vorkommt.

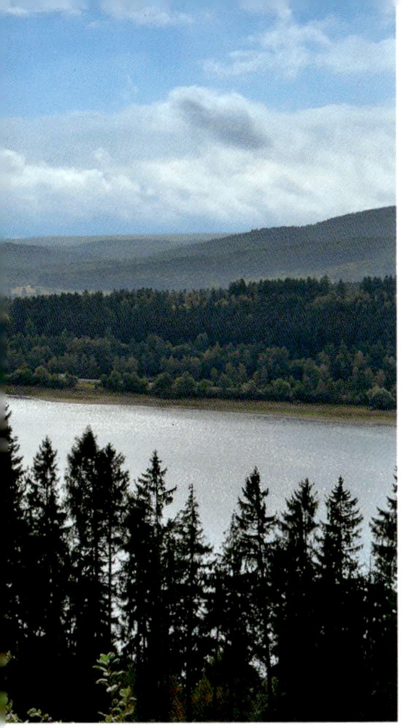 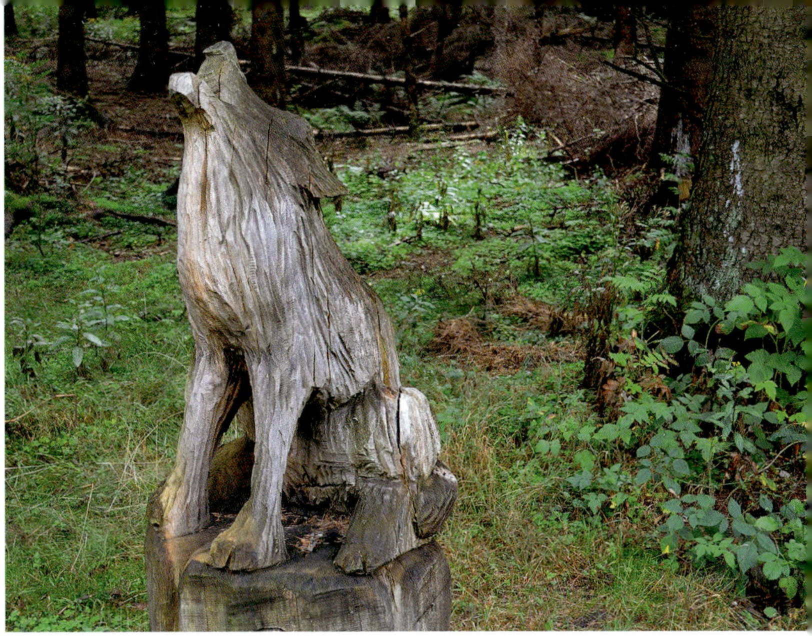

Auf dem kurvigen Weg gehen wir weiter geradeaus bis zu einem Abzweig nach links. Wir folgen diesem für einen kurzen Abstecher und gelangen nach gerade einmal 250 Metern zur ❷ **Tränkebachhütte**. Dort können wir eine gemütliche Pause einlegen, eine schöne Aussicht gen Westen genießen und wie auch schon am Luchsstein einen Stempel der Harzer Wandernadel erhalten. Im Übrigen verläuft hier an der Tränkebachhütte auch der Steinway-Trail entlang. Dieser ist nach Heinrich Engelhard Steinweg benannt, der 1797 im nahe gelegenen Wolfshagen zur Welt kam und für seine Steinway-Klaviere weltbekannt wurde.

Zurück zum Hauptweg gehen wir weiter in die ursprüngliche Richtung durch den Wald, überqueren den Schnapsplatz und sehen anhand der Beschilderung, dass wir auch auf dem Harzer Försterstieg unterwegs sind – ein beliebter Wanderweg, der auf 60 Kilometern Länge Kamschlacken mit Goslar verbindet. An der Kreuzung Kalte Birke mit einer etwas älteren Schutzhütte halten wir uns halb links und wandern leicht bergauf, um wenig später den Rundumblick von der Lageswarte zu genießen. Von hier oben blicken wir wunderbar in das Tal der Innerste und zur Staumauer. Die Familie mit den beiden Kindern scheint mittlerweile nicht mehr dort zu sein, keine Frage. Wenn die Sicht passt, dann sehen wir über das Tal hinweg auch bis zum Brocken. Aber dieser ist 28 Kilometer Luftlinie entfernt, das Wetter muss also wirklich gut sein. Nach unserem dritten Stempel auf dem Gipfel gehen wir hinab zum Vereinsplatz, folgen dort dem Dreckweg bis zur nächsten großen Kreuzung und halten uns dort halb rechts immer bergab, bis wir wieder an der Ⓔ **Staumauer** der Innerstetalsperre ankommen.

Der Luchs

Der Luchs gehört zur Familie der Katzen und wird in vier Arten aufgeteilt. In unseren Breiten ist der Eurasische Luchs beheimatet, nach Bär und Wolf das größte Landraubtier Europas. Die Tiere können bis zu 1,20 Metern lang werden und haben eine Schulterhöhe von bis zu 70 Zentimetern. Ihr auffälligstes Merkmal sind die kleinen pinselförmigen Haarbüschel an den Ohren.

6

Auf zum Großen Knollen

Von Köhlern und Ministerpräsidenten

Mittel | 11 km | 450 Hm | 3:30 Std.

Tourencharakter
Klassische Bergrundwanderung, bei der es lange Zeit bergauf geht und man nach Erreichen des Ziels praktisch nur bergab wandert. Der Aufstieg ist nur stellenweise steil, dafür aber stetig.

Ausgangs-/Endpunkt
Parkplatz am Schützenheim neben dem Sportplatz im Luttertal bei Bad Lauterberg (GPS: 51.637589, 10.459852)

Anfahrt
Auto: Auf den Bundesstraßen 27 oder 243 bis Bad Lauterberg, von der Bahnhofstraße in die Scharzfelder Straße Richtung Luttertal abbiegen und bis zum Wanderparkplatz am Schützenheim. **Bus:** Mit den Busssen 450 und 471 bis zur Haltestelle Bad Lauterberg, Molkereistraße und 1,5 km zu Fuß entlang der Lutter bis zum Parkplatz.

Einkehr
Knollenbaude auf dem Großen Knollen und Waldcafé im Alten Forsthaus Kupferhütte mit Bienenhof Quellmalz

Karte
Karte der Harzer Wandernadel, Blatt 1, 1:50 000, über http://shop.harzer-wandernadel.de

Tourismusinformation
Tourismusinformation Bad Lauterberg, Ritscherstraße 4, 37431 Bad Lauterberg, Tel. 05524/853-190, www.badlauterberg.de

Sonstiges
Stempelstellen 152 (Knollenkreuz) und 150 (Großer Knollen)

Im Südwestharz bietet der Große Knollen einen Aussichtsturm, von dem aus man einen Fernblick bis in den südlich gelegenen Thüringer Wald genießen kann. Gleich daneben lädt die Knollenbaude zu einer entspannten Rast ein, bei der man ganz nebenbei interessante Geschichten erfährt.

So heißt es zum Beispiel, dass der Wirt der Knollenbaude den ersten Ministerpräsidenten von Niedersachsen, Hinrich Wilhelm Kopf, bei dessen Besuch auf dem Großen Knollen auf den Arm genommen habe. Der SPD-Politiker bestellte Ende der 1950er-Jahre dort oben eine Erbsensuppe mit Bockwurst, für die die Knollenbaude bekannt war. Anschlie-

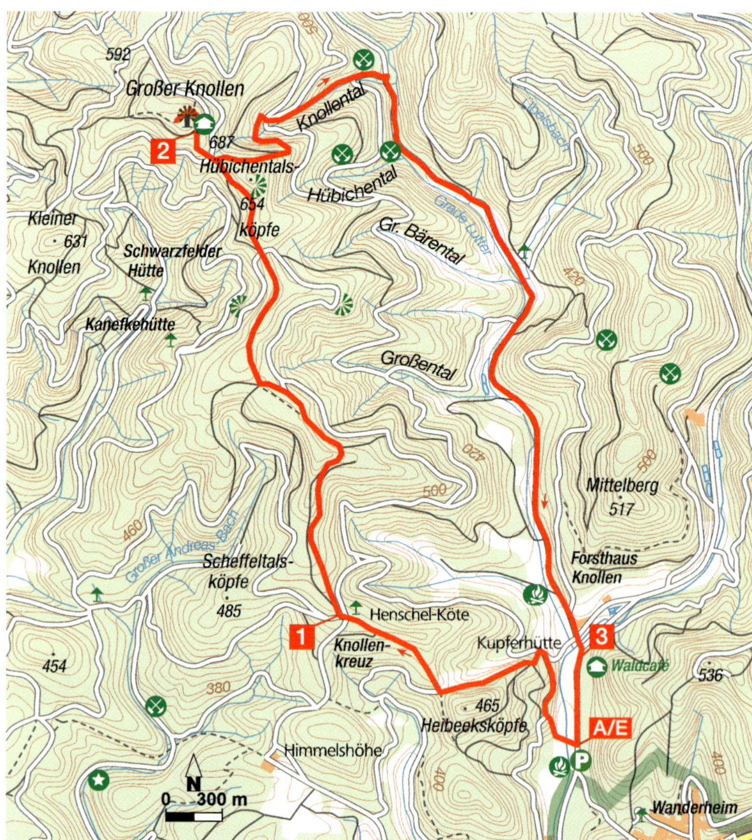

ßend bat er in der Annahme, dass es irgendwo im Hause ein Telefon geben würde, um eine Verbindung in seine politische Heimat nach Hannover. Der Wirt, auch Knollerich genannt, ging in seine Küche und kam nach wenigen Augenblicken wieder zurück. In der Hand hielt er eine Taschenlampe, reichte sie dem Ministerpräsidenten und ergänzte, er solle doch bitte die Treppe auf den Turm benutzen. Oben angekommen könne er dem entsprechenden Richtungspfeil entnehmen, wo Hannover liege und dorthin die Taschenlampe mit einem Morsesignal ausrichten.

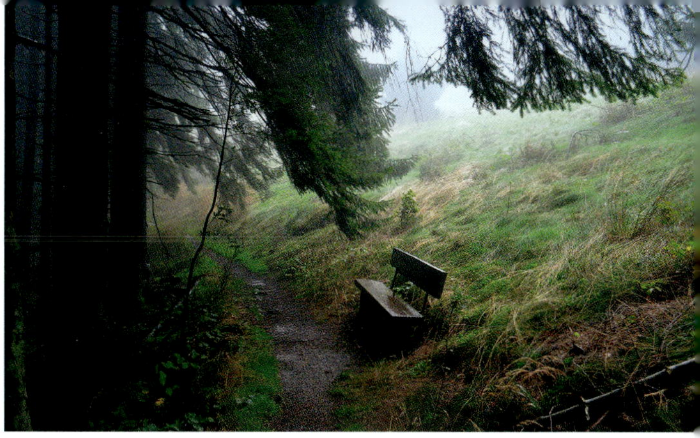

Auf dem Weg zum Großen Knollen ...

Heute tragen wir die Telefone mit uns herum, inklusive einer Taschenlampen-App. Aber diese werden wir wohl nicht benötigen, da wir noch vor Einbruch der Dunkelheit wieder zurück sein werden. Wir überqueren zunächst einmal am Ⓐ **Wanderparkplatz** auf der kleinen Brücke die Lutter und wenden uns vor dem Schützenheim nach rechts, um an dem Grillplatz mit seinen Unterständen vorbei- und in den Wald hineinzugehen. Wir gelangen zu einem Querweg, an dem wir links abbiegen und sogleich die Steigung spüren, die uns auf dem ersten Abschnitt der Wanderung begrüßt. Deutlich ansteigend wandern wir nach oben und folgen der Ausschilderung des Harzer Baudensteigs. Nach einiger Zeit weist sie nach rechts und wir folgen ihr steil bergauf bis zur Kreuzung Knollenkreuz. Damit ist noch nicht der Gipfel des Großen Knollens mit einem eventuell vorhandenen Gipfelkreuz gemeint. Doch es bietet sich eine schöne Gelegenheit zu einer Rast. Am Knollenkreuz befindet sich nämlich die ❶ **Henschel-Köte**. Mit Köte werden im Harz die einfachen Holzhütten bezeichnet, in denen einst die Köhler wohnten. Diese waren für die Kohlenmeiler verantwortlich, die in unmittelbarer Nähe lagen und zur Holzkohlenherstellung dienten. Heute ist der Beruf des Köhlers ausgestorben, doch die Köte ist geblieben und dient Wanderern nun als Schutzhütte und Rastplatz. Gleichzeitig kann man sein Stempelheft in die Hand nehmen und an der Stempelstelle seiner Sammelleidenschaft nachgeben.

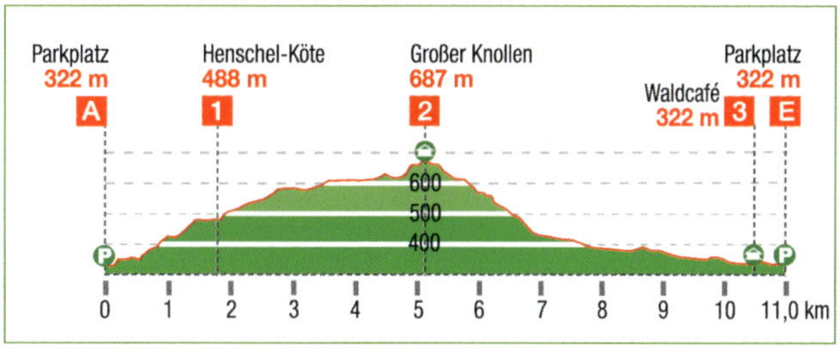

... durchquert man malerische Wälder.

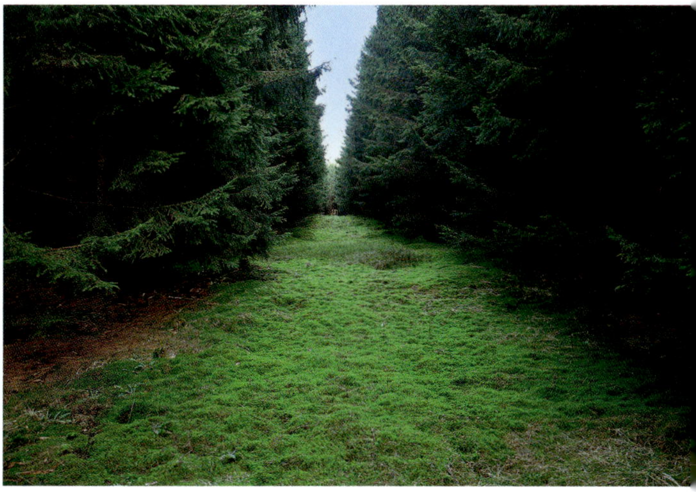

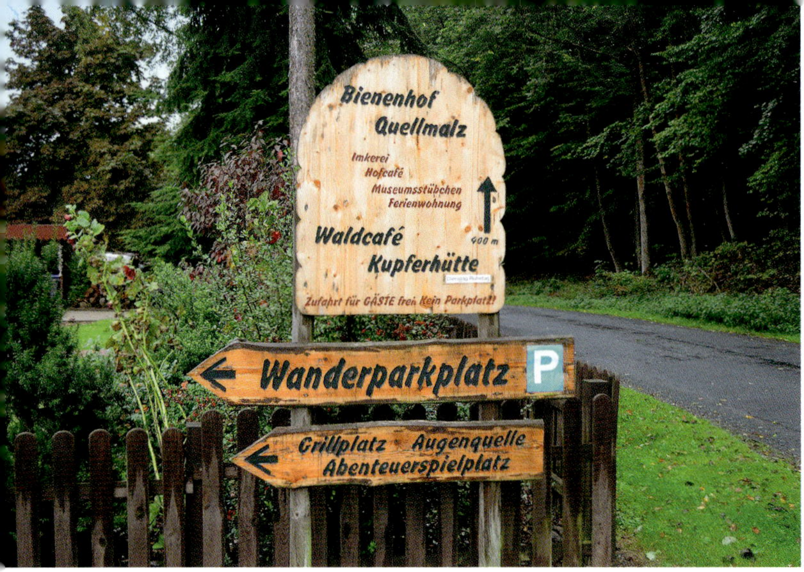

Einkehrmöglichkeit am Ausgangspunkt

Die Köte ist nur eine Zwischenstation auf dem Weg nach oben. Daher heißt es jetzt durchatmen und weiter bergauf. Ein kurzes Stück gehen wir an der Kreuzung in die ursprüngliche Richtung weiter, doch schon nach rund 70 Metern zweigt halb rechts ein schmaler Pfad ab, der uns über Laub und Wurzeln deutlich in die Höhe bringt. Mit jedem Höhenmeter steigt die Chance, zwischen den Baumstämmen hindurch eine Aussicht zu genießen und mit etwas Glück erkennt man bei guter Sicht sogar den Brocken. Ohne es zu spüren, passieren wir kleinere Gipfel, die als Scheffeltalsköpfe, Großentalsköpfe und Bärentalsköpfe bezeichnet werden. Mit einer Lichtung überqueren wir noch die Hübichentalsköpfe und schon haben wir wenig später mit einer engen Linkskurve den ❷ **Großen Knollen** erreicht.

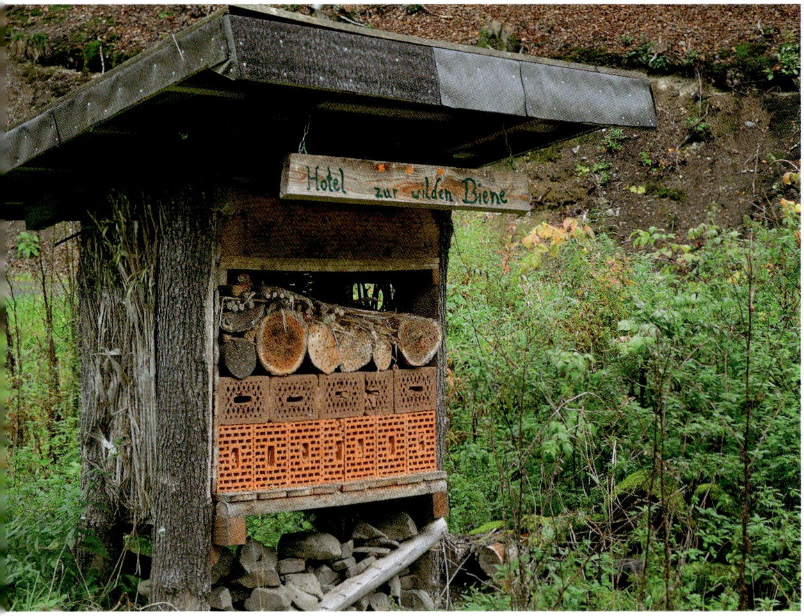

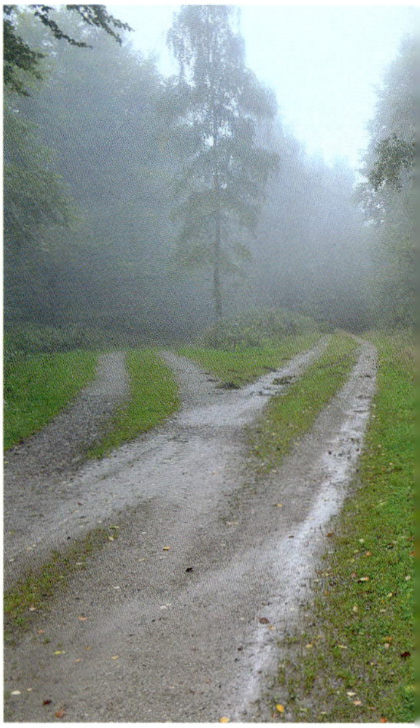

Bei der Einkehr in die Knollenbaude ertappen wir uns dabei, wie wir den Eingang zur Küche beobachten. Gleich so, als käme dort der Knollerich mit einer Taschenlampe heraus. Doch damals sah die Baude ganz anders aus als heute. Es gab nur einen kleinen Raum mit einer Theke, umfangreich erweitert wurde sie in den 1960er- und 1970er-Jahren. Aus den gemütlichen Sesseln der Baude blickt man nun durch die Fenster auf die bewaldeten Hügel des Harzes. Noch besser ist die Aussicht natürlich vom Turm neben der Baude, der ganzjährig gegen ein kleines Entgelt erklommen werden kann.

Durch die enge Kurve unterhalb der Baude gehen wir zurück zu der Kreuzung, halten uns hier halb links und wandern deutlich flotter, da es jetzt nur noch hinabgeht. Mit kleineren Serpentinen gelangen wir zum breiten Kohlenhangweg, biegen links ab und stehen an einer Gabelung mit mehreren Abzweigen. Wir entscheiden uns immer für den rechten Weg und gehen steil bergab. Nach rund 700 Metern sind wir im Luttertal angekommen, wo wir dem Flusslauf nach rechts folgen und einen breiten Waldweg benutzen. Die Wanderung wird jetzt sehr komfortabel und wandelt sich eher zu einem ausgedehnten Spaziergang. Mit leichtem Gefälle folgen wir dem Flüsschen, das – streng genommen – nur einer der beiden Quellflüsse der Lutter ist und den Namen Grade Lutter trägt. Ein Hinweisschild informiert uns darüber, dass hier im Tal einst ein Stausee war. Dieser wurde 1808 durch ein Hochwasser zerstört, doch wenn man genau hinsieht, kann man einen Teil der Anlage noch erahnen. Zum Abschluss erreichen wir das Alte Forsthaus Kupferhütte, das heute als Bienenhof Quellmalz ein ❸ **Waldcafé** mit eigener Imkerei bietet. Gleich gegenüber vereinigt sich die Grade Lutter mit der Krummen Lutter und bildet ab hier die Lutter, die nur zwei Kilometer später in die Oder mündet. Nun noch wenige Meter und wir sind wieder am Ⓔ **Parkplatz** angekommen.

Der Harzer Baudensteig

Der Harzer Baudensteig verbindet auf 100 Kilometern die Ortschaften Bad Grund und Walkenried. Sein Name rührt von den Bauden, also den Berggaststätten her. Neben der Knollenbaude gelangt man auch zur Hanskühnenburg und zum Bahnhof Stöberhai. Das *Wandermagazin* hat den Harzer Baudensteig in der Kategorie Routen als einen von Deutschlands schönsten Wanderwegen nominiert.

Links: Insektenhotel im Tal der Lutter

Mitte: Kurz hinter der Köte biegt man rechts in den schmalen Pfad ein.

Rechts: Rastmöglichkeit im Tal der Lutter

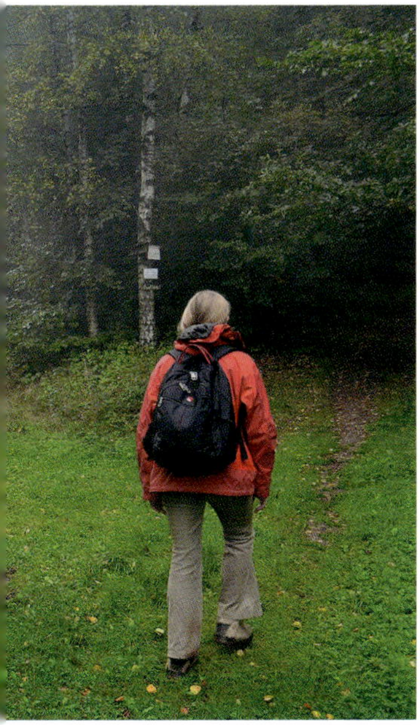

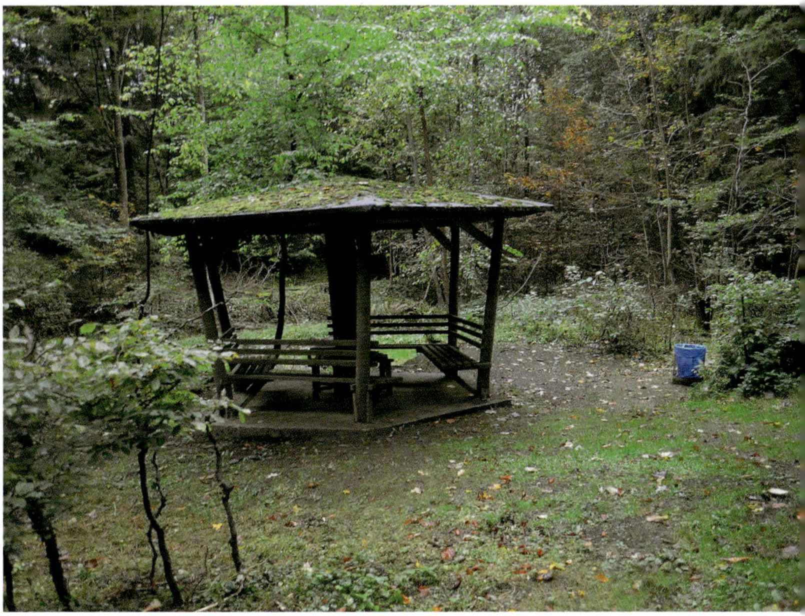

7

Zu Kuckholzklippe und Dorotheenblick

Gemütliche Tour im Westharz

Leicht 11,3 km 376 Hm 3:30 Std.

Tourencharakter
Einfache waldreiche Wanderung, die zum Teil auf historischen Wegen und dem Harzer Hexenstieg verläuft und einige kleinere Aussichtspunkt bereithält. Die Aufstiege sind moderat, doch ein kurzer und knackiger Abstieg ist zu überwinden.

Ausgangs-/Endpunkt
Parkplatz am Mittelweg in Buntenbock, direkt am Innerste-Ufer (GPS: 51.776153, 10.332622)

Anfahrt
Auto: Auf der Bundesstraße 241 zwischen Clausthal-Zellerfeld und Osterode am Harz bis zum Abzweig nach Buntenbock, dort ins Zentrum und zum Parkplatz. **Bus:** Mit dem Bus 440 bis zur Haltestelle Alte Fuhrherrenstraße in Buntenbock, weiter zu Fuß über die Alte Fuhrherrenstraße bis zum Ausgangspunkt.

Einkehr
Keine

Karte
Karte der Harzer Wandernadel, Blatt 1, 1:50 000, über http://shop.harzer-wandernadel.de

Tourismusinformation
Touristinformation, Am Schwarzenbacher Teich, Schwarzenbacher Straße 19, 38678 Clausthal-Zellerfeld, Tel. 05320/2290444, www.oberharz.de

Sonstiges
Stempelstellen 139 (Kuckholzklippe) und 138 (Braunseck)

Im Harz gibt es auch Regionen, in denen man ganz in Ruhe und ohne viel Trubel wandern kann und trotzdem nicht auf die Annehmlichkeiten der gut ausgebauten Wanderwege verzichten muss. Die Tour bei Buntenbock im westlichsten Teil der Mittelgebirgslandschaft gehört dazu.

Über den Mittelweg verlassen wir den Ⓐ **Parkplatz** in südliche Richtung, sodass wir gleich als Erstes die schmale Innerste überqueren. Durch den ruhigen Ort Buntenbock gehen wir bis zur Gabelung, an der wir uns halb rechts für den Moosholzweg entscheiden. Er führt sanft bergauf und noch an einigen weiteren Wohnhäusern vorbei, bis wir zum Psychiatrischen Pflegezentrum gelangen. Auch dahinter bleiben wir noch auf dem Moosholzweg, verlassen diesen jedoch an einer Informationstafel

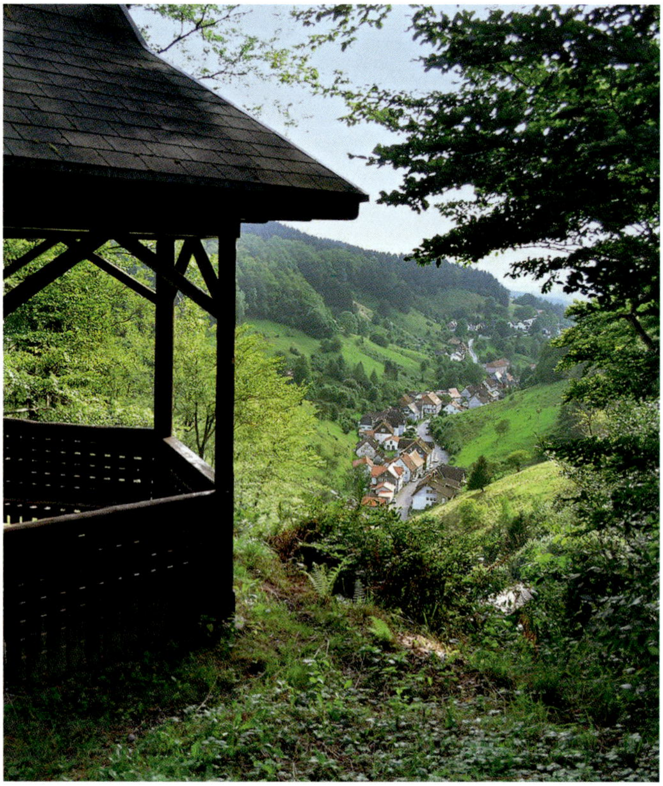

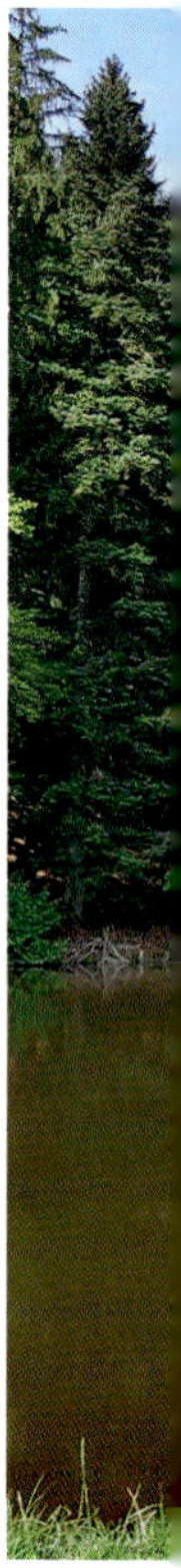

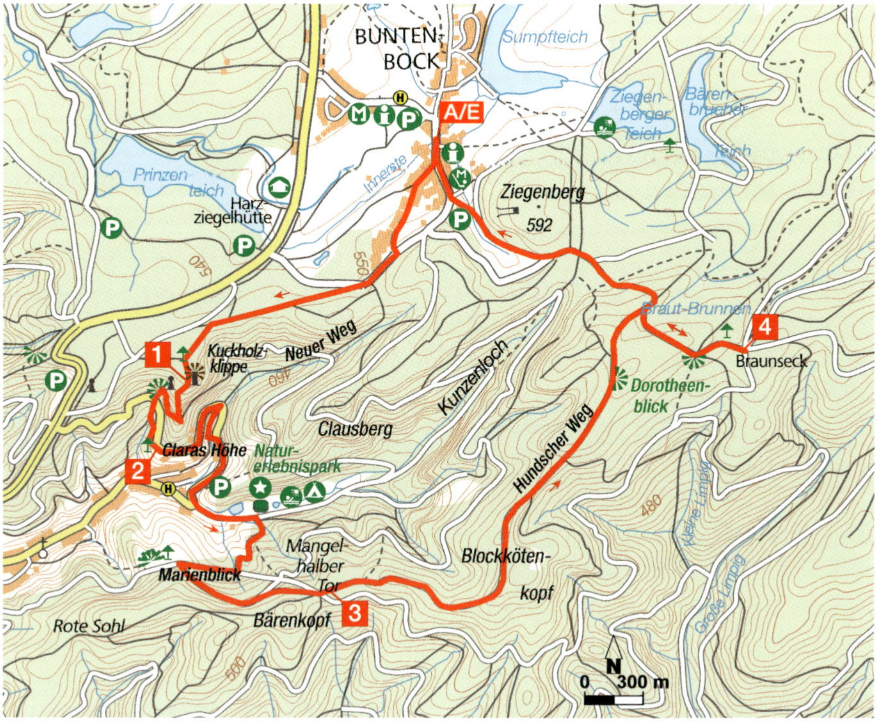

Links: Der Pavillon an Claras Höhe bietet einen schönen Ausblick auf Lerbach.

Mitte: Kleiner Teich mit Sitzgelegenheit

Rechts: Nachbau des einstigen Mangelhalber Tores

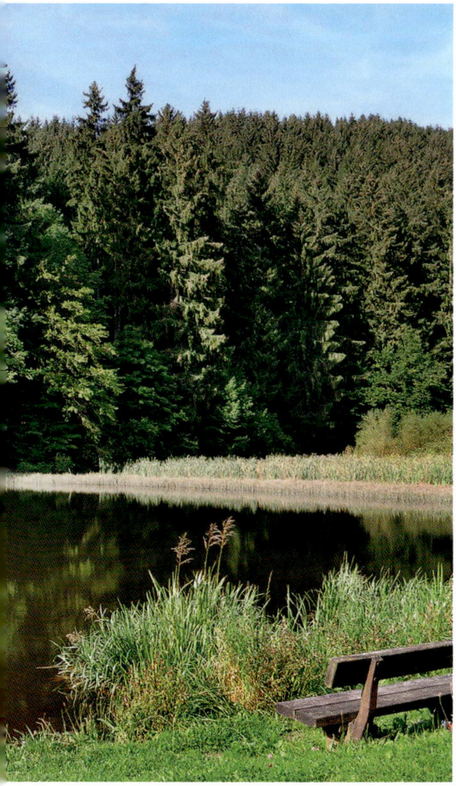

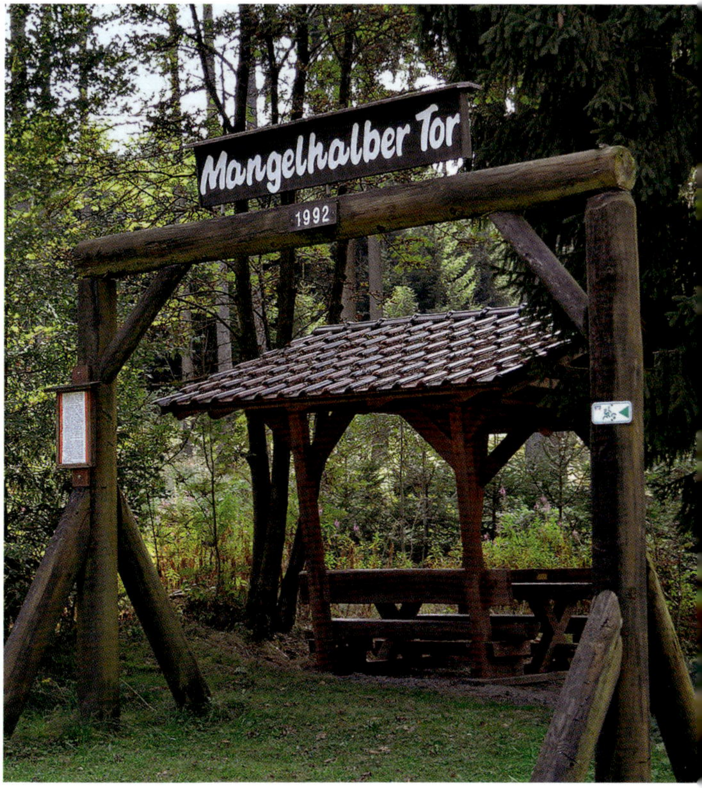

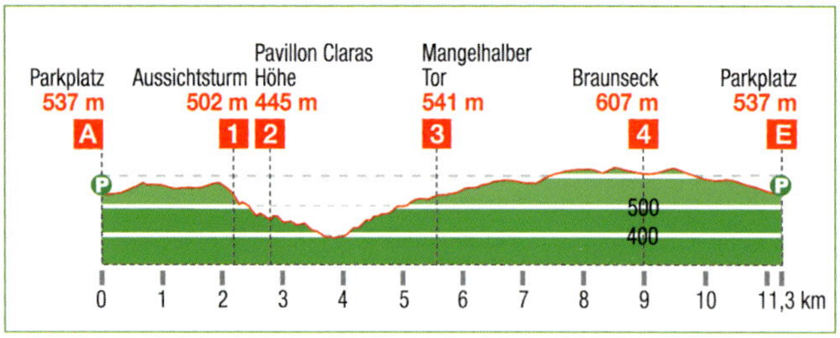

und gehen geradewegs auf einem schmaleren Weg in den Wald hinein.

Mit der Alfred-Schiecke-Hütte erwartet uns nach einiger Zeit eine Rastmöglichkeit. Benannt ist sie nach dem Buchdruckermeister Alfred Schiecke, der im Jahr 1949 eine Druckerei gründete, die noch heute in Buntenbock in Betrieb ist. Gelegentlich wird sie auch Schutzhütte Kuckholzklippe genannt, so wie der ❶ **Aussichtsturm**, der sich gleich links hinter der Schutzhütte erhebt. Wir erhalten von dem 15 Meter hohen Turm nicht nur eine schöne Aussicht bis zum Brocken und zum Bergkamm Auf dem Acker, sondern auch in das Harzer Vorland und können zudem einen Stempel für die Harzer Wandernadel einsammeln.

Gleich an dem Aussichtsturm geht es wieder tief in den Wald hinein und wir wandern dabei deutlich bergab bis zu einem Querweg, an dem wir uns nach rechts wenden. Auf einem schmalen Pfad gehen wir vorsichtig hinab, besonders nach Regenfällen, und überqueren kurz darauf die Landstraße. An der anderen Straßenseite geht es weiterhin bergab, und zwar nicht zu knapp. Halb links wandern wir etwas unterhalb und parallel zur Landstraße, was namentlich auf den ersten Blick jetzt gar nicht so recht passen möchte – zu ❷ **Claras Höhe**. Immerhin haben wir jetzt einen deutlichen Abstieg hinter uns, doch von dem malerischen Pavillon Claras Höhe aus sehen wir, dass es noch weiter hinabgehen könnte. Vor unseren Augen breitet sich das Lerbachtal mit der gleichnamigen Ortschaft aus. Halb links sehen wir in rund 400 Metern Entfernung den Ortsausgang, wo wir als Nächstes hinwandern werden.

Wir folgen unterhalb des Pavillons dem schmalen Pfad, der uns weiter bergab führt und uns zu einer Lore bringt, die uns an die einstige Grube Weintraube erinnert. Gleich dahinter kommen wir zur Landstraße und folgen ihr ein kurzes Stück abwärts bis zu einer scharfen Rechtskurve – der Punkt, den wir von Claras Höhe aus sehen konnten. Wir biegen links ab, lassen Lerbach hinter uns und gelangen zum Mühlenteich mit einer weiteren kleinen Schutzhütte. Zu unserer Rechten verrät der kleine Skilift, dass hier im Winter Skisport betrieben wird. Zwischen Mühlenteich und dem dahinterliegenden Sportplatz zweigt halb rechts ein Weg nach oben ab. Mit liebevoll gestalteten Holzfiguren und sogar einem Gästebuch hat man hier den Harzer Hexenstieg ausgestattet, dem wir nun deutlich in die Höhe folgen.

An der Skiliftbergstation wenden wir uns scharf nach links und wandern auf dem aufwärtsführenden Weg durch den

Die Alte Harzstraße

Dass bei Buntenbock einer der ältesten Handelswege des Harzes verläuft und dort im letzten Jahrhundert eine Bahnstrecke geplant war, liegt unter anderem an der Alten Harzstraße. Sie entstand ab dem 13. Jahrhundert mit der Expansion von Hansebund und Oberharzer Bergbau. Heute ist die Alte Harzstraße nur noch ein Forstweg, auf dem auch Heinrich Heine im Jahr 1824 unterwegs war.

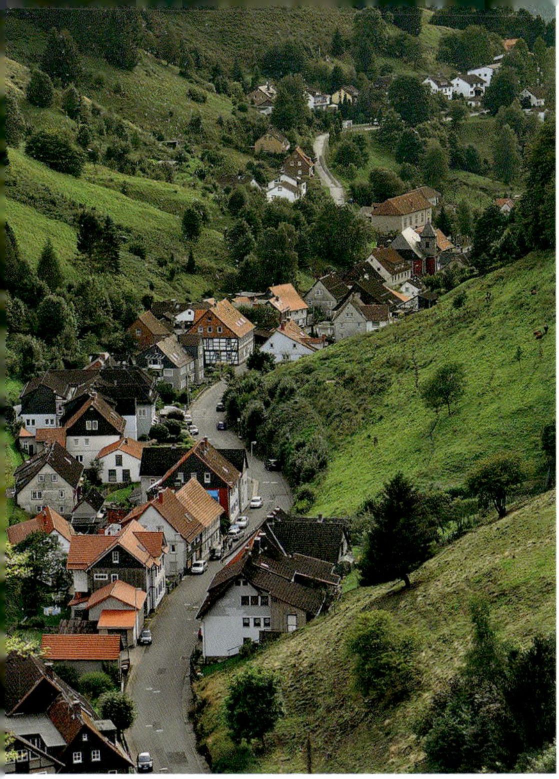

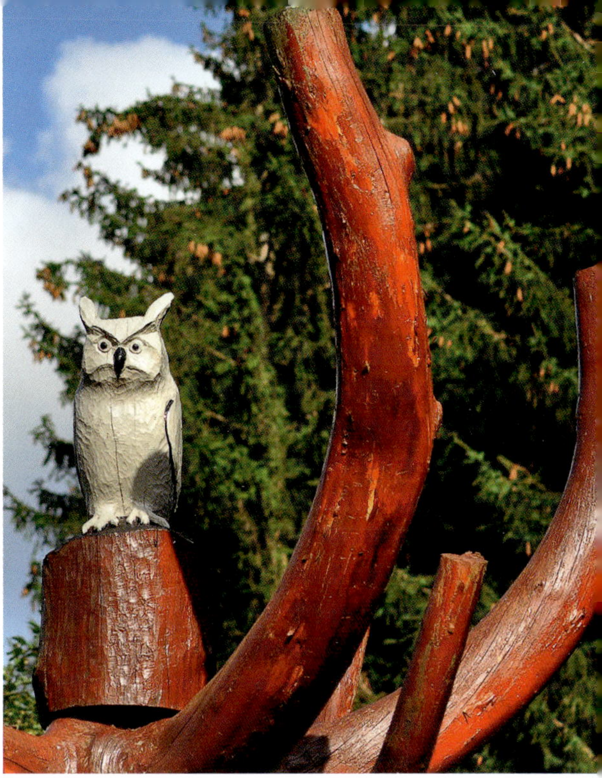

Links: Ausblick von Claras Höhe auf Lerbach

Rechts: Unter den Augen der geschnitzten Eule wandert man durch den Wald.

Wald. Schon bald treffen wir auf weitere detailreiche Holzschnitzkunst rund um das ❸ **Mangelhalber Tor**. Hier lernen wir auch, dass wir uns ab sofort auf dem Hundschen Weg fortbewegen, einer der ältesten Handelsstraßen des Harzes, die am Mangelhalber Tor beginnt. Das Tor selber ist ein Nachbau und erinnert als Symbol an das einstige Wildgatter, das rund 20 Kilometer lang war und einmal um ganz Lerbach führte. Ackerblick heißt der nächste Wegepunkt, doch der Blick zum Bergkamm Acker ist ziemlich eingeschränkt und nur durch eine schmale Waldschneise möglich. Auf dem Hundschen Weg wandern wir weiter, bis wir rechts einen kleinen Abzweig zum Dorotheenblick erreichen, der uns ebenfalls einen Ausblick gen Osten ermöglicht.

Rund 500 Meter und einen Picknickplatz später gelangen wir zu einem Querweg. Wenn wir hier links abbiegen, erreichen wir geradewegs unseren Ⓔ **Ausgangspunkt** in Buntenbock wieder. Stempelsammler der Harzer Wandernadel sollten jedoch einen Abstecher nach rechts einlegen, um nach weiteren 500 Metern zur Wegekreuzung ❹ **Braunseck** zu gelangen. An der dortigen Schutzhütte mit Picknickplatz wartet Stempelstelle 138 auf die Wanderer. Diese Kreuzung namens Braunseck wird oft auch Buntenbocker Bahnhof genannt. Nur einen Bahnhof gibt es hier nicht und hat es nie gegeben. Doch er wurde zu Beginn des letzten Jahrhunderts geplant und wäre Teil einer Bahnstrecke zwischen Osterode und Clausthal-Zellerfeld geworden. Die Planungen waren recht sportlich, denn alleine der Höhenunterschied zwischen Braunseck und Lerbach hätte neun Brücken und drei Tunnel erfordert. Nachdem man bereits die Schneisen in den Wald geschlagen hatte, brach jedoch der Erste Weltkrieg aus und die Planungen verschwanden für immer in der Schublade.

8

Wandern und Spazieren, die Mischung macht's

Zu den Welterben in Goslar

Leicht | 9,2 km | 416 Hm | 3:00 Std.

Tourencharakter
Leichte Wanderung, die aus der Stadt Goslar hinausführt und einen lang gestreckten Aufstieg durch den Wald zum Berg Sidecum erfordert. Von dort geht es mit tollen Aussichten zum Weltkulturerbe Bergwerk Rammelsberg wieder zurück in die Altstadt von Goslar.

Ausgangs-/Endpunkt
Parkplatz am Domplatz, gegenüber der Kaiserpfalz in Goslar (GPS: 51.903043, 10.428202)

Anfahrt
Auto: Über die Bundesstraße 82 bis Goslar und dort über die Straße Domplatz zum Parkplatz. **Bus:** Mit dem Bus 802 bis zur Haltestelle Hoher Weg.

Einkehr
Berggaststätte Maltermeister Turm am gleichnamigen Turm

Karte
Karte der Harzer Wandernadel, Blatt 1, 1:50 000, über http://shop.harzer-wandernadel.de

Tourismusinformation
Goslar Marketing GmbH, Markt 7, 38640 Goslar, Tel. 05321/78060, www.goslar.de

Sonstiges
Stempelstellen 114 (Ramseck) und 91 (Weltkulturerbe Rammelsberg)

Goslar bietet fantastische Weltkulturerben, die man unbedingt gesehen haben muss. Da sie sich am Ortsrand befinden, teilweise sogar schon in den Wäldern des Harzes, lassen sich diese bei einer Mischung aus Stadtspaziergang und Waldwanderung wunderbar kombinieren.

Die Frage ist nur, womit man beginnen will. Schaut man sich erst die Altstadt an und geht dann auf Wandertour zum Bergwerk Rammelsberg oder hebt man sich die zahlreichen Fachwerkhäuser rund um den Markt von Ⓐ **Goslar** lieber zum Schluss auf? Sinnvoll ist in der Tat Letzteres.

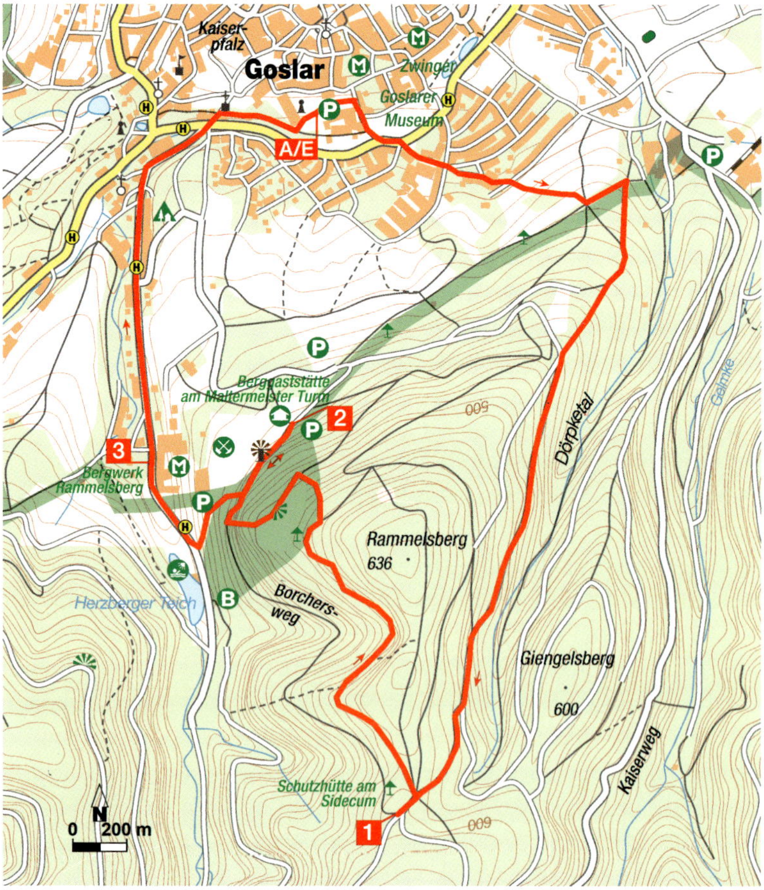

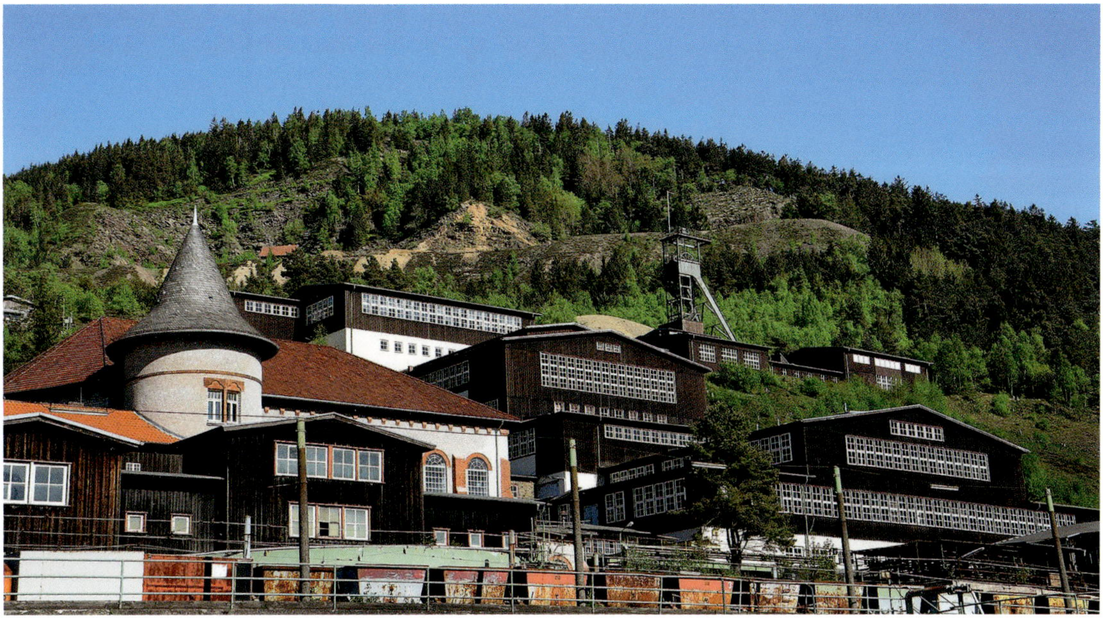

Das Bergwerk Rammelsberg steht heute auf der Liste der Weltkulturerben.

Warum nicht erst wandern und sich dann anschließend mit einer Einkehr in einer der zahlreichen Cafés im Zentrum von Goslar verwöhnen? Das fällt zugegebenermaßen nicht leicht, wenn man bereits vom Parkplatz aus die Kaiserpfalz sieht und es nur wenige Schritte in die Altstadt sind. Doch lassen wir uns lieber überraschen, was diese zum Schluss des Tages noch für uns bereithält.

Daher drehen wir dem Kaiserhaus zunächst den Rücken zu und begeben uns zur Wallstraße, an der wir rechts abbiegen. Gleich auf der linken Seite folgt das Jägerdenkmal, das an die gefallenen Jäger im deutsch-französischen Krieg von 1870/71 erinnert. Das mit einem vergoldeten Adler gekrönte Denkmal wurde zwei Jahre lang aufwendig restauriert und im Jahr 2016 wieder an seinen jetzigen Standort zurückgebracht. Gleich dahinter versteckt sich ein wenig eine Grünanlage mit dem Kahnteich und dem Zwinger. Dieser Batterieturm stammt aus dem frühen 16. Jahrhundert und war Teil der Goslarer Befestigungsanlage. Heute ist in dem massiven Zwingerturm eine Ausstellung untergebracht. Wir gehen jedoch auf der Wallstraße geradeaus weiter, überqueren die Bundesstraße 82 und biegen bald auf der Siemensstraße rechts in den Karsten-Balder-Stieg ein. Mit ihm lassen wir die letzten Wohnhäuser von Goslar hinter uns und wandern zwischen Fel-

Das Bergwerk Rammelsberg

Im Bergwerk Rammelsberg wurde bereits in der zweiten Hälfte des 9. Jahrhunderts Erz abgebaut. Eingestellt wurde der Betrieb 1988 nach mehr als 1000 Jahren ununterbrochenen Bergbaus. Nur vier Jahre nach der Stilllegung setzte die UNESCO das Areal zusammen mit der Altstadt von Goslar auf die Liste der Weltkulturerben. Die dazugehörige Oberharzer Wasserwirtschaft wurde später ergänzt.

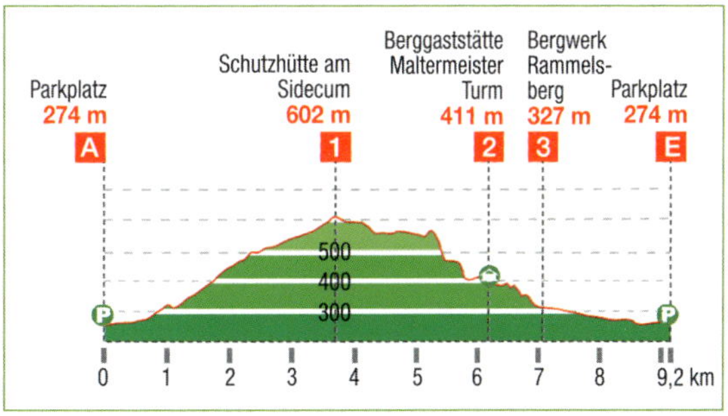

dern und Wiesen leicht bergauf bis zum Waldrand. Bevor wir den Wald betreten, sollten wir uns noch einmal umdrehen und den Blick zurück über die Dächer von Goslar genießen.

Vor dem Wald gehen wir noch ein kurzes Stück nach links, biegen aber schon nach wenigen Meter an einer größeren Kreuzung rechts in den Wald hinein. Unsere Wanderung verläuft nun auf einem Forstweg deutlich bergauf. Dabei erreichen wir eine weitere große Kreuzung mit einem Hochsitz, an der sich der Weg gabelt. Unpraktisch wäre es hier, scharf rechts abzubiegen und dem Gefälle zu folgen. Bei den beiden Wegen, die weiter nach oben führen, spielt es jedoch kaum eine Rolle, welchen der beiden Wege wir benutzen. Beide verlaufen mehr oder minder parallel. Nur wer sich für den rechten Weg entscheidet, der muss nach einiger Zeit einem Grasweg halb links folgen, um auf den linken Weg zu gelangen. Letztendlich treffen sie aber in einer Höhe von rund 600 Metern Höhe wieder aufeinander. Zum Vergleich: Die letzten Häuser von Goslar liegen rund 300 Meter niedriger. Wenig später folgt auf der rechten Seite die ❶ **Schutzhütte am Sidecum**, die uns eine kleine Pause ermöglicht und den höchstgelegenen Punkt unserer Wanderung markiert. Mit Sidecum ist die bewaldete Bergkuppe gemeint, an der wir uns nun befinden.

Nach der Pause können wir uns hinter der Waldschrat-Hütte, wie sie auch bezeichnet wird, nach rechts wenden und nun mit Blick in das Tal des Wintertalbachs sanft bergab wandern. Der kaum sichtbare und schmale Wintertalbach ist der Oberlauf der Abzucht, die durch die historische Altstadt von Goslar fließt und später in die Oker mündet. Dem Lauf des Tals folgend kämen wir also ganz automatisch wieder

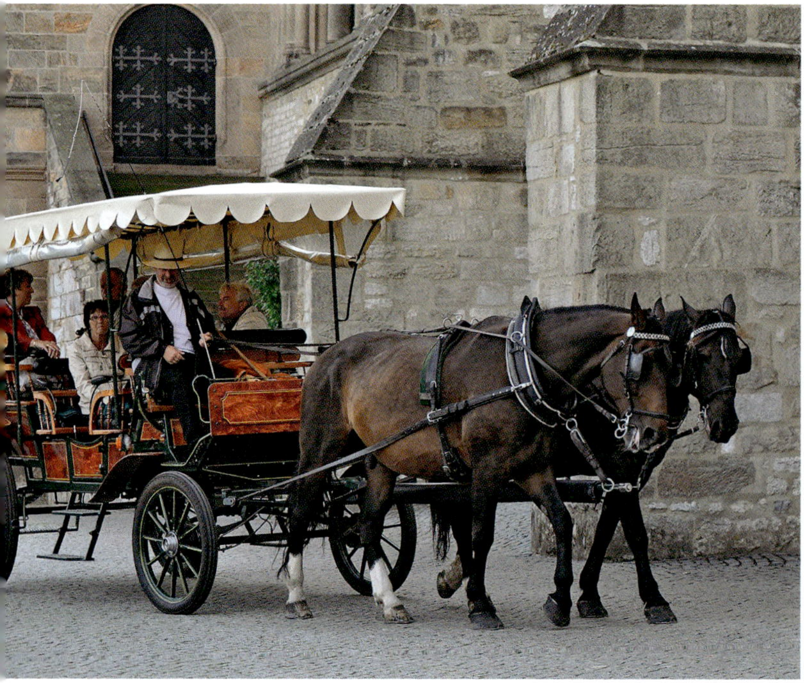

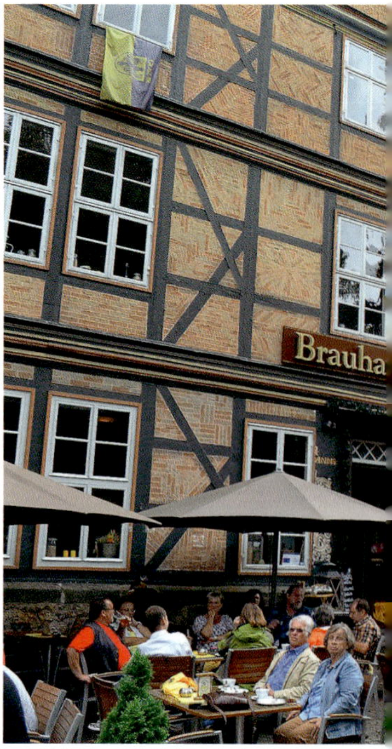

nach Goslar. Ein wenig mehr Ausblick bietet der Weg, der an der 80 Meter entfernten Kreuzung nach links abzweigt, also dort, von wo wir gekommen sind. Auf diesem kurvigen Waldweg bleiben wir noch weiter in der Höhe und passieren die Westflanke des Rammelsbergs. Dabei gelangen wir zu einer weiteren Schutzhütte, von der aus wir einen prächtigen Überblick über das gleichnamige Bergwerk Rammelsberg genießen können.

Über einen schmalen Zickzackpfad rechts oder auch links der Schutzhütte geht es durch die ehemaligen Blockschutthalden des Bergwerks, die heute als Naturschutzgebiet ausgewiesen sind, und wir erreichen schon bald den ❷ **Maltermeister Turm**. Der Turm entstand bereits im 14. Jahrhundert als Wachturm und wurde später für das Bergwerk genutzt. Zunächst war darin die Glocke untergebracht, die den Schichtbeginn der Bergleute anzeigte, später richtete man im Turm die Wohnung des Maltermeisters ein. Dieser verwaltete das Holz des Bergwerks, das damals noch in Maltern gemessen wurde. Nach einer gemütlichen Einkehr im heutigen Restaurant im Maltermeister Turm gehen wir den Weg leicht bergab und sehen auf der rechten Seite einen weiteren steilen Abstieg. Dieser bringt uns zum Herzberger Teich, an dem wir uns nach rechts wenden und wenig später den Eingang zum ❸ **Bergwerk Rammelsberg** passieren. Auf der Rammelsberger Straße gehen wir nun talwärts, überqueren nach einiger Zeit wieder die Bundesstraße und biegen gleich dahinter rechts ab, um den Kaiserpfalzgarten zu durchqueren und an der Kaiserpfalz herauszukommen. Dort wechseln wir am Ⓔ **Parkplatz** unser Schuhwerk und gehen nun durch den Hohen Weg in die gemütliche Altstadt Goslars hinein.

Links: Goslar kann man auch mit der Kutsche erleben.

Mitte: Nach der Wanderung lohnt sich ein Spaziergang in die Altstadt von Goslar.

Rechts: Von der Kaiserpfalz aus blickt man über die Dächer von Goslar.

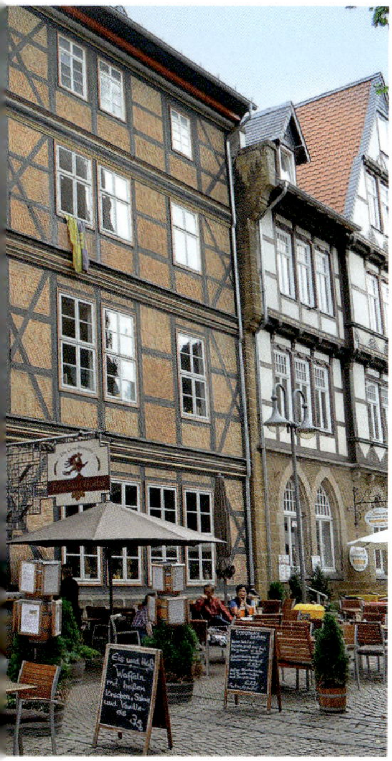

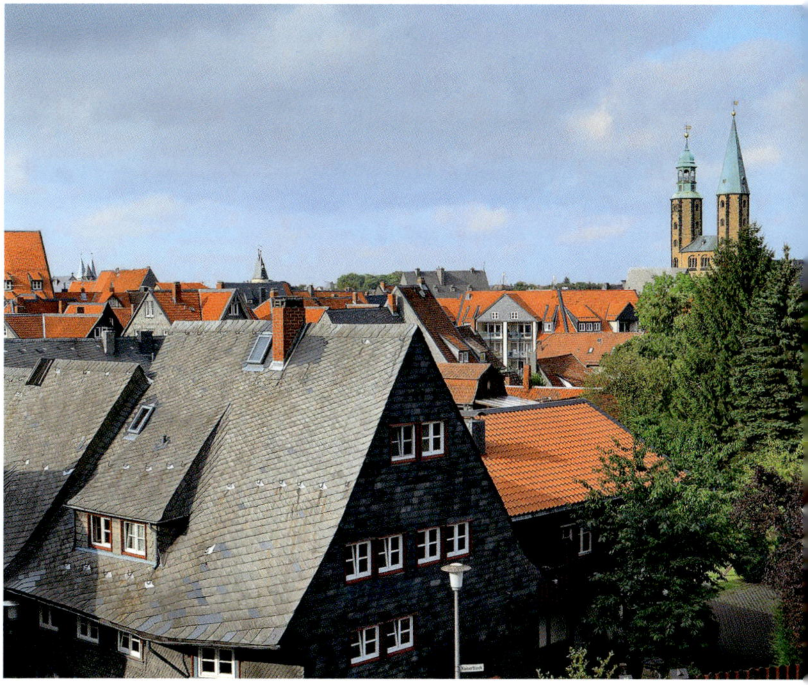

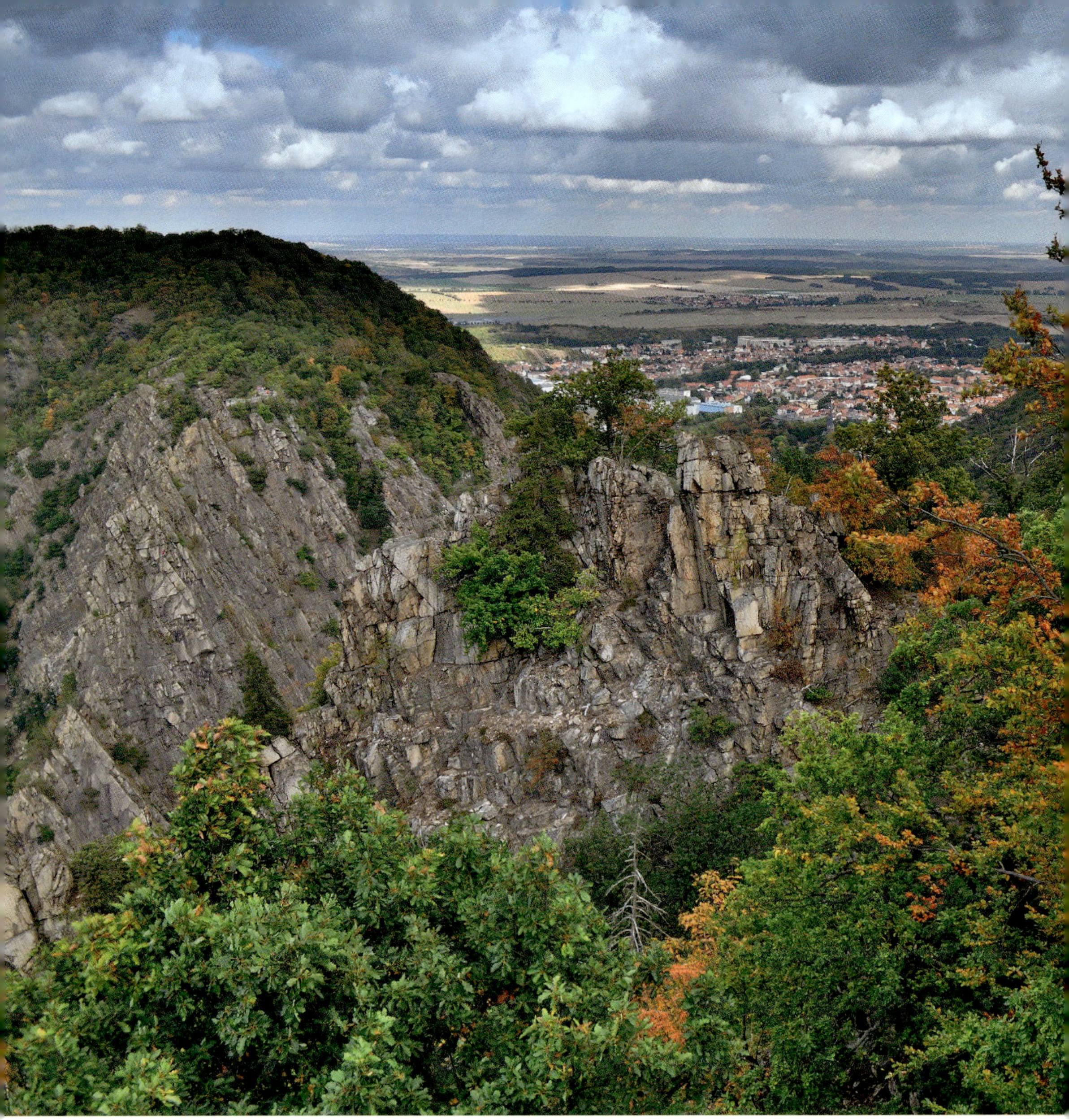

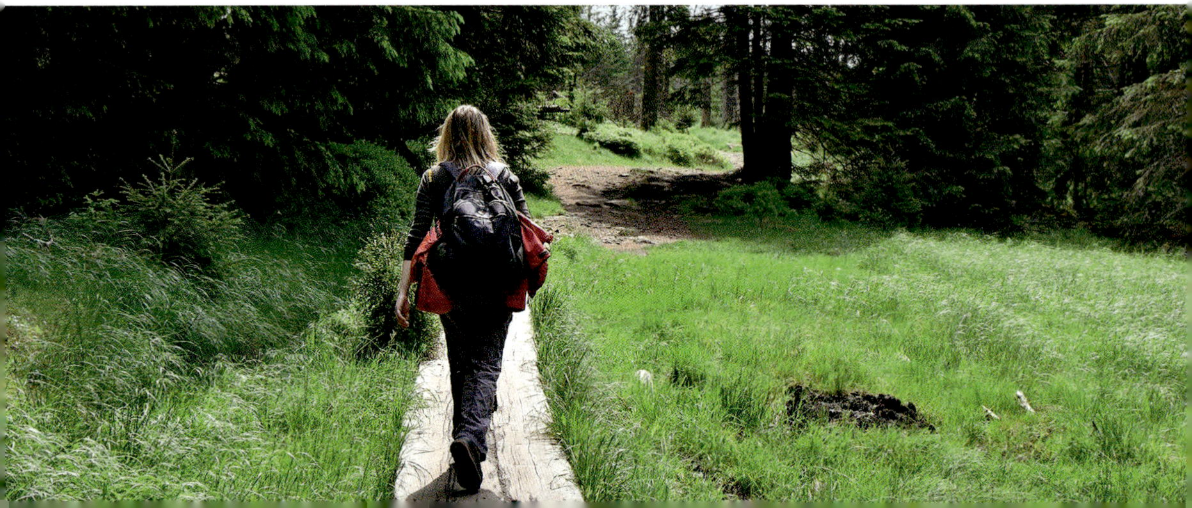

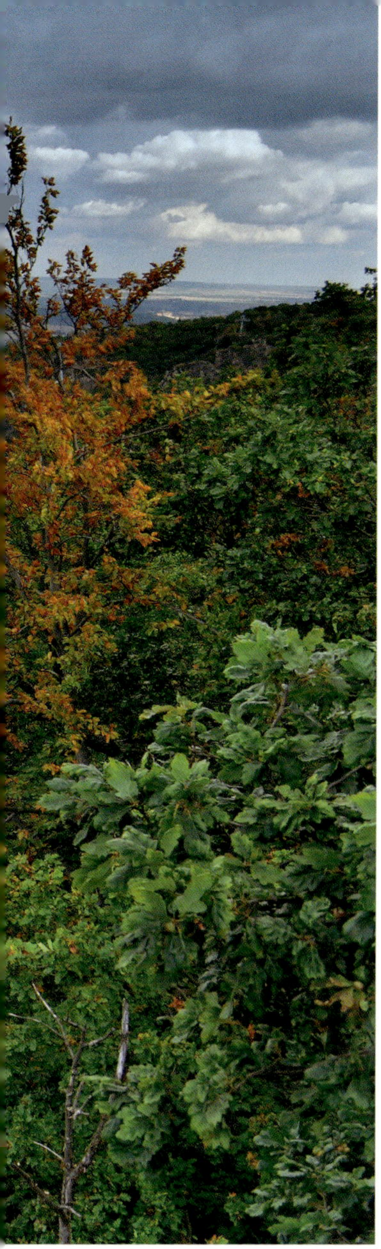

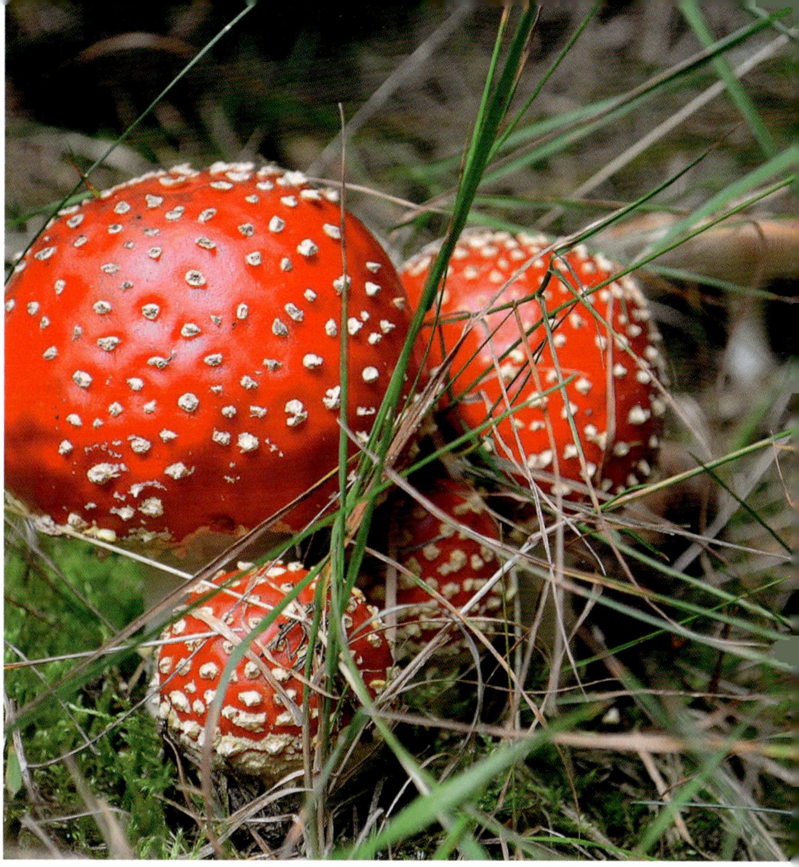

Nationalpark Harz

Aussicht über das Bodetal hinweg nach Thale (o. li.). Fliegenpilze säumen auch schon mal den Weg (o. re.). Das Nationalparkhaus auf dem Brocken (u. re.). Auf manchen Abschnitten wandert man auf Holzbohlen (u. li.).

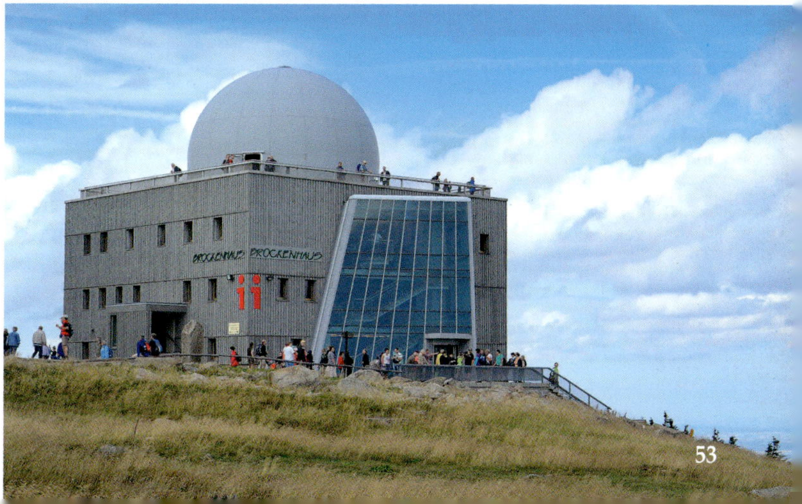

9

Wolfswarte und Oderteich

Seeumrundung mit Bergbesteigung

Mittel | 12,1 km | 290 Hm | 4:30 Std.

Tourencharakter
Leichte Wanderung, zunächst relativ flach am Ufer des Sees sowie an einem Bachlauf entlang. Nach einem kurzen Aufstieg folgt wieder ein ebener Streckenabschnitt am Clausthaler Flutgraben, anschließend geht es erneut bergauf zur Wolfswarte. Zum Schluss wandern wir stellenweise auf einem Holzbohlenweg.

Ausgangs-/Endpunkt
Parkplatz Oderteich an der Bundesstraße 242, südlich von Torfhaus (GPS: 51.764147, 10.534717)

Anfahrt
Auto: Ab Braunlage oder Bad Harzburg über die Bundesstraße 4 bis zum Abzweig auf die Bundesstraße 242 südlich von Torfhaus. Nach rund 1 km links zum Parkplatz, gleich hinter dem Stausee. Ab Clausthal-Zellerfeld auf der B 242 in Richtung Braunlage bis zum Wanderparkplatz vor dem See.
Bus: Mit dem Bus 820 bis zur Haltestelle Oderteich.

Einkehr
Keine

Karte
Karte der Harzer Wandernadel, Blatt 3, 1:50 000, über http://shop.harzer-wandernadel.de

Tourismusinformation
Die nächste Touristinfo befindet sich am Torfhaus, Alte Torfhausstraße 1, 38667 Torfhaus, Tel. 5320/2290444, www.oberharz.de

Sonstiges
Stempelstellen 217 (Sonnenkappe) und 135 (Wolfswarte)

Diese Wanderung bietet fast alles, was man sich als Wanderer wünscht. Wir erleben malerische Wurzelpfade, schmale Waldwege, steinige Aufstiege, weite Ausblicke, genussvolles Uferwandern und zum Abschluss noch Holzbohlenwege an feuchten Uferabschnitten.

»Biegen Sie links ab in die Straße oder Teich« – bitte, was soll man machen? Ein wenig Verwirrung löst die Anweisung des Navigationsgerätes für einen kurzen Augenblick aus, wenn man sich dem **A Wanderparkplatz** am Südende des Oderteiches nähert. Die freundliche Damenstimme spricht ein wenig abrupt, sodass man versteht, man solle in die

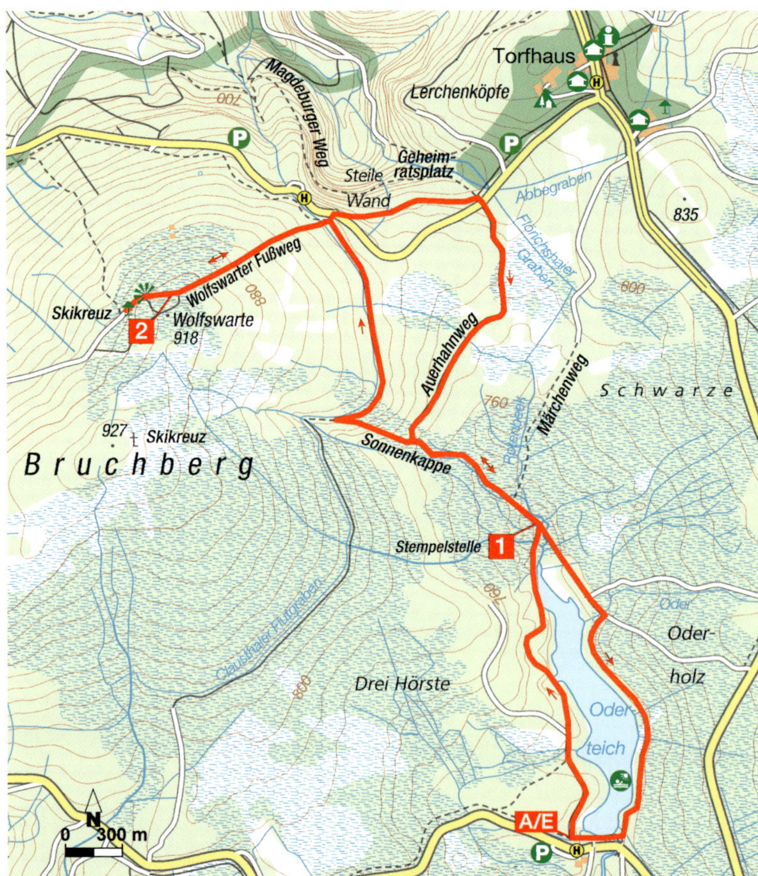

Straße oder in den Teich fahren. Gut, dass wir schon vorher wissen, dass die Straße Oderteich heißt. Man liest ja immer so viel von Navi-Nutzern, die ihr Auto unfreiwillig in ein Wasserfahrzeug verwandeln. Soll uns nicht passieren, daher lassen wir die Dame im Cockpit verstummen, ziehen den Zündschlüssel ab und lieber die Wanderschuhe an.

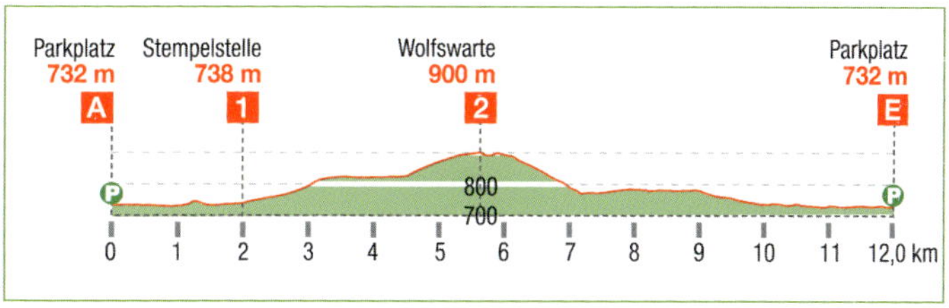

Wasserdicht müssen sie nicht sein, schaden kann das aber auch nicht. Denn weite Teile der Tour verlaufen in Seenähe und ein Blick zum Himmel sagt uns, dass sich uns dunkle Wolken von Nordwest nähern. In über 700 Metern Höhe und unweit vom Torfhaus können wir wohl nicht hoffen, dass sie sich vorher noch irgendwo abregnen.

Vorsichtig gehen wir über die Bundesstraße, die zu unserer Rechten die Staumauer des Oderteiches überquert. Gleich auf der anderen Straßenseite haben wir die Qual der Wahl, ob wir links herum in den Wald hineingehen oder lieber leicht rechts wan-

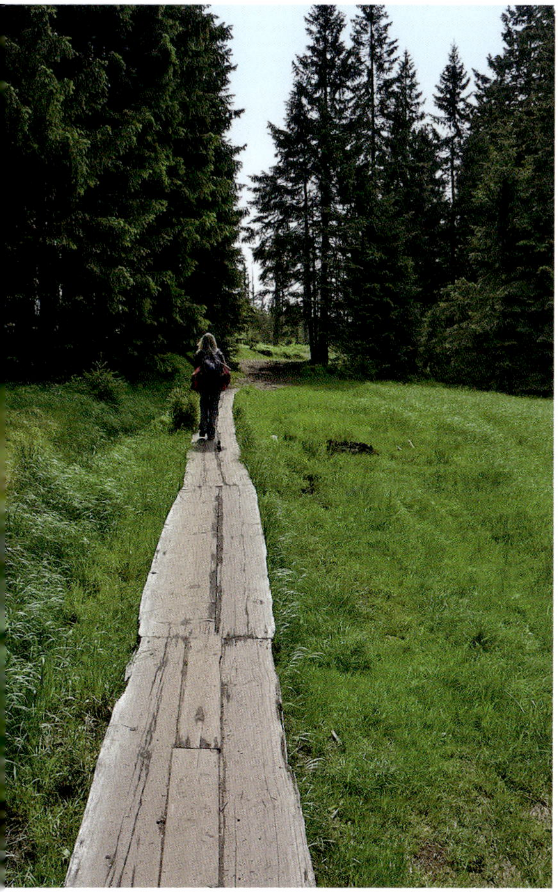

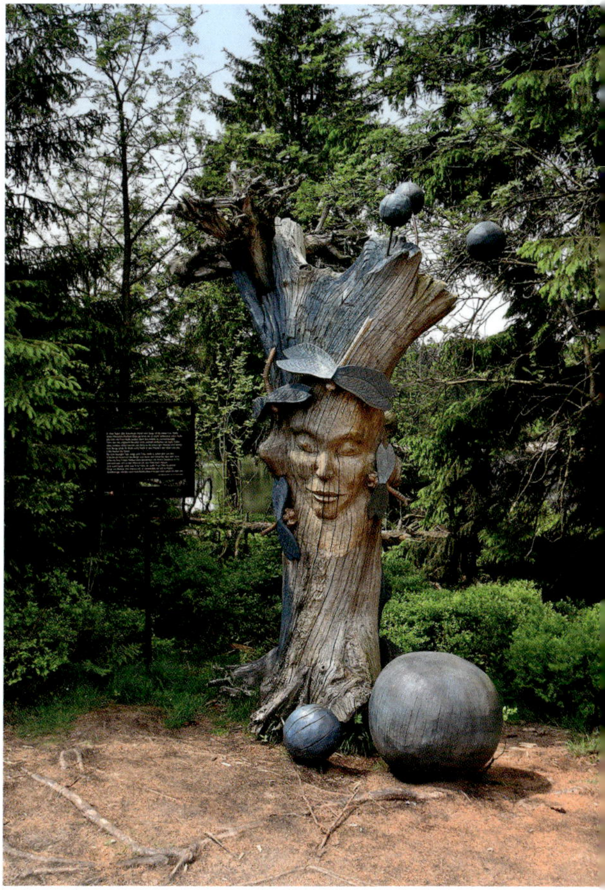

Links: Auf Holzbohlen über feuchte Böden

Rechts: Liebevolle Handwerkskunst wartet am Wegesrand.

dern und direkt das Seeufer genießen. Was für eine Frage, wir entscheiden uns für Letzteres und gehen direkt zum Wasser hinab. Trotz der aufziehenden Regenwolken sind wir bei Weitem nicht alleine hier. Dafür sind Parkplatz und See zu nah beieinander und man erkennt sofort, dass der Großteil der Besucher nur mal eben einen Blick auf das Gewässer werfen möchte. Während wir am Ufer entlangwandern und so manche dicke Wurzel überschreiten, trennt sich unter den Besuchern langsam die

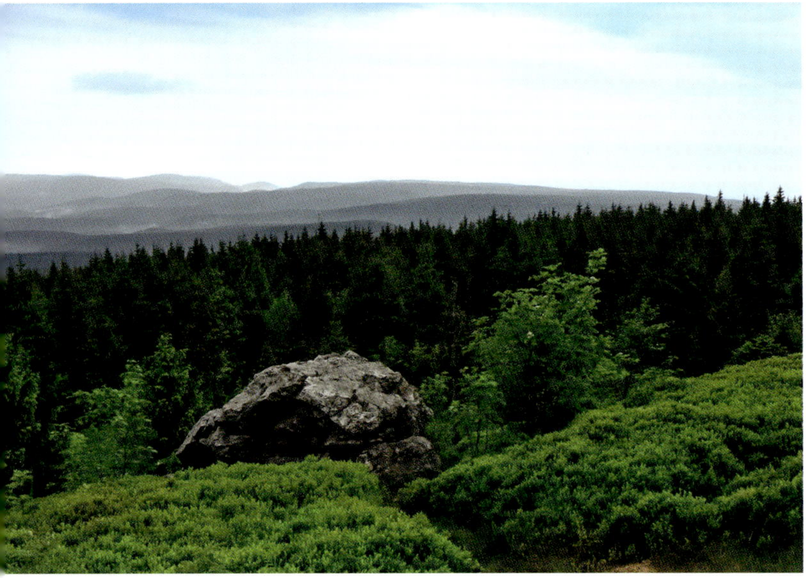

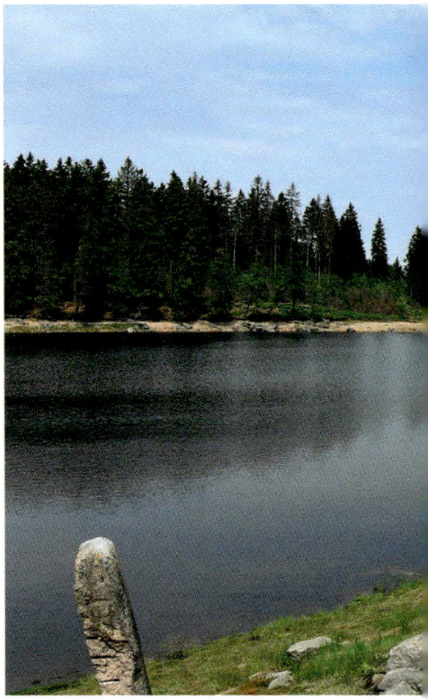

Links: Ausblick bei schlechtem Wetter von der Wolfswarte

Mitte: Der Oderteich ist ein beliebter See zum Umrunden.

Rechts: Wanderweg am Graben und am Harzer Hexenstieg

Spreu vom Weizen. Wer nur Turnschuhe, Sandalen oder Flipflops an seinen Füßen und ein Smartphone in der Hand hat, bleibt zurück. Wanderer mit festem Schuhwerk und einem Tagesrucksack wie wir gehen in Richtung Wald und lassen den See ein wenig abseits.

Die Gehrichtung behalten wir aber bei und haben den See zu unserer Rechten. Immer wieder sehen wir die Wasseroberfläche zwischen den Bäumen hindurchblitzen. Nach Norden hin verjüngt er sich und wird zu einem kaum sichtbaren Flüsschen, das sich durch das hohe Schilfgras schlängelt. Immer tiefer dringen wir in den Wald ein und nähern uns über Stock und Stein dem Flüsschen, bis halb rechts vor uns eine kleine Holzbrücke auftaucht. Sie überspannt den Lauf der Rotenbeek, die hier nun nur noch auf gerade einmal einen Meter Breite zusammengeschrumpft ist und leise vor sich hinplätschert. Gleich nebenan stehen ein paar Wanderer um die **1 Stempelstelle** der Harzer Wandernadel herum und erweitern ihre Sammlung an Stempeln. Wir machen es ihnen gleich und wandern gleich danach weiter.

Die Brücke lassen wir vorerst unbenutzt, dazu kommen wir später noch. Wir bleiben parallel zum Wasserlauf der Rotenbeek und erreichen schon nach wenigen Augenblicken den Picknickplatz Sonnenkappe. Hier zweigt der Märchenweg nach rechts ab, doch wir bleiben weiter geradeaus und spannen nun unsere Wadenmuskulatur ein wenig an. Denn es geht nun deutlich in die Höhe. Wie eingangs versprochen, wartet noch ein Gipfel auf uns. Auf einem kurvigen Waldweg passieren wir den nach rechts abzweigenden Auerhahnweg und erreichen einen Querweg am Clausthaler Flutgraben, wo wir uns nach rechts wenden. Ein älterer Herr kommt uns entgegen und schwärmt vom schmalen Pfad neben dem Flutgraben. Es sollte sich herausstellen, dass seine Schwärmerei begründet war. In über 800 Metern Höhe

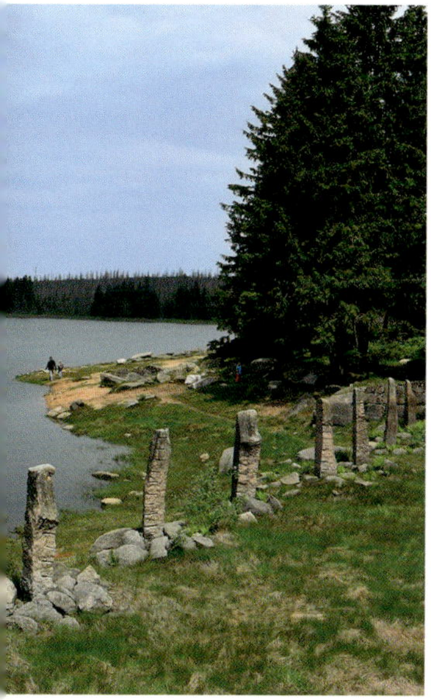

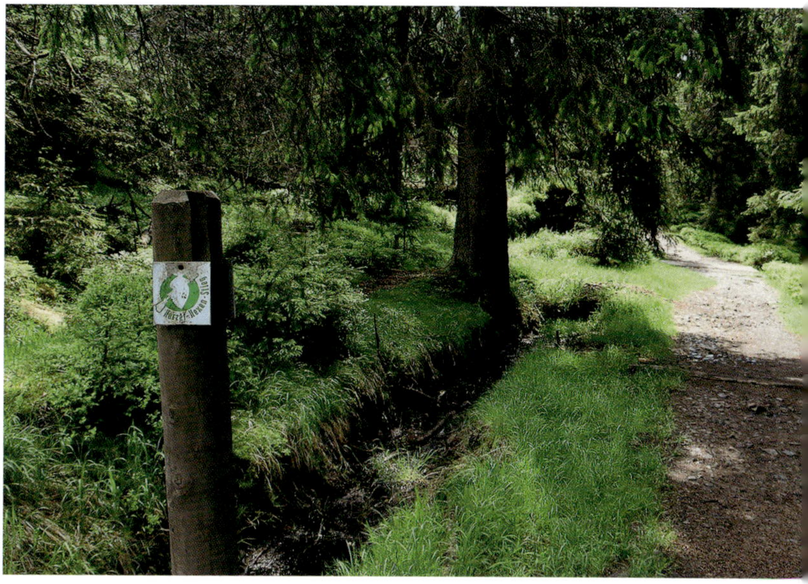

wandern wir fast eben neben diesem schmalen Wasserlauf, der zum Oberharzer Wasserregal und damit zum Weltkulturerbe der UNESCO gehört.

Nach rund einem Kilometer gelangen wir zu einer Kreuzung. Rechts geht es hinab zur Straße. Die interessiert uns jedoch (noch) nicht. Wir biegen links ab und folgen dem schnurgeraden steinigen Weg, der uns nun wieder in die Höhe führt. Über Stock und Stein sowie an knorrigen Bäumen vorbei wandern wir weitere 900 Meter und überwinden dabei rund 80 Höhenmeter. Ein Aufstieg, der sich allemal lohnt, denn oben angekommen befinden wir uns auf der ❷ **Wolfswarte** und erleben von den dortigen Felsen einen wunderbaren Rundumblick. Ein wenig getrübt wird er durch die dunklen Wolken, die mittlerweile unheilvolles Grollen verlauten lassen. Ein Gewitter hier oben auf dem höchsten Punkt des näheren Umlandes wäre fatal. Wir könnten an der Südwestflanke des Gipfels in der Altenauer Hütte Schutz suchen, doch wir beschließen, den Rückweg an-

Der Oderteich

Der Oderteich wurde bereits im frühen 18. Jahrhundert als Stauanlage errichtet und war eineinhalb Jahrhunderte die größte Talsperre Deutschlands. Gespeist wird der See mit Wasser von der Oder und der Rotenbeek. Entstanden ist der See im Zusammenhang mit dem Bergbau, damit die Wasserräder der Bergwerke auch in Trockenzeiten mit Wasserkraft angetrieben werden konnten.

Manche Wege sind durchaus sehr bequem.

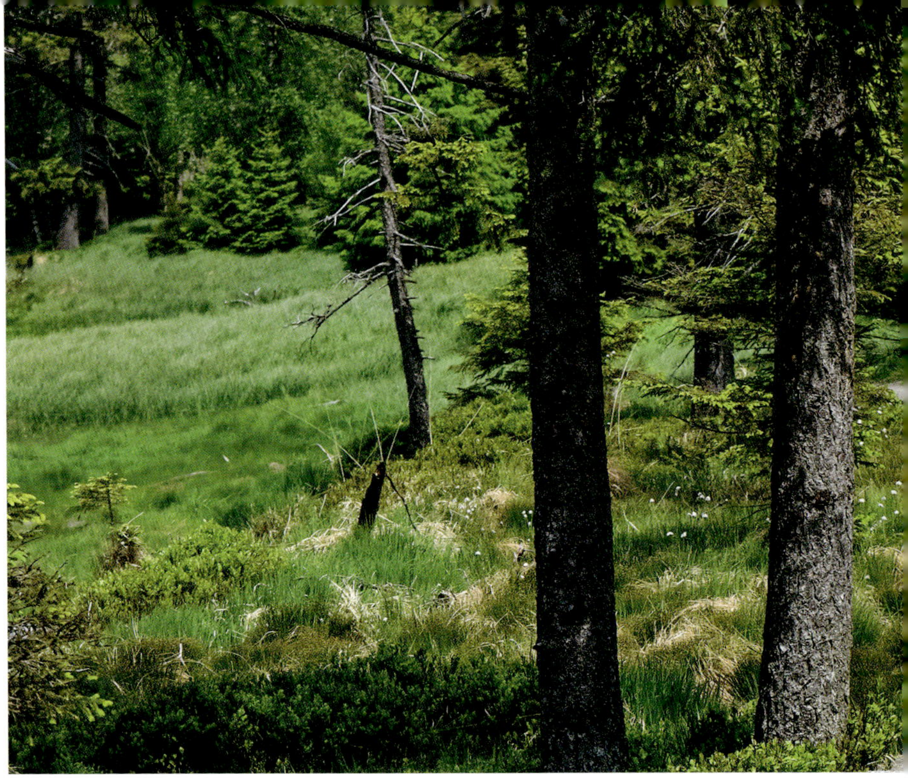

zutreten. Natürlich drücken wir an der Wolfswarte vorher noch einen Stempel in unser Stempelheft.

Auf einer kleinen Holzbrücke überquert man die Rotenbeek.

Auf dem Wolfswarter Fußweg gehen wir wieder hinab bis zur Kreuzung, von der wir gekommen sind. Da wir jedoch auch etwas Neues kennenlernen wollen, entscheiden wir uns dagegen, rechts abzubiegen und wieder dem Flutgraben zu folgen. Vielmehr überqueren wir die Landstraße an dem kleinen Behindertenparkplatz und steigen auf der gegenüberliegenden Straßenseite in den Wald hinab. Mittlerweile regnet es, doch die Bäume stehen so dicht, dass sie uns einen guten Schutz bieten. Rund 40 weitere Höhenmeter gehen wir hinab, bis wir nach kurzer Zeit erneut die Straße überqueren. An der anderen Seite wartet der Auerhahnweg auf uns, der uns im leichten Auf und Ab durch den Wald zu dem vom Aufstieg her bekannten Waldweg bringt.

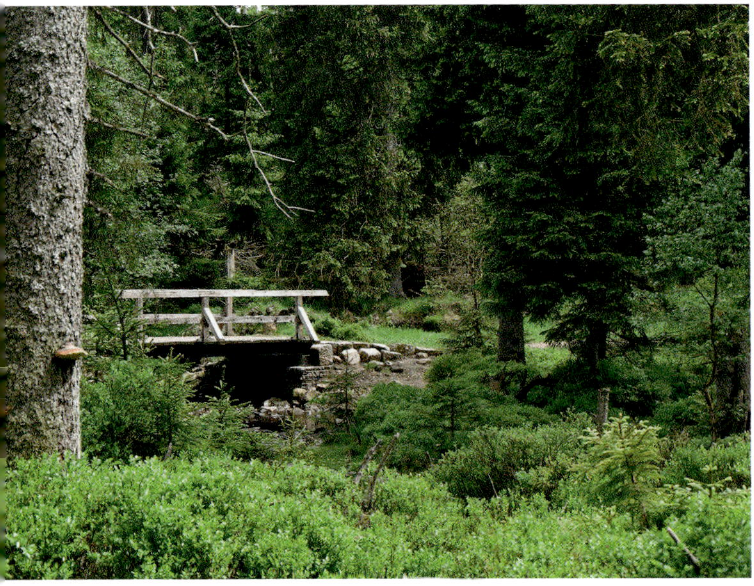

An diesem Querweg wenden wir uns nach links und gelangen schon bald

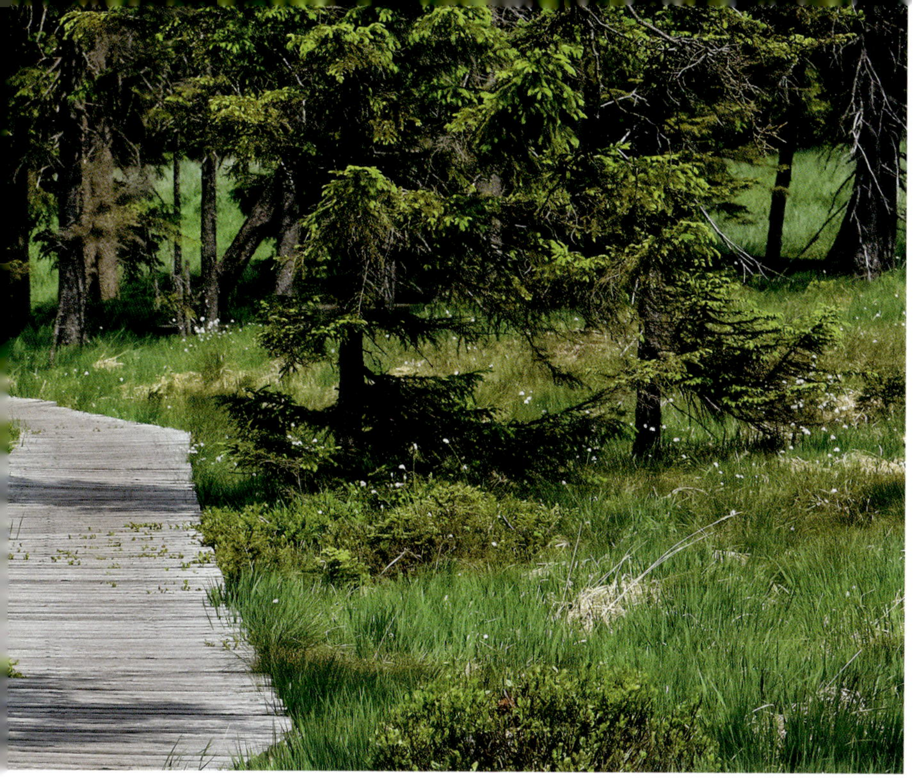

wieder zum Picknickplatz Sonnenkappe. Der Name hält, was er verspricht. Der Regenschauer ist vorüber, nur die Sitzbank ist noch nass. Eine gute Gelegenheit für eine kurze Pause. Gleich darauf passieren wir wieder die Stempelstelle und die uns bekannte Brücke. Dieses Mal überqueren wir sie und wandern durch den malerischen Wald, bis wir eine weitere kleine Holzbrücke passieren. Auf ihr überqueren wir endlich den Bach, der dem Oderteich seinen Namen gibt. Gleich dahinter müssen wir ein wenig aufpassen. Der breite Weg verläuft geradeaus, entfernt sich jedoch vom See. Wir wollen lieber nach rechts und wandern fortan immer wieder auch auf Holzbohlen durch die feuchten Gründe am östlichen Ufer des Oderteichs.

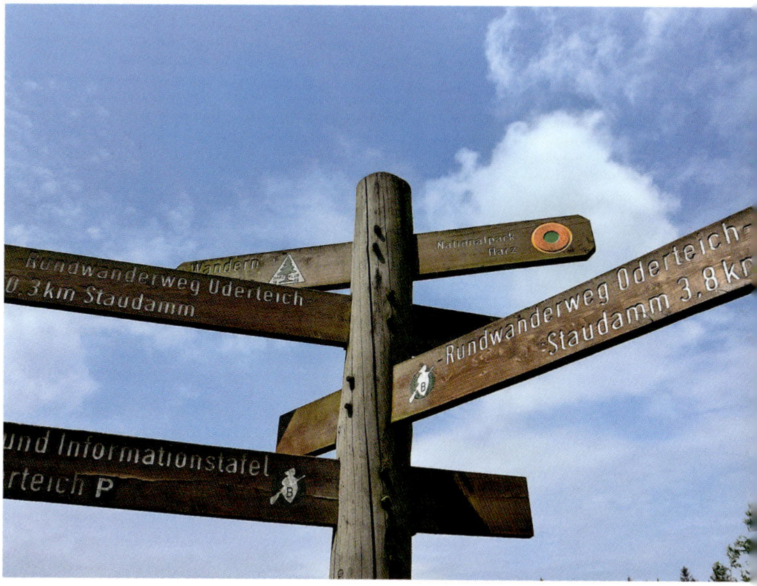

Der Wanderweg ist gut beschildert.

Auf den letzten Metern der Wanderung erwarten uns immer wieder tolle Ausblicke auf den See, einige liebevoll geschnitzte Holzskulpturen, und weiches Wollgras rechts und links des Holzbohlenwegs. Zu guter Letzt überqueren wir den Staudamm nach rechts und erreichen wieder den E **Parkplatz** an der Straße (oder Teich).

10 Auf den höchsten Berg

Man muss doch mal oben gewesen sein

Schwer 17,5 km 617 Hm 6:30 Std.

Tourencharakter
Mittelschwere Wanderung mit drei unterschiedlichen Abschnitten. Im ersten Drittel geht es auf einem felsigen Waldweg spürbar bergauf. Kurz vor dem Gipfel wandert man teilweise auf einem asphaltierten Weg. Im letzten Drittel geht es ausschließlich bergab, jedoch nicht mehr so steil und auf einem angenehmen Waldweg.

Ausgangs-/Endpunkt
Parkplatz Am Thälchen in der Hagenstraße in Schierke (GPS: 51.764438, 10.666793)

Anfahrt
Auto: Auf der Bundesstraße 27 zwischen Braunlage und Elbingerode bis Elend und von dort bis zum Abzweig nach Schierke. Kurz danach links auf den großen Wanderparkplatz (Alternativparkplätze im Parkhaus »Am Winterbergtor«).
Bahn: Mit der Harzer Schmalspurbahn ab Wernigerode bis zum Bahnhof Schierke.

Einkehr
Zahlreiche Möglichkeiten in Schierke und auf dem Brocken

Karte
Karte der Harzer Wandernadel, Blatt 2, 1:50 000, über http://shop.harzer-wandernadel.de

Tourismusinformation
Touristinformation Schierke, Brockenstraße 10, 38879 Wernigerode-Schierke, Tel.03039455/8680, www.schierke-am-brocken.de

Sonstiges
Höchster Punkt des Harzes; Stempelstellen 11 (Eckerloch), 9 (Brockenhaus), 22 (Gelber Brink) und 13 (Ahrensklint)

Einen weiteren Ausblick kann man im gesamten Norden Deutschlands nicht erhalten. Den höchsten Punkt von Sachsen-Anhalt, Harz und Norddeutschland darf man nicht verpassen. Geschichtsträchtig, sehenswert und gut erreichbar präsentiert sich der Brocken bei Schierke.

Diese Wanderung beginnt in Ⓐ **Schierke**, sinnvollerweise an einem der rund 60 Tage im Jahr, an denen der Brocken sich von seiner schönsten Seite zeigt. Dann nämlich, wenn sich der markante Umriss des Berges vor blauem Himmel abzeichnet. An den anderen Tagen ist der Brocken meist wolkenverhüllt und der Blick reicht im schlechtesten Fall im Nebel nur bis zum Wanderpartner – wenn dieser denn gleich neben einem steht. Im Umkehrschluss heißt das aber, dass die Wanderwege, besonders wenn die sonnigen Tage auf ein Wochenende oder einen Feiertag fallen, gut besucht sind. Auf der abgeflachten Kuppe des Brockens befindet sich dann eine Vielzahl an Ausflüglern und Wanderern. Kein Wunder, denn den 1141 Meter hohen Berg kann man auch deutlich bequemer erreichen als mit einer Wanderung. Die Harzer Schmalspurbahn überwindet die Steigung pfeifend und dampfend und bringt somit auch zahlreiche Besucher nach oben, die dem Wandern nicht so zugänglich sind.

Da sind wir ganz anders und überwinden die rund 500 Höhenmeter ab Schierke zu Fuß. Etwas hektisch erscheint es am Ausgangspunkt. Manch

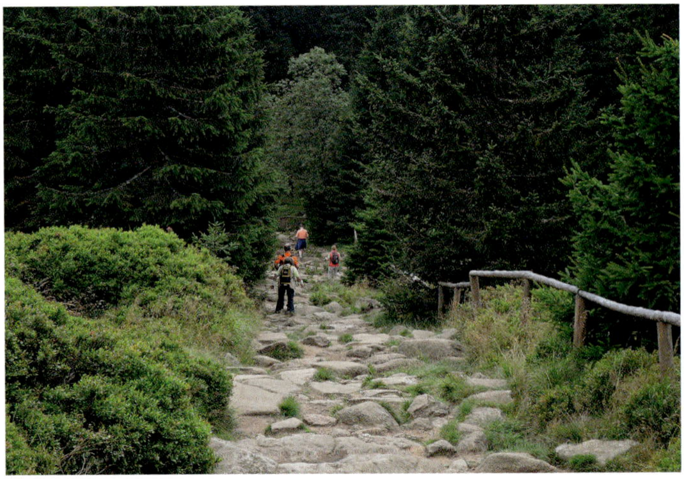

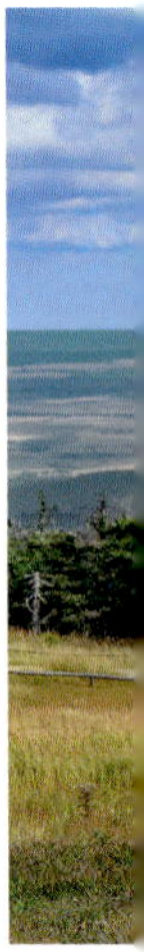

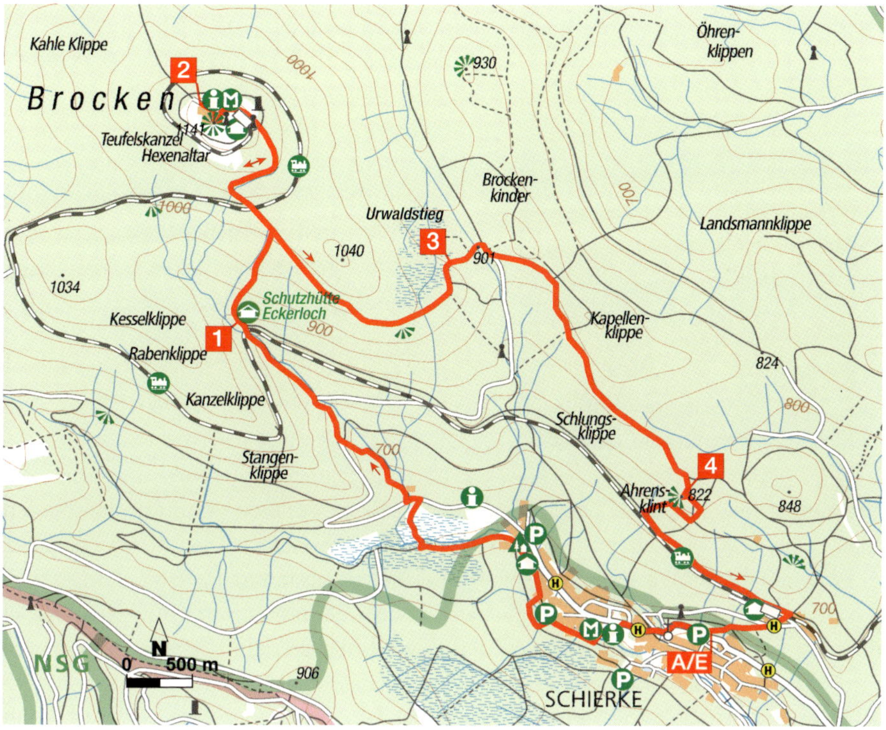

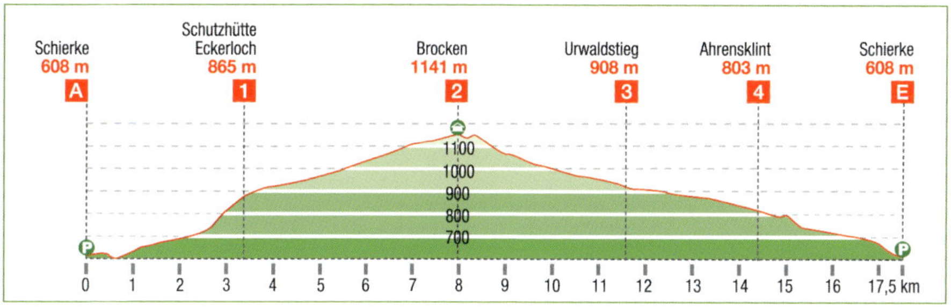

Links: Abstieg zum Eckerloch

Mitte: Fantastischer Ausblick vom höchsten Berg des Harzes

Rechts: Am Bahnhof von Schierke hält die Harzer Schmalspurbahn.

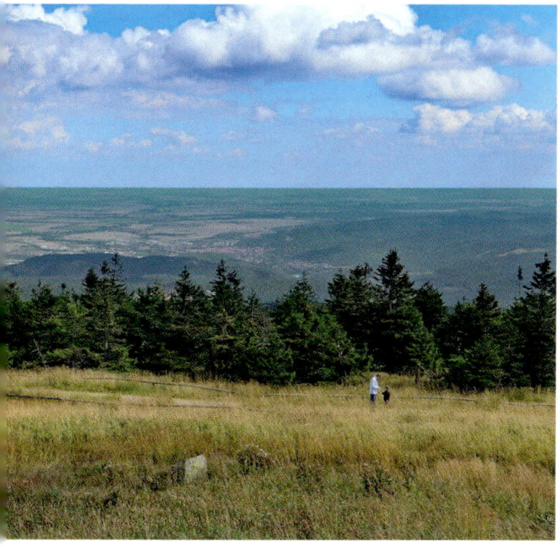

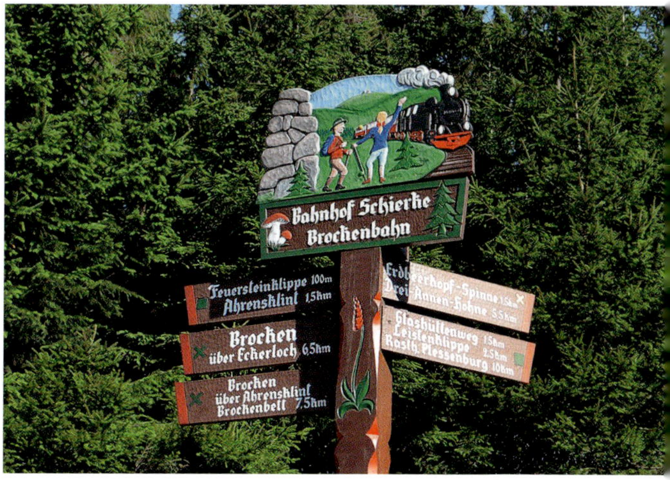

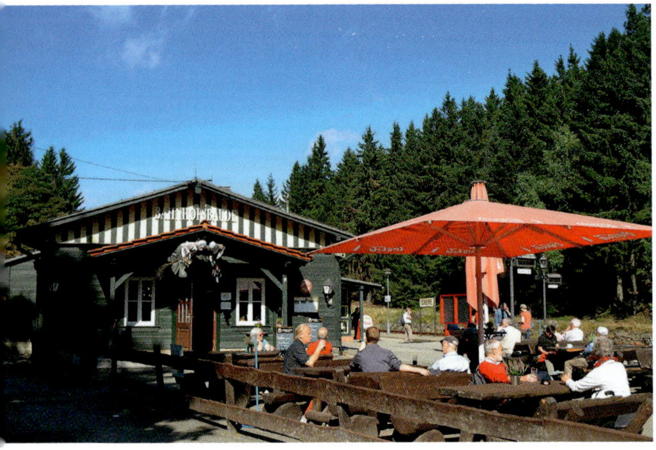

einer sucht noch den Parkplatz, während andere sich am Kofferraum schon die Wanderschuhe schnüren und einige Kinder ganz aufgeregt zum Eingang des Brocken Coasters eilen, um auf der Allwetterrodelbahn hinabzudüsen. Wir lassen den Parkplatz hinter uns und folgen dem sanft ansteigenden Weg durch den Ort. An der linken Seite werfen wir einen Blick auf die evangelische Bergkirche, die in der zweiten Hälfte des 19. Jahrhunderts erbaut wurde. Kurz darauf folgen rechts das kleine Rathaus des Ortes und gleich gegenüber der Kurpark.

Der Bahnhof von Schierke

Der Kurpark ist eine gute Gelegenheit, die Straße zu verlassen und auf den Pfaden hinab zum Ufer der Kalten Bode zu gelangen. Dem Flüsschen folgen wir nach rechts, überqueren es wenig später über eine Brücke und lassen das Parkhaus hinter uns. Parallel zum Fluss verlassen wir Schierke und überqueren auf einer Holzbrücke abermals die Kalte Bode zu den Schluftwiesen. Wer lieber auf der Straße durch den Ort gehen möchte, kann sich noch in einigen Einkehrmöglichkeiten stärken. Der Wanderweg durch die Schluftwiesen und die Brockenstraße, die aus dem Ort hinausführt, treffen sich am Einstieg in den Eckerlochstieg.

Von nun an geht es deutlich bergauf und viele Wanderer stolpern uns entgegen, weil sie mit etwas Schwung die drei Kilometer lange Strecke zum Brocken hinabwandern. Rechts neben uns plätschert leise das Wasser der Schwarzen Schluft und vor uns liegt ein Waldweg, der weniger mit Wurzeln als mit Steinen und kleinen Felsen bestückt ist. Fels für Fels wandern wir hinauf und werden dabei von der Harzer Schmalspurbahn mit ihren gellenden Pfiffen angefeuert. Kurz vor der ❶ **Schutzhütte Eckerloch** überqueren wir die Bahngleise und schauen ihr hinterher, wie sie durch den Wald den Berg erklimmt. Gleich daneben befüllen wir unser Stempelheft der Harzer Wandernadel mit einem weiteren Eintrag und machen uns auf, die nächsten 150 Höhenmeter auf dem malerischen Waldweg zurückzulegen. Doch auch der schönste Waldweg hat mal ein Ende und plötzlich stehen wir auf 1000 Meter Höhe vor einer asphaltierten Straße und staunen über die zahlreichen Menschen, die hier entlangwandern. Aber kein Wunder, an der linken Seite sehen wir nämlich bereits unser und auch das Ziel der anderen Wanderer. Denn mit Funkturm und Brockenhaus ist sie hier, die bekannte Silhouette des Brockens und Erkennungszeichen des Harzes. Noch einmal überqueren wir die Bahngleise und wandern die letzten Meter bis zum Gipfel des ❷ **Brockens**, wo wir uns im wahrsten Sinne des Wortes ausgiebig umschauen.

Es gibt so viele Möglichkeiten, die sich uns hier bieten. Auf einem Gipfelrundweg lernen wir den Brockengarten kennen, der sich mit rund 1600 Pflanzenarten als interessanter botanischer Garten entpuppt. Wir spazieren um den Funkturm herum, kehren in einer der gastronomischen Betriebe ein, und betreten natürlich das Brockenhaus, in dem sich das Nationalparkzentrum mit einer umfangreichen Ausstellung befindet. Natürlich genießen wir auch die Aussicht. Bei guter Wetterlage können wir in Richtung Süden den ebenfalls markanten Großen Inselsberg im Thüringer Wald erkennen. Und wenn das Wetter es richtig gut mit uns meint, dann sehen wir sogar den Fichtelberg, der immerhin über 200 Kilometer entfernt ist, sowie den Kahlen Asten im Sauerland. Außerdem drücken wir einen weiteren Stempel in unseren Stempelpass und haben natürlich auch die Gelegenheit, mit der Schmalspurbahn nach Schierke oder gar bis Wernigerode zu fahren. Doch wir bleiben beim Wandern und legen auch den Rückweg zu Fuß zurück. Am Brockenbahnhof folgen wir der asphaltierten Brockenstraße, so wie wir gekommen sind. Wir passieren das braune, touristische Hinweisschild, das an die hiesige Grenzöffnung im Dezember 1989 erinnert, passieren erneut die Bahntrasse und lassen den Einstieg zum Eckerlochstieg rechts liegen. Vielmehr bleiben wir auf der Brockenstraße, wandern in einem weiten Linksbogen auf ihr und erreichen den Einstieg in den sogenannten ❸ **Urwaldstieg**. Ein schmaler Holzsteg bringt uns ein wenig vom Weg ab und zeigt uns die Entwicklung des Waldes mithilfe von Totholz.

Bald folgt der Picknickplatz Gelber Brink mit einer weiteren Stempelstelle. Halb rechts zweigt der Glashüttenweg ab und wir verlassen die Asphaltstrecke, um wieder über gemütliche Wanderpfade durch den Wald zu gehen, wo mittlerweile auch deutlich weniger Wanderer unterwegs sind. Wenn wir auf dem Glashüttenweg einmal rechts über die Schulter blicken, sehen wir hinter uns abermals den Brocken, bevor wir wieder in den Wald eintauchen. Rund 100 Höhenmeter weiter unten warten schließlich die Felsen namens ❹ **Ahrensklint** auf uns. Auch hier genießen wir wieder einen wunderbaren Ausblick, dieses Mal jedoch zum Wurmberg, dem höchsten Berg Niedersachsens. Nach einem letzten Eintrag in unser Stempelheft gehen wir über den Pfarrstieg hinab zum Bahnparallelweg, wenden uns nach links und wandern entlang der Harzer Schmalspurbahn bis zum Bahnhof von Schierke. Alternativ hierzu könnten wir auch etwas weiter oberhalb bleiben und über den Schierker Feuerstein zum Bahnhof gelangen. Ein letztes Mal überqueren wir die Bahngleise und gehen durch den Wald hindurch die letzten 80 Höhenmeter bis zu unserem Ausgangspunkt in Ⓔ **Schierke**.

Höher geht es im Harz nicht.

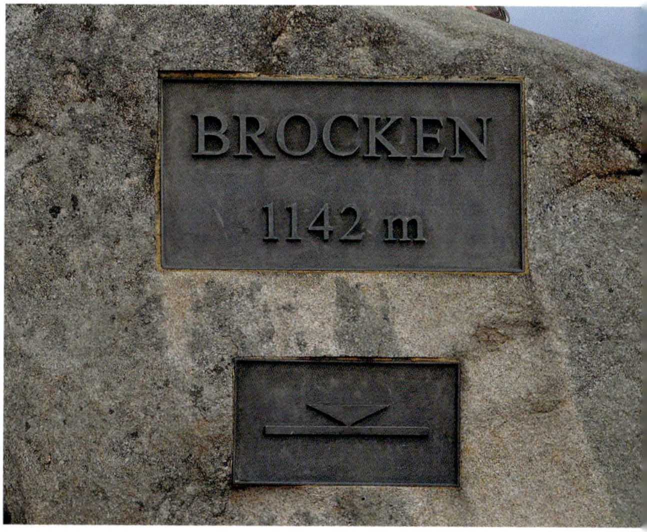

Die Brockenöffnung

Am 3. Dezember 1989, rund einen Monat nach dem Fall der Berliner Mauer und der Öffnung der innerdeutschen Grenze, machten sich mehrere Hundert Menschen auf den Weg zum Brocken. Der Gipfel des Berges war bis zur Grenzöffnung militärisches Sperrgebiet. Seit Jahren schon von einer Mauer umgeben, konnte der Brocken sonst nur von Mitarbeitern der Stasi und von sowjetischen Militärangehörigen betreten werden.

11

Zum Wurmberg, dem Höchsten Niedersachsens

Wandern mit einigem Rummel

Mittel | 12,5 km | 460 Hm | 4:30 Std.

Tourencharakter
Trotz des Höhenunterschiedes von rund 400 Höhenmetern ist diese Wanderung relativ einfach zu meistern. Sie verläuft, historisch interessant, abschnittsweise auf dem ehemaligen Grenzweg der innerdeutschen Grenze. Durch die Vermarktung und touristische Infrastruktur rund um den Wurmberg sucht man hier jedoch Einsamkeit und Ruhe vergebens. Man ist hier in einem vergnügungsreichen Teil des Harzes unterwegs.

Ausgangs-/Endpunkt
Parkplatz Am Amtsweg, Braunlage (GPS: 51.730021, 10.612599)

Anfahrt
Auto: Am Schnittpunkt der Bundesstraßen 27 und 242 in den Ort Braunlage hinein und bis zum Parkplatz am Eisstadion, gleich neben der Warmen Bode. **Bus:** Mit dem Bus 820 bis zur Haltestelle Eisstadion.

Einkehr
Zahlreiche Einkehrmöglichkeiten in Braunlage und Wurmbergalm auf dem Wurmberggipfel

Karte
Karte der Harzer Wandernadel, Blatt 2, 1:50 000, über http://shop.harzer-wandernadel.de

Tourismusinformation
Touristinformation Braunlage, Elbingeröder Straße 17, 38700 Braunlage, Tel. 05520/9307-0, www.braunlage.de

Sonstiges
Höchster Punkt Niedersachsens; Stempelstellen 18 (Grenzweg am Kaffeehorst) und 156 (Wurmbergbaude)

Erlebniswanderung könnte man es nennen, wenn man den höchsten Berg Niedersachsens besteigen möchte. Es gibt so viel zu sehen und zu erleben, dass man sich unterwegs auf keinen Fall langweilt. Doch wo Licht ist, ist auch Schatten, und daher sollte man sich ein anderes Ziel im Harz suchen, wenn man in Ruhe unterwegs sein möchte. Aber davon gibt es ja noch eine ganze Menge.

Unser Ausgangspunkt Braunlage ist eine Stadt, die es in der Vergangenheit nicht leicht hatte. Zwar im Westen der Republik, lag der Ort dennoch so nah an der Grenze, dass er sich mitten im sogenannten Zonenrandge-

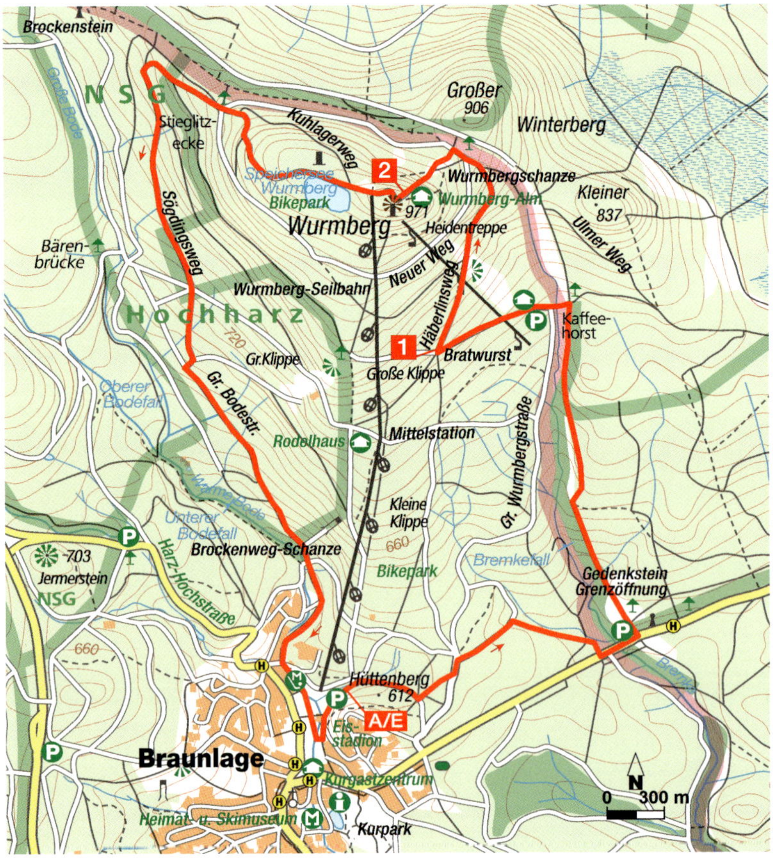

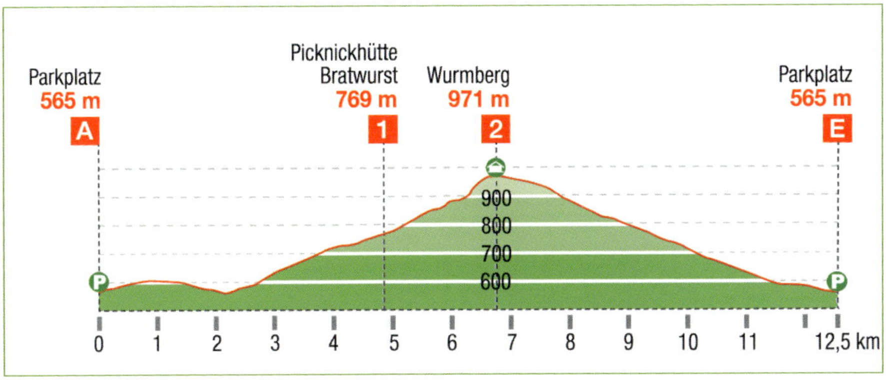

biet befand. Da waren Fördermittel von der Bundesregierung notwendig, damit in Braunlage nicht sämtliche Bürgersteige schon vormittags hochgeklappt wurden. Wer wollte schon Urlaub an der innerdeutschen Grenze machen? Heute ist das anders, Braunlage liegt mitten im Harz. Zentraler geht es kaum. Die einzige Grenze, die es hier heute noch gibt, ist die zwischen dem Nationalpark Harz und dem »normalen« Harz. Insofern ist es vielleicht kein Wunder, dass man mittlerweile sehr bemüht ist, Touristen ein umfangreiches Programm anzubieten. Ganz so, als wollte man »40 Jahre Zonenrandgebiet« aufholen. Dabei hat Braunlage den Wurmberg als Hausberg vor der Tür. Er ist der zweithöchste Berg im Harz und der höchste Gipfel in Niedersachsen, dem Bundesland, das sonst mit Heidelandschaft und Wattenmeer glänzt.

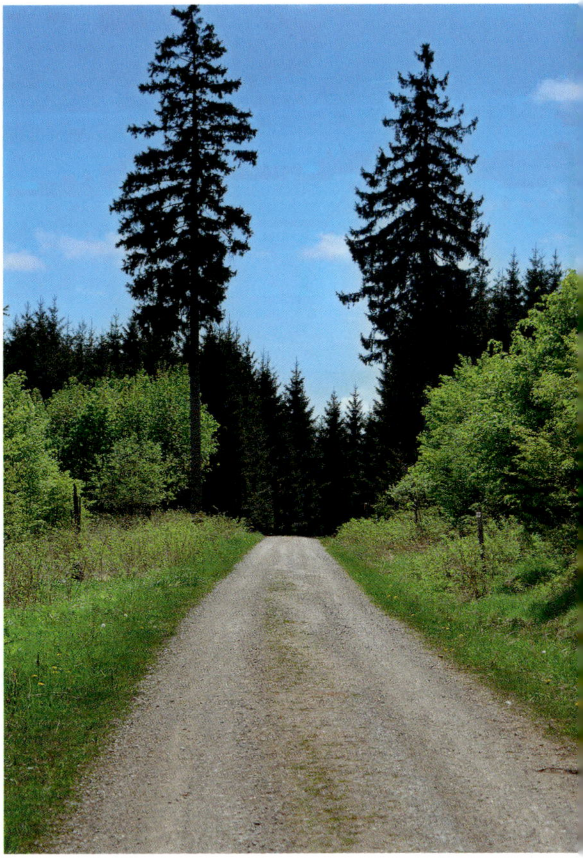
Breiter Wanderweg im Nationalpark

Dennoch scheint das den Stadtoberen nicht zu reichen und sie haben sich in den letzten Jahren ein umfangreiches Entertainmentangebot einfallen lassen. Das sollte man unbedingt wissen, bevor man den Wurmberg besteigt und die Wälder rund um Braunlage erobert. Und auch wenn das jetzt ein wenig negativ klingt, so ist der Besuch des Wurmbergs trotzdem ein schönes Erlebnis, denn von dort hat man einen wunderbaren Ausblick auf den Brocken.

Wir starten unsere Tour am **Ⓐ Großparkplatz** an der Talstation der Wurmbergseilbahn und sehen dort zugleich die Verleihstation für die Monsterroller. Schon der Name klingt beängstigend, doch es handelt sich lediglich um Tretroller mit übergroßen Ballonreifen. Mit solch einem Roller lässt man sich in der Seilbahn nach oben bringen und rollt durch den Wald den gesamten Weg wieder hinab. Wir lassen die Seilbahn links liegen oder besser gesagt hängen und passieren gleich dahinter die sogenannte Verlobungswiese. Am

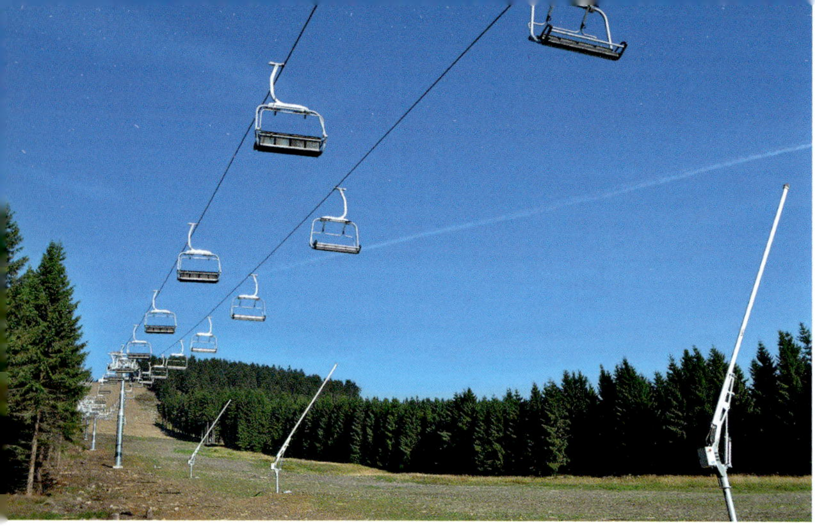

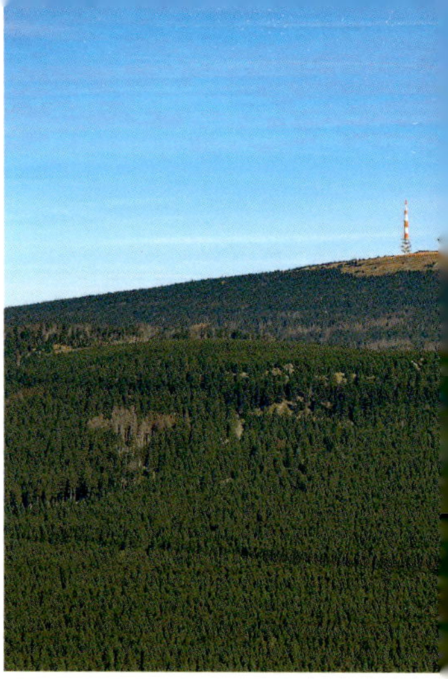

Ende der Wiese tauchen wir in den Wald hinein und halten uns halb rechts. Einige Monsterrollerfahrer kommen uns lachend entgegen. Kein Wunder, sie haben gerade 400 Höhenmeter Abfahrt hinter sich und vermutlich eine Menge Spaß dabei. Wir werden diesen Höhenunterschied nun zu Fuß angehen.

Auf einem breiten Waldweg gehen wir bis zur ersten Kreuzung, wo der Glashüttenweg quer verläuft. Noch sind wir auf einem breiten Waldweg unterwegs, der uns zu einer kleinen Landstraße bringt. Diese ist Zugangsstraße für den Großparkplatz Hexenritt. Für die älteren Wanderer unter uns: Früher hieß der Platz Kaffeehorst. Wir überqueren die Straße, gehen wieder in den Wald hinein und halten uns an einem Querweg links. In einem weiten Bogen gelangen wir zur Bundesstraße 27, der wir ein kurzes Stück vorsichtig nach links folgen. Heute können wir hier von Niedersachsen nach Sachsen-Anhalt übertreten. Früher befand sich dort die am besten gesicherte Grenze Europas. Wo das braune, touristische Hinweisschild daran erinnert, dass der Durchgang am 12. November 1989 um 14.30 Uhr geöffnet wurde, biegen wir links ab und wandern nun auf dem einstigen Kolonnenweg der DDR-Grenzsoldaten entlang. Heute ist dieser Weg Teil des sogenannten Grünen Bandes, das sich durch Deutschland schlängelt.

Das Grüne Band

Die einstige deutsch-deutsche Grenze konnte rund 40 Jahre von keiner Seite aus betreten werden. Lediglich Grenzschützer patrouillierten beiderseits des Zaunes. Der Natur kam das zugute; sie konnte sich hier fast störungsfrei entwickeln. Heute sind weite Teile der einstigen 1400 Kilometer langen Grenze ein Grünstreifen mit zahlreichen Biotopen, Altgrasfluren, Mooren und noch immer Rückzugsort für verschiedene Tier- und Pflanzenarten.

Auf dem stetig ansteigenden Weg mit seinen Lochplatten erreichen wir nach knapp zwei Kilometern in einer Rechtskurve die Schutzhütte Kaffeehorst und eine Stempelstelle der Harzer Wandernadel. Nach einer kurzen Pause und einem Eintrag in das Stempelheft gehen wir nach links und wandern wieder nach Niedersachsen. Den Großparkplatz Hexenritt lassen wir schnell hinter uns; er lässt uns aber er-

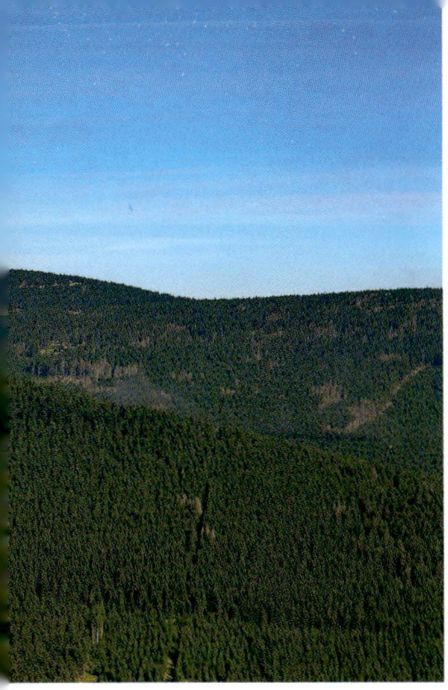

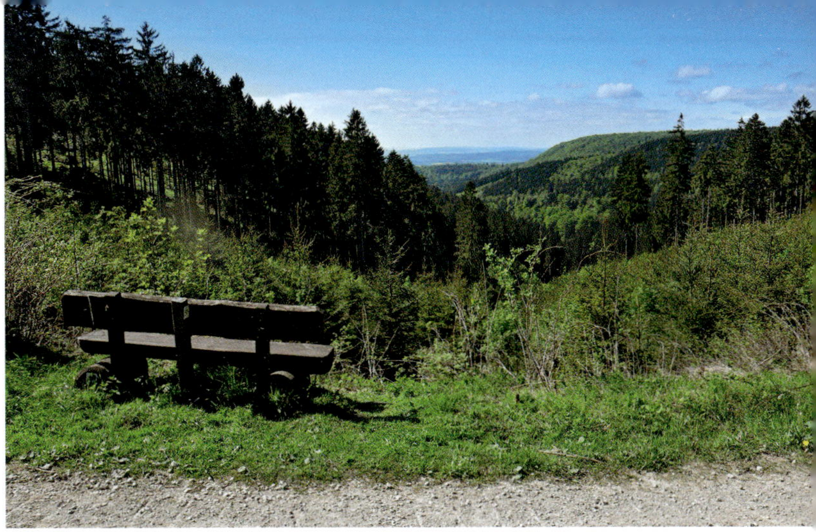

ahnen, wie voll es hier im Winter ist, wenn die Wanderschuhe mit Skiern getauscht werden. Wieder im Wald, treffen wir auf eine ❶ **Bratwurst**. Zumindest verrät die Inschrift auf einem Findling den Namen dieser Wegekreuzung. Wir wenden uns scharf nach rechts und wandern über die Abfahrtspiste erneut bis zum Grenzweg. Neben dem Wanderweg wundern wir uns über verschiedene Holzbarrieren und Einrichtungen. Aber nur kurz, denn die Nutzer dieser Sprungschanzen kommen schon bald angesaust und rasen auf ihren Mountainbikes durch den Wald hinab.

Links: Der Sessellift für die Wintersportler am Wurmberg

Mitte: Blick vom Wurmberg hinüber zum Brocken

Rechts: Immer wieder wird man mit Ausblicken belohnt.

Wir wenden uns nach links und wandern auf einem Serpentinenweg deutlich in die Höhe. Noch bis zum Jahr 2014 befand sich hier der Schanzentisch der Wurmbergschanze. Diese wurde aus Baufälligkeit abgerissen, aber spannend ist es noch heute zu sehen, in welche Richtung die Skispringer flogen. Wie gut, dass sie noch vor der deutsch-deutschen Grenze landen konnten. Nach all den Mühen des Aufstiegs erreichen wir den Gipfel des Wurmbergs und werden – in der entsprechenden Saison – von lauter Musik begrüßt. Sie hallt aus Lautsprechern der Wurmbergbaude und signalisiert das Oktoberfest, das hier im Herbst zelebriert wird. Wer also Ruhe sucht, wandert besser zu einer anderen Jahreszeit. Zwischen Kinderspielplatz und einem kleinen Ziegengehege blicken wir auf den ❷ **Wurmberg** mit seinem Gipfelkreuz und wissen nun, dass wir den höchsten Berg Niedersachsens erklommen haben. Im Hintergrund erkennen wir die typische Silhouette des Brockens. Exakt 4,7 Kilometer liegen diese beiden dominanten Berge des Harzes auseinander.

Wir lassen die Seilbahnbergstation hinter uns und passieren auch den Schneisee, der zur Beschneiung der Abfahrtspisten im Winter dient. Gleich dahinter gehen wir zur Stieglitzecke und wandern in einem engen Bogen auf dem breiten Waldweg deutlich bergab. An einem Querweg erreichen wir die Große Bodenstraße, halten uns halb links und wandern auf dem Waldweg geradewegs bis zu den mit Matten ausgelegten Brockenwegschanzen. Nur wenig später sind wir wieder in Braunlage angekommen und erkennen auf der linken Seite die Talstation der Wurmbergseilbahn und den Ⓔ **Parkplatz** wieder.

12

Auf Du und Du mit Vögeln und Luchsen

Der Baumwipfelpfad in Bad Harzburg

Mittel 10,8 km 475 Hm 3:30 Std.

Tourencharakter
Abgesehen von einem einzigen steilen Aufstieg ist die Wanderung eher einfach einzustufen. Zu Beginn spaziert man auf dem befestigten Baumwipfelpfad. Anschließend geht es über 120 Höhenmeter steil bergauf. Doch einmal oben angekommen, wandert man überwiegend flach auf breiten Waldwegen weiter. Den Aufstieg kann man mit einer Burgbergseilbahnfahrt umgehen.

Ausgangs-/Endpunkt
Parkplatz an der Nordhäuser Straße (GPS: 51.870779, 10.560593)

Anfahrt
Auto: Über die Bundesstraße 4 bis Bad Harzburg. Von Süden, also von Braunlage kommend, vor der Fussgängerbrücke links auf den Parkplatz. Wer Bad Harzburg nach Süden verlässt, biegt gleich hinter der Überführung rechts ab. **Bus:** Mit dem Bus 820 bis zur Haltestelle Burgbergbahn.

Einkehr
Zahlreiche Einkehrmöglichkeiten im Zentrum von Bad Harzburg, unterwegs im Hotelrestaurant Plumbohms auf dem Burgberg und im Waldgasthaus Rabenklippe am Luchsgehege

Karte
Karte der Harzer Wandernadel, Blatt 1, 1:50 000, über http://shop.harzer-wandernadel.de

Tourismusinformation
Touristinformation Bad Harzburg, Nordhäuser Straße 4, 38667 Bad Harzburg, Tel. 05322/75330, www.bad-harzburg.de

Sonstiges
Stempelstellen 121 (Aussichtsreich Burgberg), 122 (Kreuz des Deutschen Ostens) und 170 (Rabenklippe)

Diese Wanderung bietet eine reiche Tierwelt, wenn wir uns auf Augenhöhe durch die Baumwipfel bei Bad Harzburg fortbewegen und später an den Rabenklippen auf ein Luchsgehege treffen. Unterwegs erleben wir mehrfach wunderbare Ausblicke auf das Harzer Vorland und den Ausgangspunkt Bad Harzburg.

»Nein, da gehe ich nicht hinauf«, ertönt es von links mit leichtem Hamburger Dialekt. Offensichtlich Touristen und der weibliche Teil des Pärchens hat vermutlich Höhenangst. Der Ehemann kommt nicht dagegen an und verzichtet ihr zuliebe auch auf den Besuch des Baumwipfelpfads. Dabei gibt es Fußgängerbrücken, die höher sind als dieser Pfad. Bis zu 22 Meter ist der Pfad hoch, der sich zwischen den Baumwipfeln durch den Wald schlängelt und dies auf einer Länge von 700 Metern. Natürlich kann man die Wanderung auch ohne dieses Erlebnis begehen, doch wir machen das jetzt und kaufen am Ticketschalter am Bad Harz-

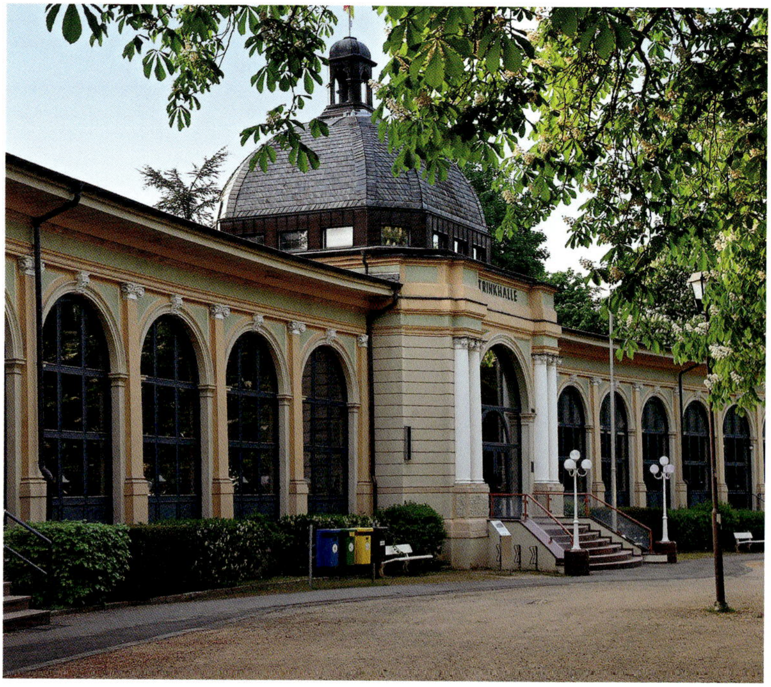

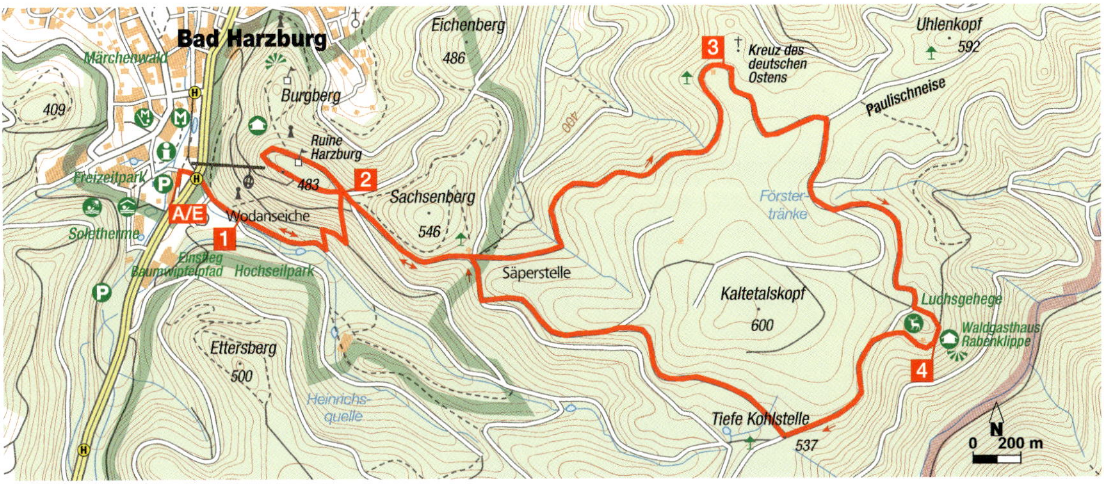

burger Kurpark die Eintrittskarten. Vom **A Parkplatz** an der Burgbergbahntalstation überqueren wir auf der Brücke die Bundesstraße und begeben uns in den Wald hinein. Nach wenigen Metern stecken wir die Tickets in einen Automaten und betreten den **1 Einstiegsturm** des Baumwipfelpfads, in dem es kreisförmig nach oben geht. Er erinnert ein wenig an die Kuppel auf dem Berliner Reichstag, nur mit dem Unterschied, dass diese Kuppel hier nicht verglast ist. Von der obersten Plattform aus genießen wir den Rundumblick über die dichten Baumkronen und begeben uns wieder eine Etage weiter nach unten, wo der eigentliche Einstieg in den Baumwipfelpfad beginnt.

Links: Bad Harzburg ist ein malerischer Kurort.

Rechts: Ausblicke in die grünen Täler des Harzes

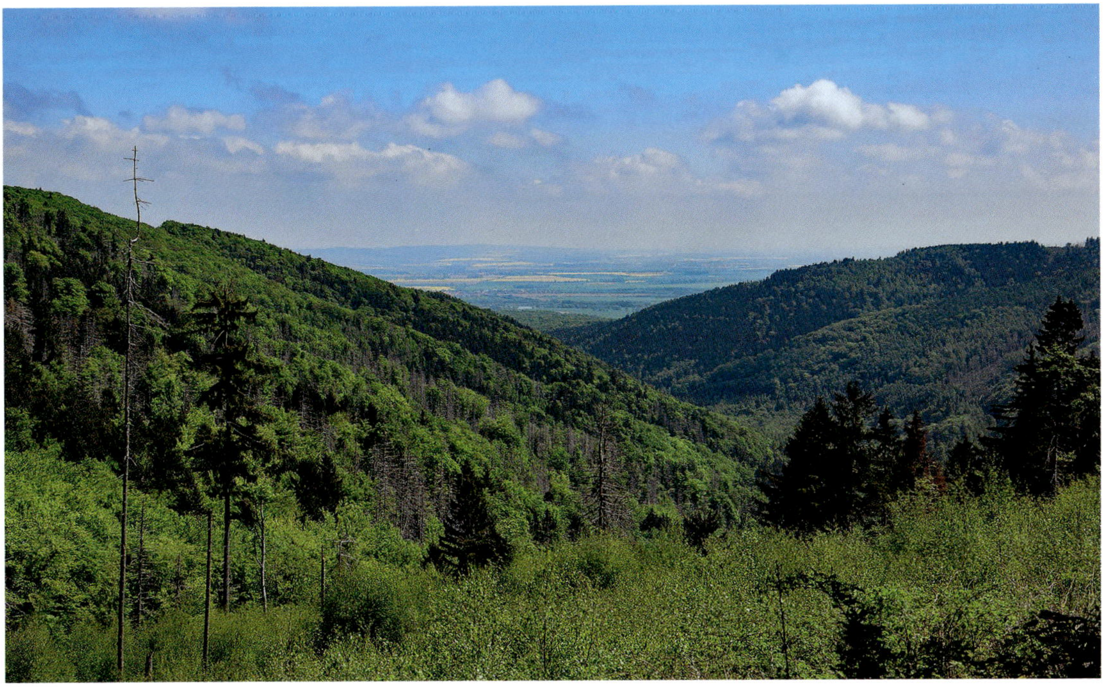

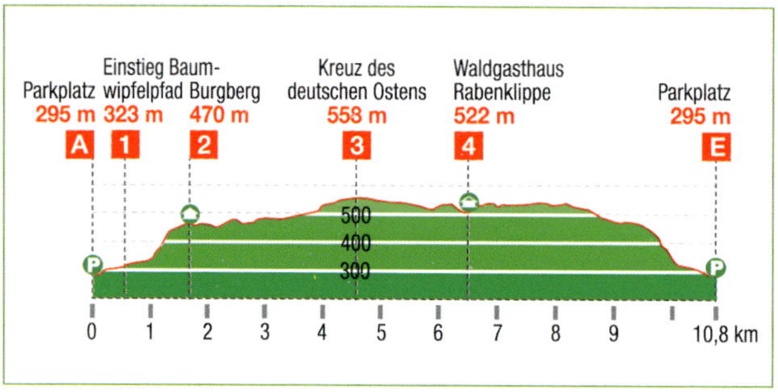

Zahlreiche Erlebniselemente und Lehrstationen erwarten uns in luftiger Höhe über dem Waldboden, bis wir nach einiger Zeit und einem gemütlichen Spaziergang das Ende des Parcours erreicht haben. Nun haben wir den anstrengendsten Teil der Wanderung vor uns. Der steile Aufstieg zum Antoniusplatz lässt uns knapp 120 Höhenmeter überwinden. Dabei legen wir gerade einmal 200 Meter Luftlinie zurück, was einer Steigung von 60 Prozent entspricht. Wie gut, dass der schmale Waldweg in Serpentinen in die Höhe steigt. Anstrengend bleibt es trotzdem und wenn wir oben ankommen, blicken wir in die ausgeruhten Gesichter der Ausflügler, die mit der Seilbahn hinaufgefahren sind.

Oben: Der Blick reicht bis weit in das Harzvorland.

Unten: Der Sachsenbrunnen ist mit Findlingen eingefasst.

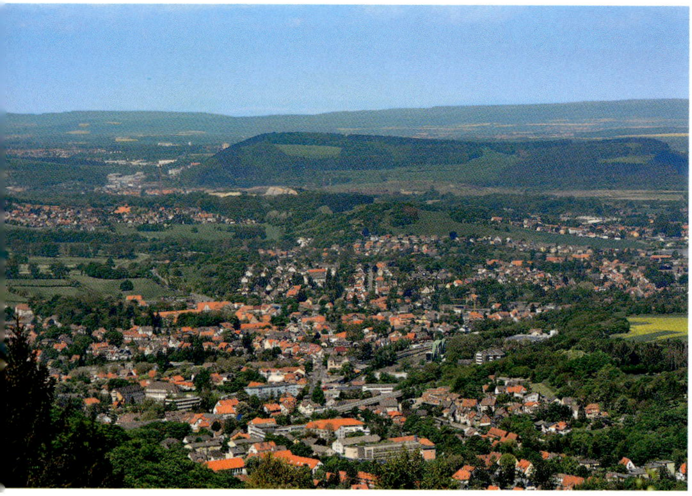

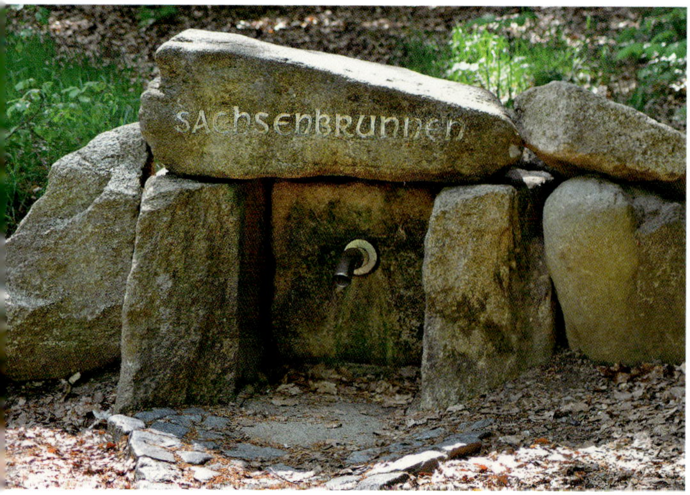

Wir belohnen uns für den Aufstieg mit einem Abstecher nach rechts, wo wir nach wenigen Metern ebenfalls den ❷ **Burgberg** erreichen und einen fantastischen Ausblick über Bad Harzburg und das Harzvorland genießen. Von der im 11. Jahrhundert erbauten Harzburg sind nur noch wenige Überreste erhalten geblieben. Der 19 Meter hohe Obelisk namens Canossasäule ist deutlich jünger und wurde zu Ehren von Otto von Bismarck Ende des 19. Jahrhunderts aufgestellt. Wir drücken an der Stempelstelle noch einen Abdruck in unser Stempelheft und begeben uns wieder zurück zum Antoniusplatz.

Dort folgen wir dem breiten Kaiserweg bis zur sogenannten Säperstelle. Wir lernen, dass das Wort Säpern für die Tätigkeit steht, mit der man die Borke von der Fichte oder allgemein die Rinde von Bäumen trennt. Anschließend wird das Holz dann weiterverarbeitet. Gleich nebenan finden wir den Sachsenbrunnen, an den einstmals eine Wasserleitung aus Tonrohren angeschlossen war – ungefähr zu der Zeit, als die Harzburg noch bestand. Zusammengenommen war die Säperstelle einstmals also eine bedeutende und wichtige Wegkreuzung.

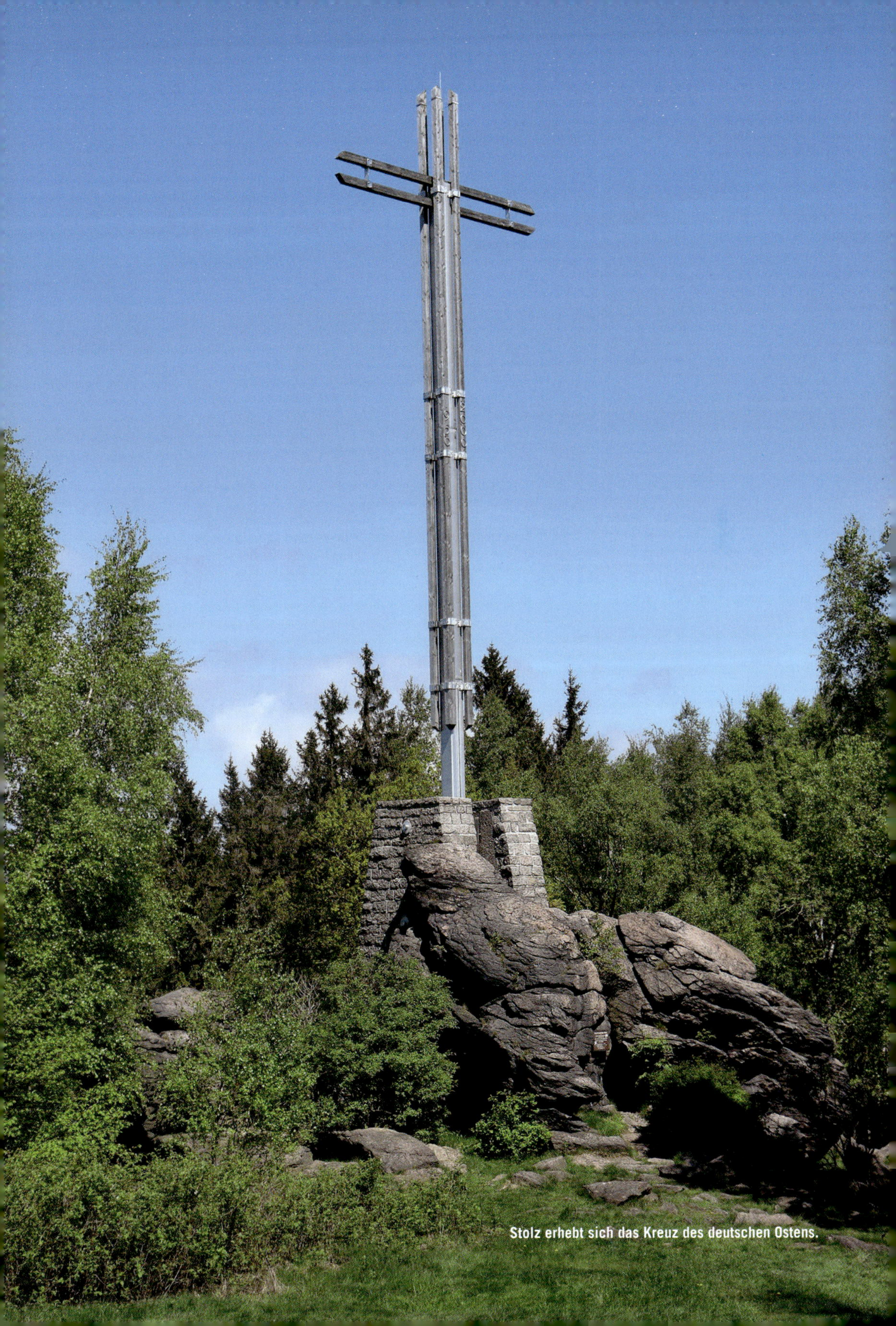

Stolz erhebt sich das Kreuz des deutschen Ostens.

Wir folgen dem Waldweg geradeaus, genießen hin und wieder den Ausblick nach links über das nördliche Harzvorland und erreichen nach einiger Zeit auf dem kurvigen, aber überwiegend ebenen Weg einen weiteren Aussichtspunkt. Zunächst

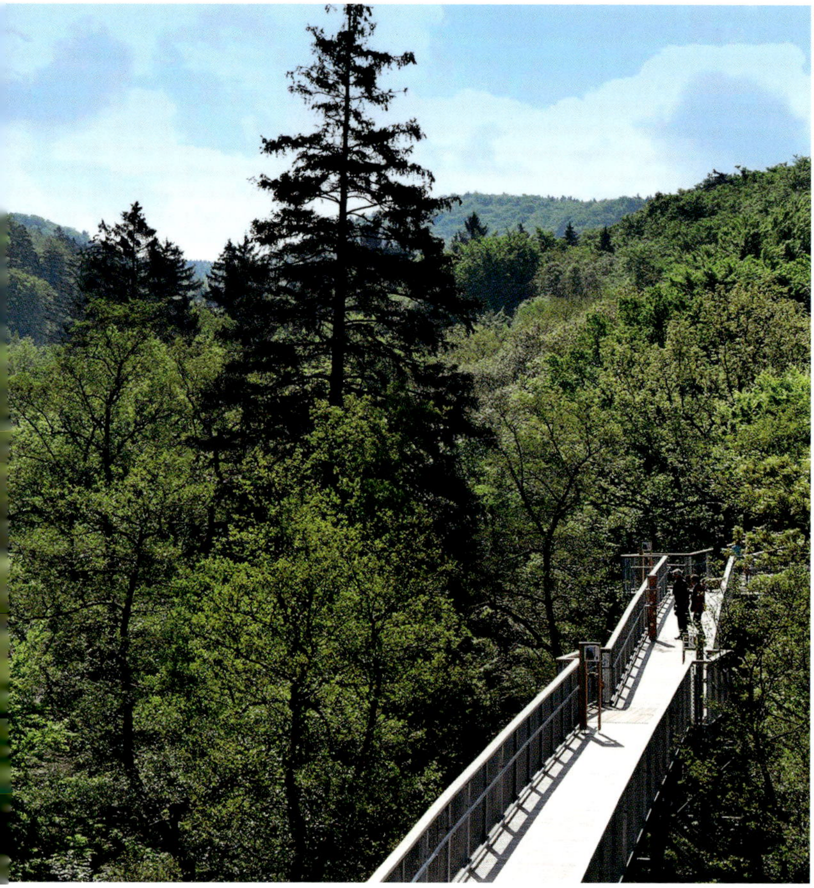

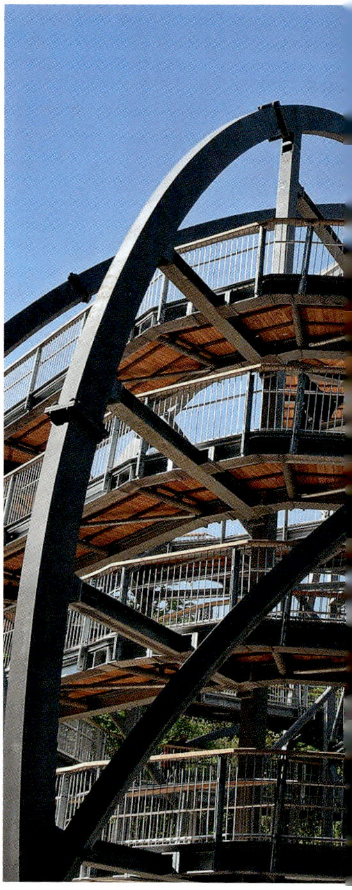

Links: Hier wandert man in Höhe der Baumkronen.

Mitte: Kuppel des Baumwipfelpfads

Rechts: Mit der Seilbahn kann man abkürzen.

sehen wir nur eine Schutzhütte, doch kurz dahinter erhebt sich vor uns stolz das ❸ **Kreuz des deutschen Ostens**. Bei dem stählernen Kreuz, das immerhin 18 Meter in die Höhe ragt, handelt es sich um ein Vertriebenendenkmal. Es ersetzt seit dem Jahr 2000 ein Holzkreuz, das zwei Jahre zuvor bei einem Orkan umstürzte und 1950 im Beisein des Berliner Oberbürgermeisters Ernst Reuter eingeweiht worden war.

Heute stürzt hier nichts um, aber eine kleine Pause in der Schutzhütte oder am Picknicktisch schadet nicht, bevor wir auf dem breiten Waldweg weiterziehen. An einem Abzweig halten wir uns rechts auf den Firstweg, der uns mit Leichtigkeit zum Luchsgehege an den Rabenklippen bringt. Die scheuen Tiere mit ihren Pinselohren sind in freier Wildbahn nur sehr selten zu sehen. Die Chance, als normaler Wanderer einem frei lebenden Luchs zu begegnen, geht gegen null. Anders natürlich im Luchsgehege, in dem die Luchse jeden Mittwoch und Samstag gegen 14.30 Uhr öffentlich gefüttert werden. Aber auch hier sind die Tiere zuweilen nicht immer sichtbar. Das Gehege bietet, für die Luchse ein Segen, zahlreiche Versteck- und Rückzugsmöglichkeiten.

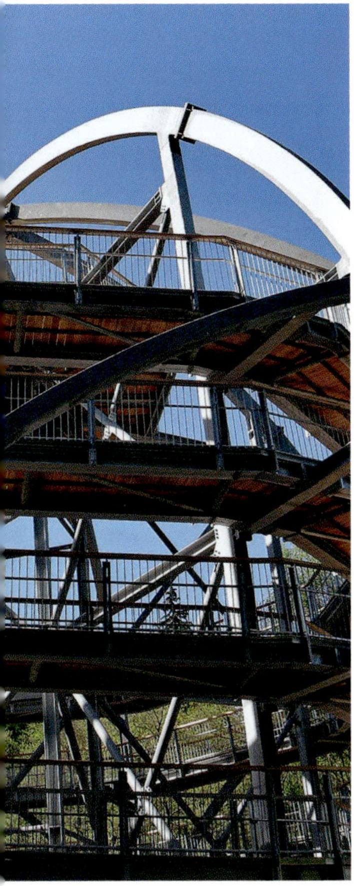

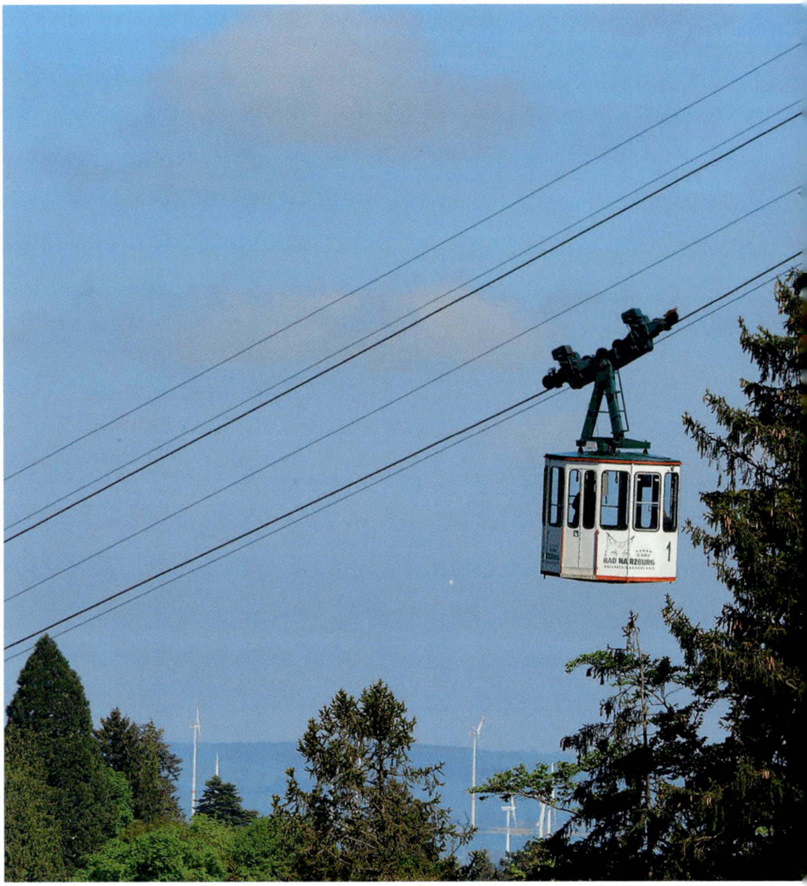

Nach einem Rundgang um das Gehege und einem zaunfreien Ausblick vom Holzturm können wir im ❹ **Waldgasthaus Rabenklippe** einkehren, unseren dritten Stempel auf dieser Wanderung erhalten und natürlich auch die Felsen erklimmen, nach denen dieser Ort benannt wurde.

Weiter auf dem Firstweg gelangen wir zur Kreuzung Tiefe Kohlstelle, wo wir dem Kaiserweg wieder zurück zur Säperstelle folgen. Dort biegen wir links zum Antoniusplatz ab und haben die Qual der Wahl, ob wir dem steilen Abstieg zum Baumwipfelpfad folgen oder es gemütlich angehen lassen und mit der Seilbahn zum Ⓔ **Parkplatz** in Bad Harzburg zurückkehren.

Der Baumwipfelpfad

Der Baumwipfelpfad in Bad Harzburg wurde im Jahr 2015 eingeweiht und ist rund einen Kilometer lang. Davon legt man alleine 300 Meter im barrierefreien Rundturm zurück, in dem man auf die höher gelegenen Wege gelangt. 2017 wurde der Pfad mit einer schwankenden Hängebrücke erweitert, wobei ein Überqueren dieser Seilbrücke nicht notwendig ist. Führungen werden angeboten (auch abends).

13

Mit Radau durch den Harz

Genusswanderung an der Eckertalsperre

Mittel 14,4 km 445 Hm 5:00 Std.

Tourencharakter
Leichte Wanderung durch den Wald mit einem steten Aufstieg zu Beginn. Nach einem kurzen Abstieg einfache Tour neben der Ecker mit Besuch der Eckertalsperre. Nach einem Ausblick von der Rudolfklippe kurzer und knackiger Abstieg.

Ausgangs-/Endpunkt
Parkplatz am Radau-Wasserfall an der Bundesstraße 4, südlich von Bad Harzburg (GPS: 51.853941, 10.547201)

Anfahrt
Auto: Über die Bundesstraße 4 in Richtung Bad Harzburg. Von Süden noch vor Bad Harzburg rechts auf den Parkplatz am Wasserfall. In Richtung Süden rund eineinhalb Kilometer nach Verlassen von Bad Harzburg links auf den Parkplatz.
Bus: Mit dem Bus 820 bis zur Haltestelle Radau-Wasserfall.

Einkehr
Waldgaststätte Radau-Wasserfall am Ausgangs- und Zielpunkt und unterwegs im Molkenhaus

Karte
Karte der Harzer Wandernadel, Blatt 1, 1:50 000, über http://shop.harzer-wandernadel.de

Tourismusinformation
Touristinformation Bad Harzburg, Nordhäuser Straße 4, 38667 Bad Harzburg, Tel. 05322/75330, www.bad-harzburg.de

Sonstiges
Stempelstellen 19 (Skidenkmal) und 1 (Eckertalsperre)

Mit Radau plätschert das Wasser des gleichnamigen Wasserfalls in die Tiefe und markiert den Startpunkt der Wanderung, die anfangs vom Flüsschen Radau begleitet wird. Später wandern wir an der Eckertalsperre entlang und erhaschen hier noch einen Blick in die deutsche Vergangenheit.

Ob wir ein Foto von ihr machen würden, fragt die ältere Dame mit einem leichten ausländischen Akzent. Natürlich, das ist kein Problem. Meine Frau schnürt sich noch die Schuhe zu, während ich durch den Sucher einer mir fremden Kamera einen ersten Blick vom Ⓐ **Parkplatz**

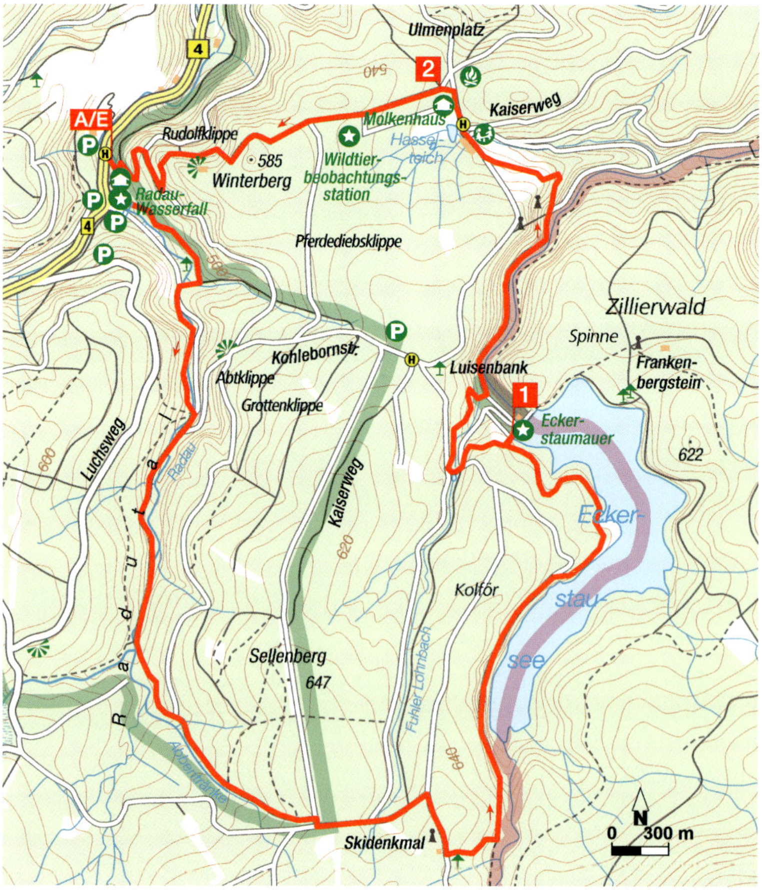

auf den Radau-Wasserfall werfe. Zwei, drei Mal drücke ich auf den Auslöser, dank digitaler Speichermedien kann man da ja heutzutage etwas großzügiger sein, und gebe die Kamera einer dankbaren Touristin zurück. Nun stehe ich vor dem Wasserfall und betrachte ihn in seiner vollen Größe. Dass er nicht an die Niagarafälle oder an die Kaskaden der südamerikanischen Iguazú-Fälle heranreicht, ist natürlich klar. Sonst wäre er wohl bekannter und ich wäre auch nicht der einzige Besucher, den man um ein Foto bitten könnte. Aber Radau macht der Wasserfall auch nicht, um noch ein letztes Mal dieses Wortspiel zu bemühen. Er ist eher überschaubar. Im oberen Bereich, rund zwei Dutzend Meter über unseren Köpfen, ist er vielleicht gerade mal einen Meter breit – höchstens. Auf seinem Weg nach unten verteilt sich das Wasser über die vielen Felsen und Vorsprünge und plätschert deutlich breiter hinab. Doch die Wassermassen werden auf dem Weg nach unten natürlich nicht größer und so legt sich das Wasser stellenweise nur als eine Art Sprühregen auf Steine und Wurzeln. Und das macht der Radau-Wasserfall bereits – oder besser gesagt – erst seit dem Jahr 1859. Denn damals ließ Philipp August von Amsberg diesen Wassersturz künstlich anlegen.

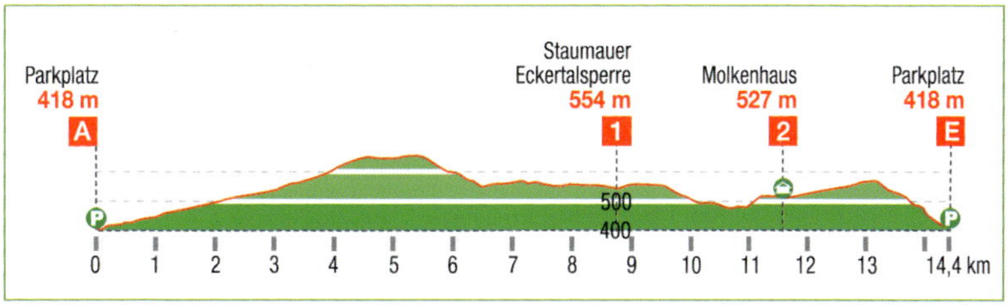

Wir verlassen jetzt den Wasserfall und wenden uns nach rechts. An der Waldgaststätte können wir uns für die Tour stärken oder wir belohnen uns anschließend nach der Wanderung in gemütlicher Atmosphäre. Parallel zum Fluss Radau entfernen wir uns von der Bundesstraße und überqueren schon bald den Wasserlauf. Die Radau entspringt übrigens südlich von Torfhaus, unweit des dortigen Besucherzentrums. Bei Vienenburg mündet sie in die Oker und ihr Wasser erreicht dadurch über Aller und Weser irgendwann die Nordsee. 21 Kilometer legt sie dabei zurück und etwas über zwei Kilometer werden wir von ihr kennenlernen. Dabei überwinden wir rund 160 Meter. Es geht also stetig, aber moderat bergauf. Anfangs ist der Weg recht einfach und dazu auch noch breit. Doch in einer Spitzkehre verlassen wir diesen Weg und gehen anstatt einmal links mit der Serpentine herum lieber geradeaus auf einen schmalen Pfad.

Unter dem dichten Blätterwerk lauschen wir dem leisen Plätschern der Radau und entfernen uns hinter einer

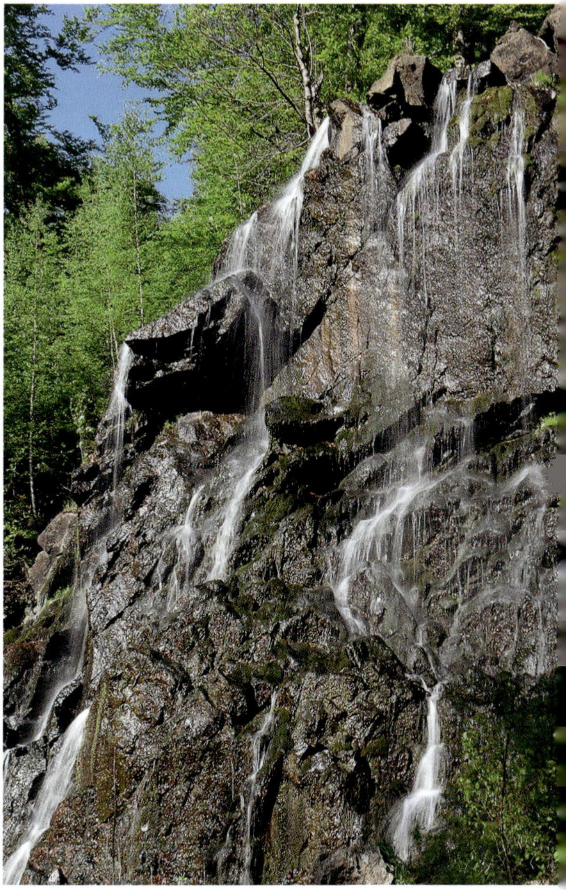

Das Wasser plätschert am Radauer Wasserfall.

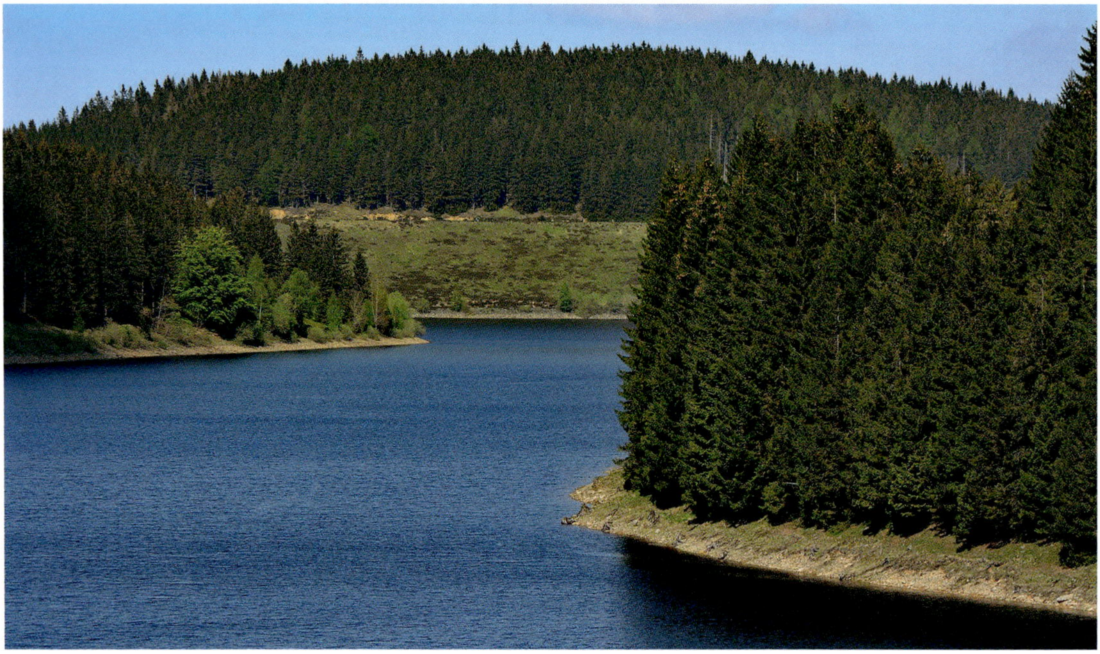

Oben: Blick auf die Eckertalsperre

Rechte Seite oben: Der alte Wanderweg ist versumpft.

Rechte Seite unten: Originaler Grenzpfosten der ehemaligen deutschen Grenze

kleinen Brücke langsam von ihr. Der Wanderweg führt uns zu einer befestigten Piste, auf der wir geradeaus bis zu einem Querweg gehen. Hier halten wir uns links und erreichen nach nur wenigen Schritten den Kaiserweg, dem wir nach links folgen. Auf dem Kaiserweg haben wir den höchsten Punkt erreicht und können ganz entspannt weiterwandern. An einer weiteren T-Kreuzung biegen wir rechts ab und erreichen schon bald das Skidenkmal. Errichtet wurde es drei Jahre nach dem Ersten Weltkrieg durch den Braunschweiger Skiclub, der damit an die gefallenen Skisportler erinnern wollte. Die dazugehörige Schutzhütte bietet uns nicht nur eine Pausengelegenheit, sondern ist auch Standort für die erste Stempelstelle auf dieser Tour.

Genau gegenüber vom Skidenkmal führt ein schmaler Pfad steil hinab in das Tal der Ecker. Damit erreichen wir den zweiten Fluss auf unserer Wanderung – nur dass dieser Fluss keinen Wasserfall bildet, sondern einen Stausee. Um diesen zu erreichen, halten wir uns links und wandern auf dem sogenannten Pionierweg parallel zur Ecker. Der Weg entpuppt sich als schmaler, aber malerischer Pfad, auf dem man im wahrsten Sinne des Wortes über Stock und Stein marschiert. Nach kurzer Zeit breitet sich zu unserer Rechten die Eckertalsperre aus und wir genießen die Wanderung am Westufer des Sees. Heute ist es kaum vorstellbar, dass dieser See einst gleichzeitig die Grenze zwischen den beiden deutschen Staaten war. Wir merken das erst, wenn wir an der ❶ **Staumauer** der Eckertal-

Die Eckertalsperre

Die Eckertalsperre wurde im Zweiten Weltkrieg gebaut und 1943 fertiggestellt. Nach Kriegsende verlief die Grenze genau über die Staumauer und teilte den See ebenfalls in Ost und West. Von Westen her konnte die Staumauer zu zwei Dritteln betreten werden. Die Nutzung und Zutrittsrechte für die Staumauer wurden erst in den 1970er-Jahren vereinbart.

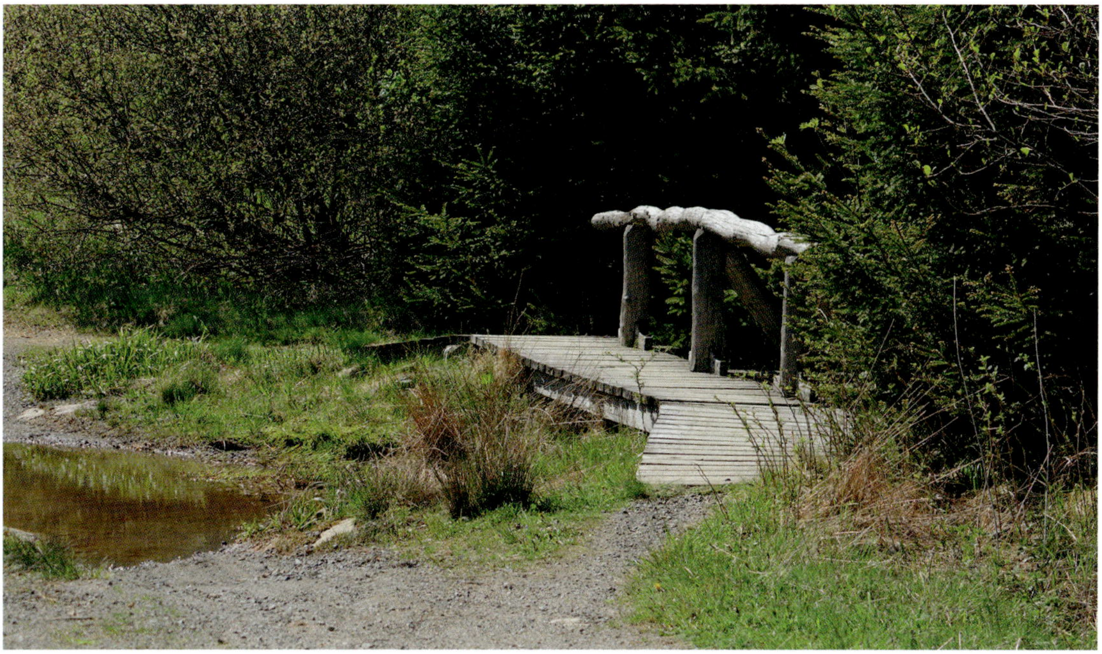

sperre ankommen und diese betreten. Hinweisschilder klären uns über die Zeit der Teilung auf und wir staunen darüber, dass diese Staumauer in beiden deutschen Staaten stand und Teil des Eisernen Vorhangs war. Ein Grenzpfahl ist noch zu sehen und ein älterer Herr erklärt gerade seinem Wanderpartner, wie es damals war, als er an der Grenze noch seinen Dienst getan hat.

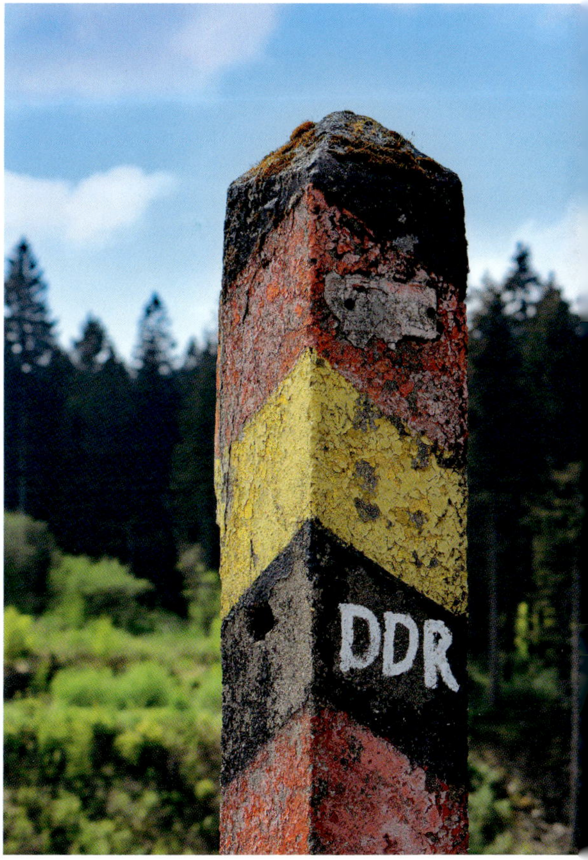

Im weiten Bogen gehen wir hinab, um weiter dem Lauf der kleinen Ecker durch ihr enges Tal zu folgen. Nach rund einem Kilometer zweigt ein Weg nach links ab und bringt uns in die Höhe zu einer weiten Lichtung. Diese ist trotz der leichten Steigung schnell überquert und schon bald stehen wir an einer großen Kreuzung am ❷ **Molkenhaus**. Zahlreiche Wege zweigen hier ab; eine gute Gelegenheit, zunächst einmal einzukehren und sich zu orientieren. Nach der Pause lassen wir das Molkenhaus auf der linken Seite und biegen kurz dahinter links auf einen breiten Waldweg ab. An einem Abzweig bleiben wir geradeaus, genießen auf der rechten Seite den Ausblick von der Rudolfklippe und wandern abschließend auf dem steilen Zickzackweg hinab zum Ⓔ **Parkplatz** am Radau-Wasserfall zurück.

14

Auf die Achtermannshöhe

Wanderung im Hochharz

Mittel | 12,1 km | 300 Hm | 4:30 Std.

Tourencharakter
Leichte Wanderung im Hochharz, die mit schönen Ausblicken lockt, vor allem zum Brocken. Die Wege sind überwiegend breit und gut ausgebaut. Lediglich zum Schluss wandert man bei der Besteigung der Achtermannshöhe über Wurzelpfade. Durch den ohnehin schon hoch gelegenen Ausgangspunkt sind die Anstiege überschaubar.

Ausgangs-/Endpunkt
Wanderparkplatz Oderbrück, südlich von Torfhaus, direkt an der Bundesstraße 4 (GPS: 51.775579, 10.552391)

Anfahrt
Auto: Auf der Bundesstraße 4 zwischen Braunlage und Bad Harzburg bis zum Parkplatz Oderbrück südlich von Torfhaus. **Bus:** Mit dem Bus 820 bis Haltestelle Oderbrück.

Einkehr
Keine

Karte
Karte der Harzer Wandernadel, Blatt 1, 1:50 000, über http://shop.harzer-wandernadel.de

Tourismusinformation
Die nächstgelegene Touristinfo befindet sich am Torfhaus, Alte Torfhausstraße 1, 38667 Torfhaus, Tel. 5320/2290444, www.oberharz.de

Sonstiges
Stempelstellen 168 (Oderbrück), 136 (Eckersprung) und 12 (Achtermannshöhe)

Es gibt Wanderungen, bei denen möchte man gar nicht mehr aufhören. Zu so einer zählt die Tour hinauf zur Achtermannshöhe. Von dort blickt man auf den höchsten Berg des Harzes, den Brocken, und dieser scheint so nahe zu sein, dass man ihn gleich auch noch besteigen möchte.

Eigentlich ist das sogar recht gut möglich. Unser Ausgangspunkt befindet sich nur fünf Kilometer Luftlinie vom Gipfel des Brockens entfernt. Schon bei der Anfahrt über Torfhaus sieht man den Berg auf der linken Seite in der Sonne glänzen – wenn er sich nicht gerade mal wieder hinter

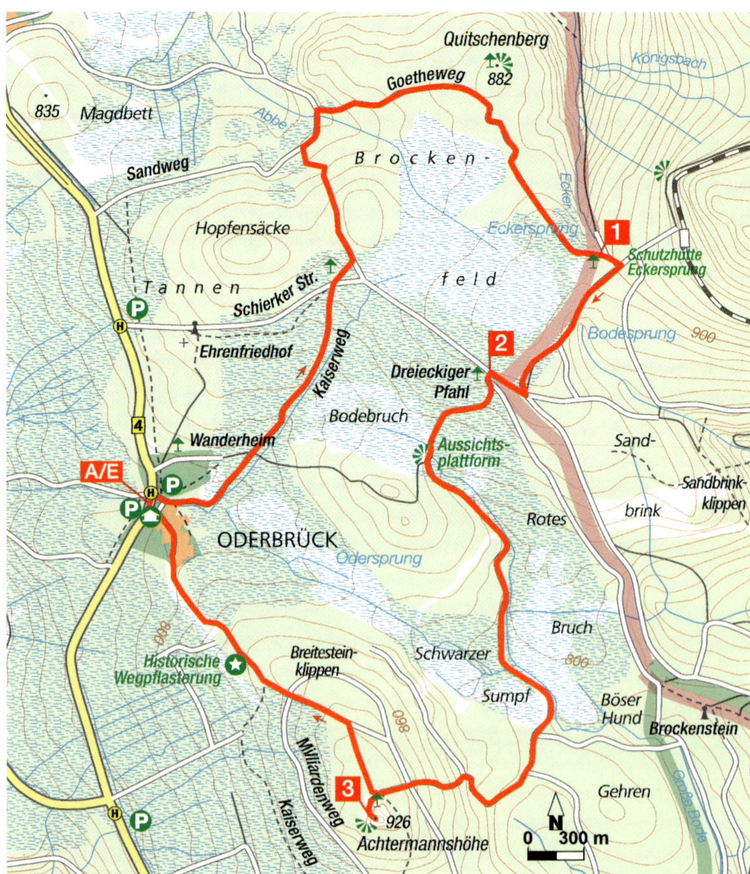

Wolken versteckt. Daher sind Oderbrück und Torfhaus ebenfalls beliebte Ausgangspunkte für eine Tour auf den Brocken. Da wir ihn in diesem Buch aber schon ab Schierke bestiegen haben, sollte man sich rechts und links der Wege orientieren und mal schauen, was der Hochharz denn noch so Schönes zu bieten hat. Wie wäre es denn zum Beispiel mit der Achtermannshöhe, von der aus man einen tollen Blick auf den Brocken hat und man mit Geduld auch die Harzer Schmalspurbahn sehen kann, wie sie sich an der Südflanke den Berg hinaufschiebt. Geschichtlich interessant ist natürlich auch der Dreieckige Pfahl und der Kolonnenweg, der zwischen uns und dem Brocken zu besuchen wäre.

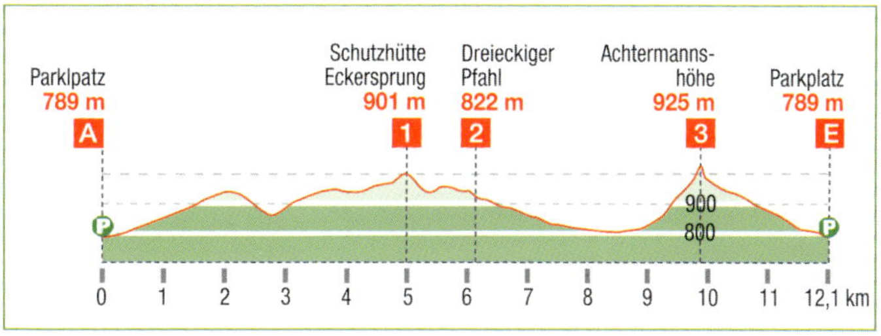

Also, auf geht's, wir starten am **A Parkplatz** in Oderbrück und lassen die Bundesstraße 4 halb links hinter uns. Auf dem Weg neben der noch sehr jungen Oder gehen wir in den Wald hinein und genießen die Wanderung auf einem sanft ansteigenden Weg und überqueren mehrere Kreuzungen und Querwege. Auch an einem Pick-

Links: Fest installiert ist der Dreieckige Pfahl.

Rechts: Leise bahnt sich die Warme Bode ihren Weg.

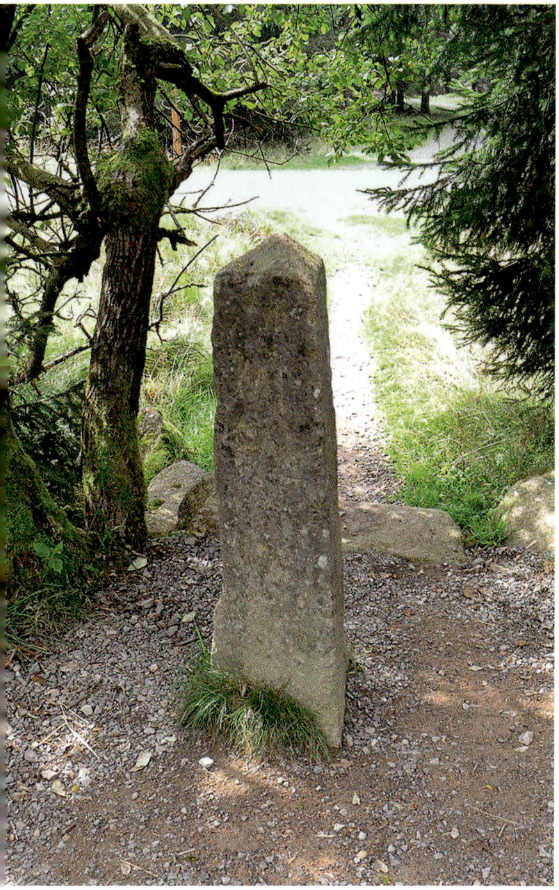

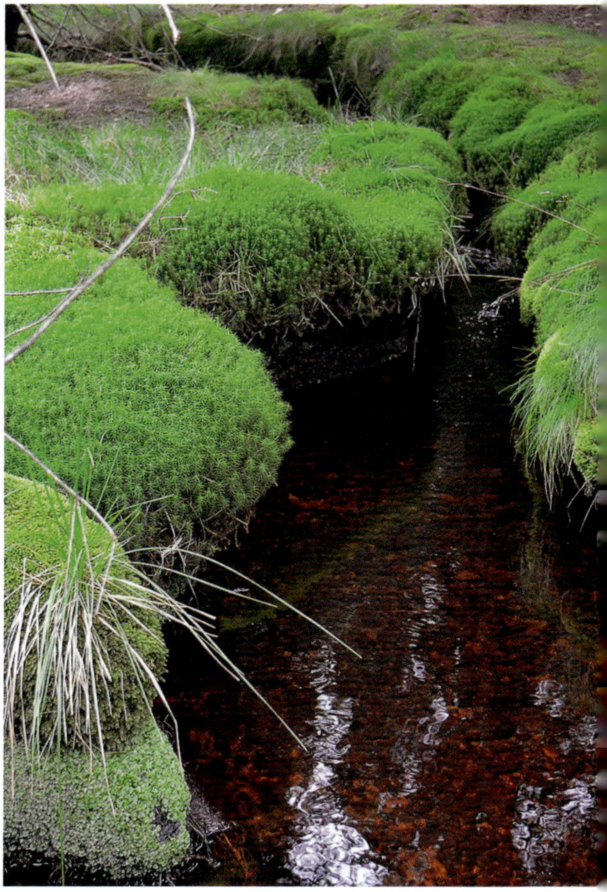

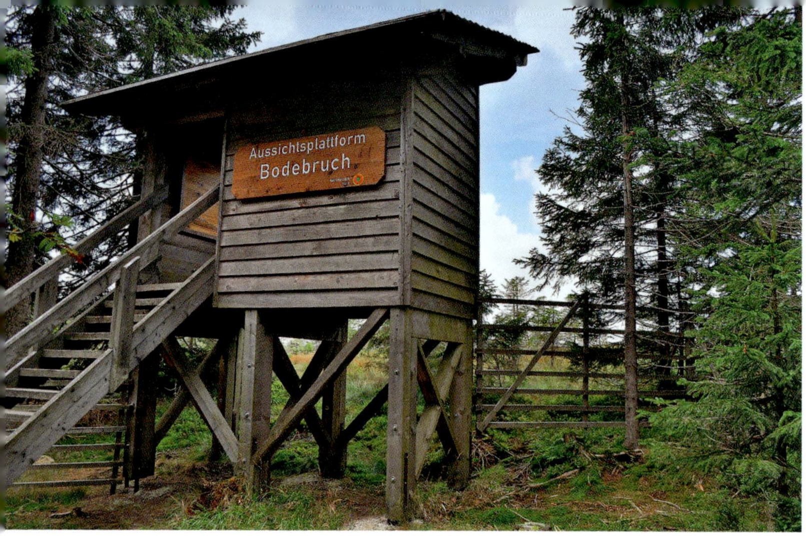

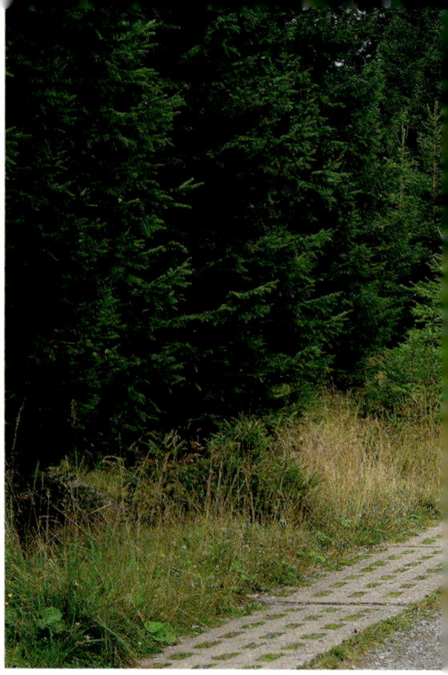

nickplatz bleiben wir geradeaus und passieren einige Felsformationen, die als Hopfensäcke bezeichnet werden. Hinter einer Schutzhütte zweigt linker Hand der schmale Sandweg ab, den wir aber getrost ignorieren. Wir konzentrieren uns vielmehr auf den Goetheweg, der keine 200 Meter später erscheint. »Hier war Goethe« heißt es auf zahlreichen Schildern in den Souvenirläden des Harzes, wo klein daruntergeschrieben steht »nie«. Der Nationaldichter war viel unterwegs, aber in der Tat nicht überall. Doch den Harz hat er bekanntlich ausgiebig studiert. Es ist also nicht verwunderlich, dass man hier einen Goetheweg angelegt hat. Diesem folgen wir nach rechts und erblicken von dem breiten Weg aus vor uns die markante Silhouette des Brockens. Wie schon oben erwähnt, ist er zum Greifen nah und von hier aus sind es sogar nur dreieinhalb Kilometer Luftlinie. Laut Wegweiser hätten wir aber noch knapp sechs Kilometer zu gehen.

So oder so gehen wir in seine Richtung und streifen dabei die abgeflachte Kuppe des 882 Meter hohen Quitschenbergs. Der Weg ist breit und flach, kurzum, er ist auch von Wandergruppen gut begehbar, die uns immer wieder entgegenkommen. Es dauert nicht lange, bis wir wieder auf eine Schutzhütte treffen. Die Chance, dass wir sie für uns alleine haben, ist an dieser Stelle gering. Ein Junge freut sich über seinen elften Stempel der Harzer Wandernadel. Damit darf er sich Harzer Wanderprinz nennen. Auch wir holen unser Stempelheft aus den Tiefen des Rucksacks und belegen, dass wir hier eine Pause eingelegt haben. Wir sind hier an Stempelstelle und **❶ Schutzhütte Eckersprung**, benannt nach der Ecker, die nur wenige Meter weiter nördlich im Wald ihren Ausgang nimmt. Gleich hinter der Schutzhütte folgt der alte Kolonnenweg der DDR-Grenzschützer. Nach links geht es zum Brocken, noch näher kommen wir nicht heran. Es sind

Der Dreieckige Pfahl

Er ragt 1,35 Meter aus dem Waldboden empor und wurde im 19. Jahrhundert gesetzt. Ein Vorgänger diente als Dreiländerecksgrenzstein und hatte eine dreieckige Form. Im Laufe der Zeit war der Pfahl Grenzstein zwischen dem Königreich Hannover und dem Herzogtum Braunschweig sowie der BRD und DDR, wobei er damals ganz knapp auf niedersächsischem Gebiet stand und daher frei zugänglich war.

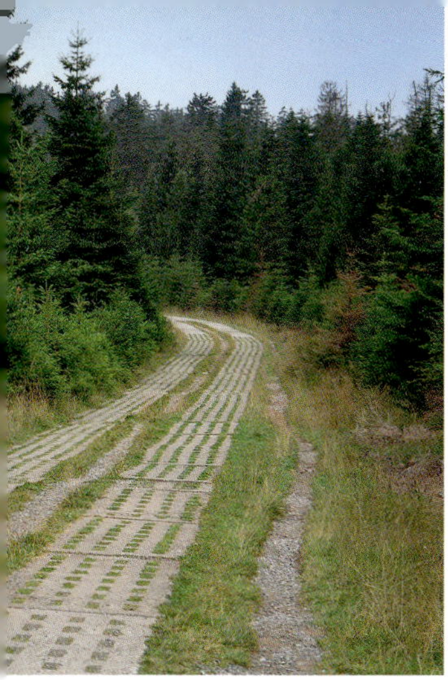

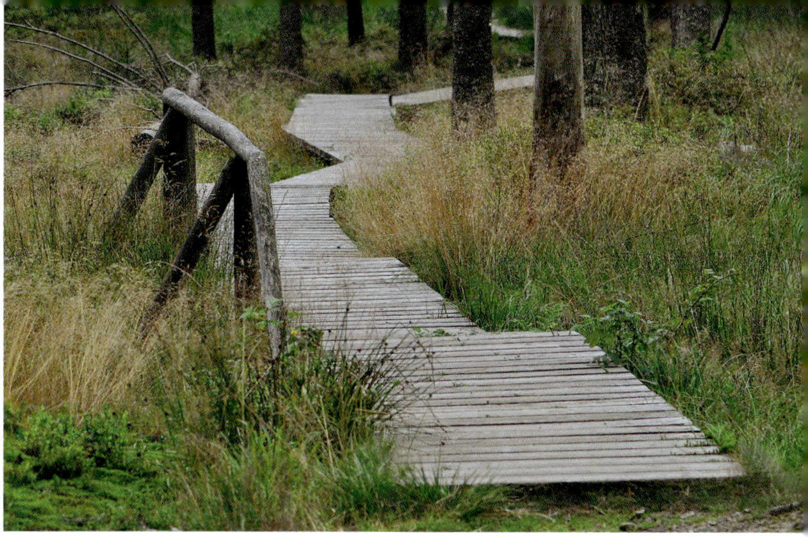

Links: Hier genießt man die Aussicht von der Plattform.

Mitte: Der Kolonnenweg war einst Grenzweg der DDR.

Rechts: Unterwegs wandert man auch auf Holzbohlen.

nur noch etwas mehr als zwei Kilometer Luftlinie bis zum Gipfel. Wir folgen auch dem Kolonnenweg, jedoch in die entgegengesetzte Richtung. Daher wenden wir uns nach rechts und wandern vom Eckersprung zum Bodebruch, denn auch dieser Fluss hat hier nahe den Wanderwegen sein Quellgebiet.

Schon bald erreichen wir mit einem sehr leichten Gefälle einen weiteren markanten Kreuzungspunkt. Der ❷ **Dreieckige Pfahl** bietet neben einer nächsten Schutzhütte ebenfalls einen Stempelkasten. Die kleine Steinsäule, die dem weitläufigen Platz ihren Namen lieh, ist schnell entdeckt und umrundet. Denn hinter ihr biegen wir links ab und gehen geschwind zu einem weiteren Aussichtspunkt. Dieses Mal blicken wir aber nicht auf die umliegenden Berge, sondern auf den Bodebruch. Das weitläufige Hochmoor lädt uns zu einer kleinen Pause ein und lässt uns hoffen, in der Ferne ein scheues Tier zu sichten. Leise murmeln die Wanderer auf der Aussichtsplattform vor sich hin. Finger werden in irgendeine Richtung gestreckt. War da was? Ein Fernglas oder ein Teleobjektiv stellt sich jetzt als nützlich heraus.

Während die Warme Bode noch sehr jung und leise zu unserer Linken vor sich hinplätschert, begleiten wir sie ein Stück durch den Wald und verabschieden sie wenig später, wenn wir uns an einem kleinen Aufstieg zu schaffen machen. Ein breiter Wurzelweg lässt uns durch den Wald stolpern. Mehr als 100 Höhenmeter sind es, die wir bis zum Gipfel der ❸ **Achtermannshöhe** überwinden. Oben angekommen, befinden wir uns in einem Gewirr von Felsen und Steinen und haben eine wunderbare Rundumsicht über die Wälder des Harzes. Immerhin stehen wir auf dem vierthöchsten Gipfel des Harzes. In Richtung Nordost – mal wieder – der Brocken, unverkennbar. Die Pfiffe der Harzer Schmalspurbahn gellen bis hierher und wie eingangs erwähnt: Die Rauchfahnen der Lokomotive sind deutlich erkennbar.

Der Rückweg ist nun denkbar einfach. In Richtung Nordwest folgen wir dem leicht absteigenden Weg über Steine und Wurzeln und erreichen knapp zwei Kilometer später oder 100 Höhenmeter niedriger unseren Ausgangspunkt am Ⓔ **Parkplatz in** Oderbrück.

15

Hinauf zur Hanskühnenburg

Auf den Spuren Goethes

Schwer 17,5 km 660 Hm 6:30 Std.

Tourencharakter
Mittelschwere Wanderung, die einen langen Anstieg aus dem Sösetal hinauf auf den Bergrücken des Ackers erfordert. Die Wege sind jedoch gut ausgebaut und leicht zu begehen. Überwiegend schattig.

Ausgangs-/Endpunkt
Parkplatz Untere Herrentalstraße in Riefensbeek-Kamschlacken (GPS: 51.751979, 10.385245)

Anfahrt
Auto: Mit dem Auto auf der Bundesstraße 498 ab Osterode am Harz bis Riefensbeek-Kamschlacken. Dort rechts in die Untere Herrentalstraße. Von Clausthal-Zellerfeld über die B 242 bis zum Abzweig zur B 498 und dieser nach rechts folgen. **Bus:** Mit Bus 462 bis Riefensbeek-Kamschlacken, Untere Herrentalstraße. Alternativ kann man die Wanderung auch ab den Haltestellen Limpigbrücke (an der Vorsperre) oder Lange Wiese beginnen.

Einkehr
Die Bergbaude Hanskühnenburg auf dem Bergrücken Auf dem Acker und Landhaus Meyer in Riefensbeek

Karte
Karte der Harzer Wandernadel, Blatt 1, 1:50 000, über http://shop.harzer-wandernadel.de

Tourismusinformation
Osterode am Harz, Eisensteinstraße 1, 37520 Osterode am Harz, Tel. 05522/318381, www.vtm-osterode.de

Sonstiges
Stempelstellen 147 (Eleonorenblick) und 144 (Hanskühnenburg)

Besucher des Harzes wissen es schon: wenn man in dem Mittelgebirge irgendwo auf einen Hinweis trifft, dass Johann Wolfgang von Goethe auch vor Ort gewesen war, dann spricht das meistens für eine Sehenswürdigkeit, die mit Felsen und Gestein zu tun hat sowie eine schöne Aussicht bietet.

So auch in diesem Fall, wenn wir auf dem Acker unterwegs sind. Auch hier sind Harz-Erfahrene übrigens schon vorgewarnt und ahnen bereits, dass mit Acker kein landwirtschaftliches Feld gemeint ist. Vielmehr handelt es sich wieder einmal um eine geografische Bezeichnung innerhalb des Harzes. »Auf dem Acker«, so lautet der komplette Name eines Bergrückens. Er erstreckt sich mit zahlreichen Klippen und Felsen zwischen den Tälern der Söse und der Sieber. Wo genau Goethe seine Wanderung hinauf auf den Acker begann, ist nicht bekannt. Es war jedoch ein warmer Sommertag, dieser 14. August 1784, als der Dichter und For-

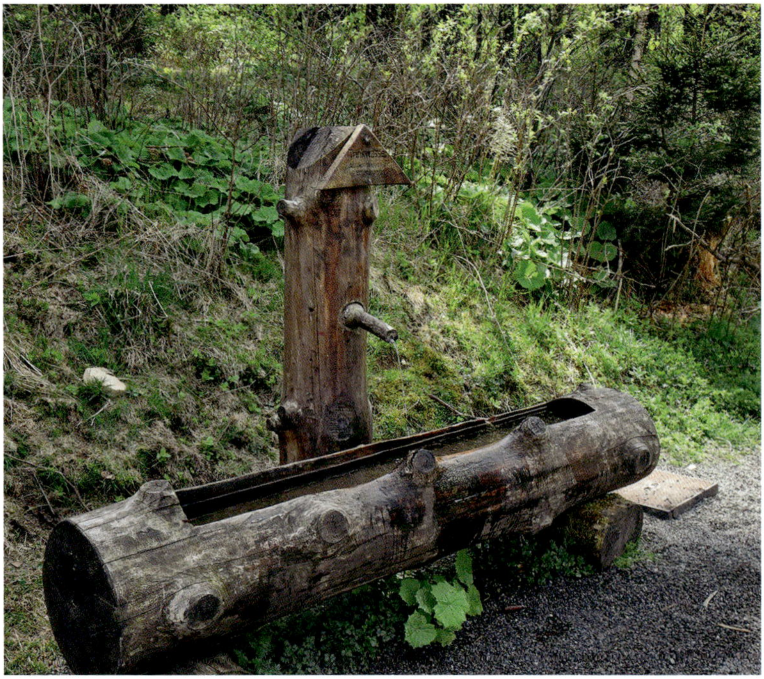

Brunnen am Wegesrand

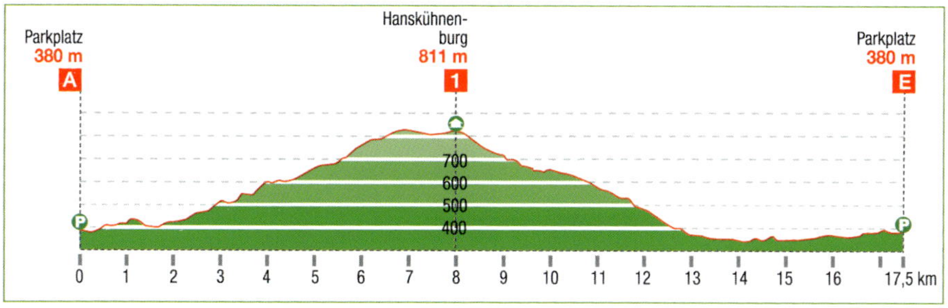

scher im Rahmen seiner dritten und letzten Harzreise aufbrach, die Hanskühnenburg zu besuchen.

Machen wir es ihm gleich und starten unsere Wanderung auf dem kleinen Ⓐ **Schotterparkplatz** in Riefensbeek-Kamschlacken. Zu Goethes Zeiten gab es die Christus-Kapelle noch nicht, die wir gleich zu Beginn der Tour passieren. Sie wurde am dritten Adventssonntag des Jahres 1966 geweiht und ersetzt seitdem die alte Kapelle des Ortes, die bis dahin im Obergeschoss der örtlichen Schule untergebracht war. Folgen wir der Zufahrtsstraße hinab zur Hauptstraße und gehen nach rechts, wo wir die Söse zum ersten Mal überqueren. Der nicht ganz 40 Kilometer lange Fluss wird später in die Rhume münden und über Leine, Aller und Weser die Nordsee erreichen. Ein kurzes Stück bleiben wir im Sösetal und wandern halb links am Waldrand entlang, um den Ortsteil Kamschlacken zu umrunden. Am nördlichen Ende treffen wir wieder auf die Bundesstraße, folgen ihr rund 100 Meter nach links und biegen gleich nach rechts in Richtung Freibad ein.

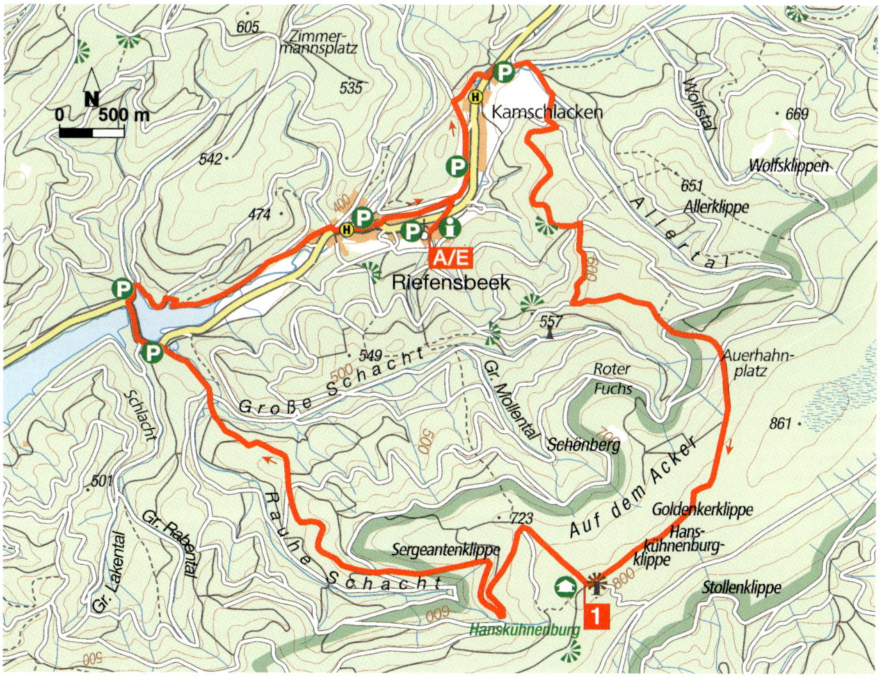

Damit beginnt nun der Aufstieg auf den Höhenrücken und wir steigen zunächst sanft in die Höhe. Momentan befinden wir uns auf rund 400 Metern Höhe, doch wenn wir an der Hanskühnenburg angekommen sind, wird sich die Höhenangabe verdoppelt haben. Am Waldbad vorbei blicken wir über eine weitläufige Weide in das Sösetal hinab und erreichen den Platz der Trakehner, wieder so ein interessanter

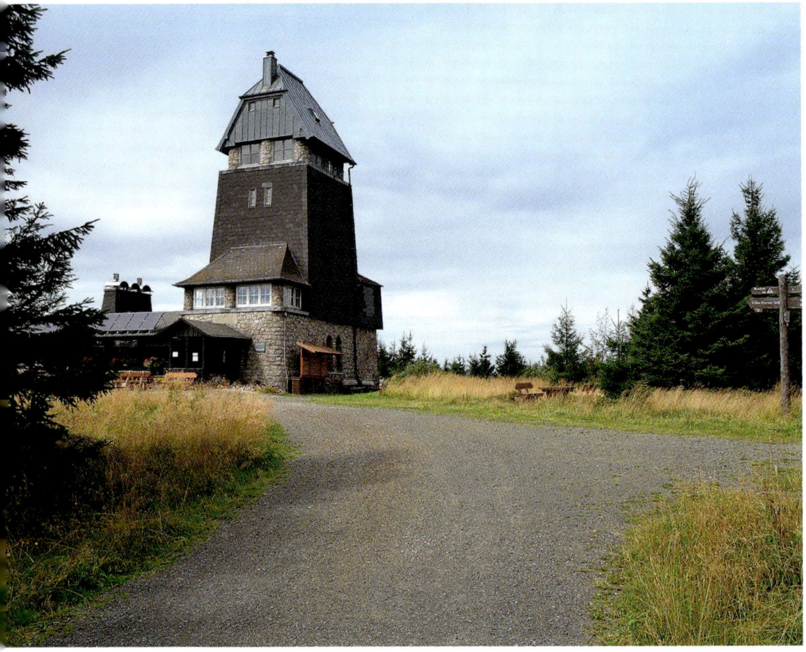

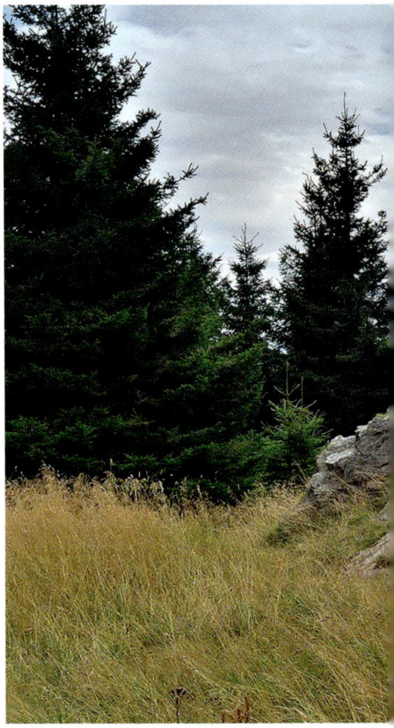

Links: Oben angekommen erreicht man die Hanskühnenburg.

Mitte und rechts: Diese Felsen bestaunte schon Goethe.

Ortsname in den Wäldern des Harzes. Wir gehen auf dem sogenannten Eleonoreweg weiter, der uns hinauf zum Eleonoreblick führt. An der gleichnamigen Schutzhütte sind wir mittlerweile auf über 520 Metern und genießen ebenfalls den Ausblick. Teilnehmer der Harzer Wandernadel freuen sich, hier einen der 222 Stempel erhalten zu können. Es wird nicht der letzte auf der Wanderung gewesen sein.

Kurz hinter der Schutzhütte zweigt der Bösenbergweg ab, den wir unbeachtet lassen. Erst danach biegen wir rechts auf einen schmaleren Weg ab, der uns nun mit einer deutlichen Steigung ins Schwitzen kommen lässt. Rund 70 Höhenmeter sind es bis zu einem breiteren Querweg, an dem wir links abbiegen und wenig später zum Auerhahnplatz gelangen. »2,2 km zur Hanskühnenburg«, so verrät es uns das Holzschild an der großen Kreuzung und wir begeben uns natürlich in diese Richtung. Mittlerweile sind wir nicht mehr alleine unterwegs. Unser Weg steigt nur noch sanft an, da wir uns auf dem Kammweg des Bergrückens befinden und zahlreiche andere Wanderer natürlich auch den Ausblick vom Acker genießen.

Ohne Umschweife wandern wir geradeaus und erreichen auf der rechten Seite die ersten eingangs versprochenen Klippen, die uns einen schönen Ausblick bieten. Knapp 700 Meter später folgen die Hanskühnenburgklippen, ebenfalls auf der rechten Seite und nicht mehr weit von der gleichnamigen ❶ **Hanskühnenburg** entfernt, wo wir uns in der Bergbaude mit einem kühlen Getränk erfrischen, die Aussicht vom Turm genießen und natürlich einen Blick auf die Erinnerungstafel an Goethes Besuch werfen. Hinter der Bergbaude machen wir uns nun im wahrsten Sinne des Wortes vom Acker, denn der Weg, der in den Wald führt, bringt uns auch gleichzei-

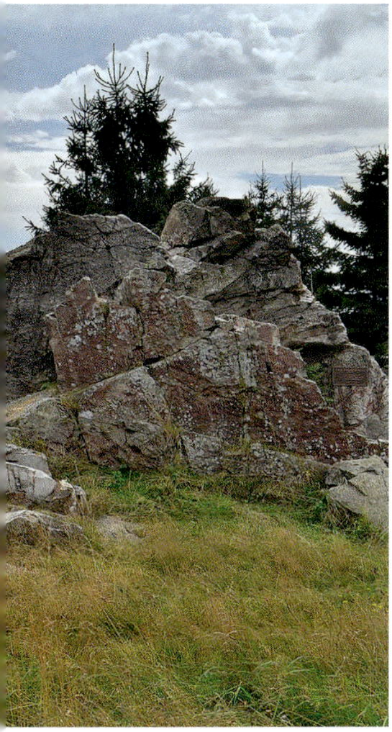

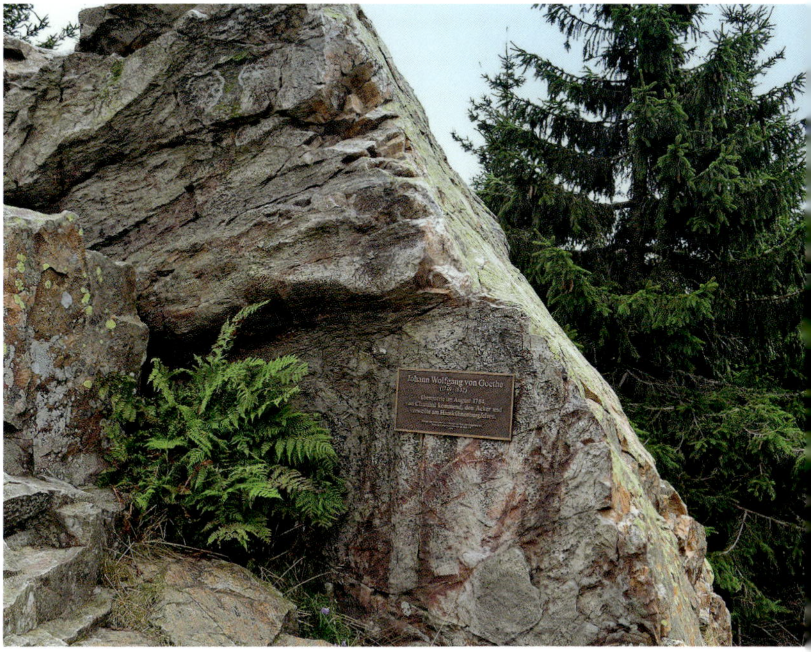

tig bergab. Nach rund 700 Metern wenden wir uns nach links, um wenig später gleich scharf nach rechts abzubiegen.

Wir bleiben stets bergab und gelangen am Ende des Abstiegs wieder zur Bundesstraße, wo sich gegenüber auf der anderen Straßenseite die Vorsperre der Sösetalsperre erstreckt. Um diese zu umrunden, gehen wir nach links und spazieren auf dem Staudamm zur Nordseite des Sees. Rechts der Blick über das schimmernde Wasser der Vorsperre, links das Sösetal, wo sich der Fluss in Richtung Westen erneut aufstaut und immer breiter wird. Diesen Anblick hat Goethe nicht gehabt. Zu seiner Zeit war die Söse ein kleiner Fluss, der ein malerisches Tal bildete. Die Talsperre wurde 1931 nach dreijähriger Bauzeit fertiggestellt. Am nördlichen Ende des Damms wenden wir uns nach rechts und wandern am Seeufer entlang und wenig später parallel zur Bundesstraße durch das Sösetal, bis wir wieder in Riefensbeek ankommen und den Ⓔ **Parkplatz** an der Kapelle erreichen.

Die Hanskühnenburg

Ende des 19. Jahrhunderts, also rund 100 Jahre, nachdem Goethe vor Ort gewesen war, baute der Harzklub einen ersten hölzernen Aussichtsturm und wenige Jahre später einen steinernen Turm. Der Tourismus findet heute mit Skilanglauf auf der Ackerloipe auch im Winter statt. So ist die Hanskühnenburg ganzjährig ein beliebter Treffpunkt für Wanderer und Wintersportler.

16

Wanderlust ohne Ende

Über den Borkenkäferpfad zu den Ilsefällen

Schwer | 21 km | 614 Hm | 7:30 Std.

Tourencharakter
Lange Wanderung, die aber gut zu begehen ist. Lediglich zu Beginn erfolgt ein Aufstieg auf die Höhen des Hochharzes. Unterwegs wandert man eine Zeit lang auf dem ehemaligen Kolonnenweg der DDR-Grenze und zum Schluss genießt man den Abstieg durch das Ilsetal.

Ausgangs-/Endpunkt
Parkplatz in Ilsenburg im Ilsetal (GPS: 51.854301, 10.671099)

Anfahrt
Auto: Über die Autobahn 36 bis zur Ausfahrt Ilsenburg, dort der Beschilderung zum Ilsetal bzw. zum Wohnmobilstellplatz folgen. Der Parkplatz befindet sich auf der linken Seite gegenüber den Wohnmobilen. **Bus:** Mit dem Bus 288 bis zur Haltestelle Kurpark.

Einkehr
In der Rangerstation Scharfenstein

Karte
Karte der Harzer Wandernadel, Blatt 2, 1:50 000, über http://shop.harzer-wandernadel.de

Tourismusinformation
Tourismus GmbH Ilsenburg, Marktplatz 1, 38871 Ilsenburg, Tel. 039452/19433, www.ilsenburg-tourismus.de

Sonstiges
Stempelstellen 5 (Froschfelsen), 4 (Taubenklippe), 3 (Kruzifix), 2 (Scharfenstein), 8 (Stempelsbuche) und 6 (Bremer Hütte)

Wenn man eine Wanderung sucht, die zwar lang ist und als ausgiebige Tageswanderung bezeichnet werden kann, und man dennoch nicht aufhören möchte zu wandern, dann ist man im Hochharz südlich von Ilsenburg völlig richtig. Und Stempelsammler können hier so richtig abräumen!

»Dieser Weg ist gesperrt«, sagt uns das Wanderpärchen, als wir gerade losgehen wollen. Das fängt ja gut an, denken wir und planen um, doch werden wir gleich darauf hingewiesen, dass der Borkenkäferpfad nur verlegt wurde. Also alles noch machbar. Noch vor einiger Zeit verlief der Borkenkäferpfad nämlich anstrengend und dennoch schön über einen Serpentinenweg vom Ilsetal hinauf zum 544 Meter hohen Meineberg. Na gut, das ist dann derzeit nicht möglich, soll aber irgendwann wieder funktionieren. Grund hierfür ist paradoxerweise der Borkenkäferpfad

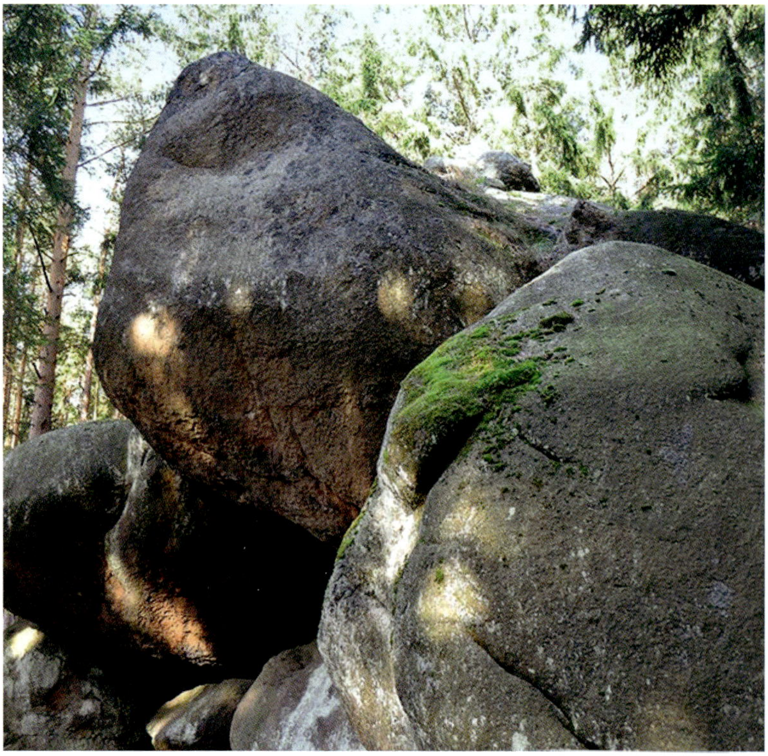

Der Froschfelsen wird während der Tour passiert.

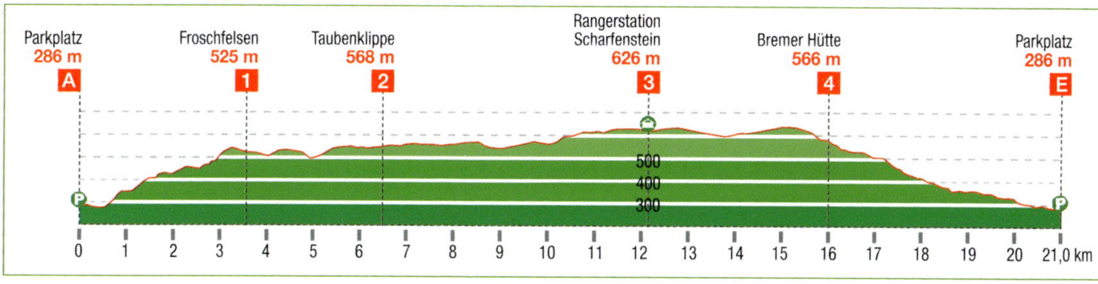

selber. Denn durch den Borkenkäfer, der auf dem Lehrpfad erklärt wird, sind viele Bäume abgestorben oder morsch, drohen umzustürzen oder wenigstens Äste zu verlieren. Dieser Gefahr wollen wir uns natürlich nicht aussetzen und nehmen selbstverständlich den kleinen harmlosen Umweg in Kauf, der zurzeit ganz offiziell als Borkenkäferpfad bezeichnet wird.

Vorbei am Wohnmobilstellplatz lassen wir den Ⓐ **Parkplatz** in Ilseburg und das Ilsetal hinter uns und begeben uns in die Höhe. An mehreren Informationstafeln, die uns das zerstörerische Werk des Borkenkäfers und dessen Folgen erläutern, gehen wir vorbei und erreichen nach einiger Zeit den Buchberg, wo wir dem Rundweg des Borkenkäferpfads folgen und bald schon wieder zum Ausgangspunkt zurückkehren können. Aber dies wollen wir ja gar nicht. Jetzt sind wir schon einmal oberhalb des Tals, da möchten wir uns doch gleich auf die Wanderwege durch den Hochharz

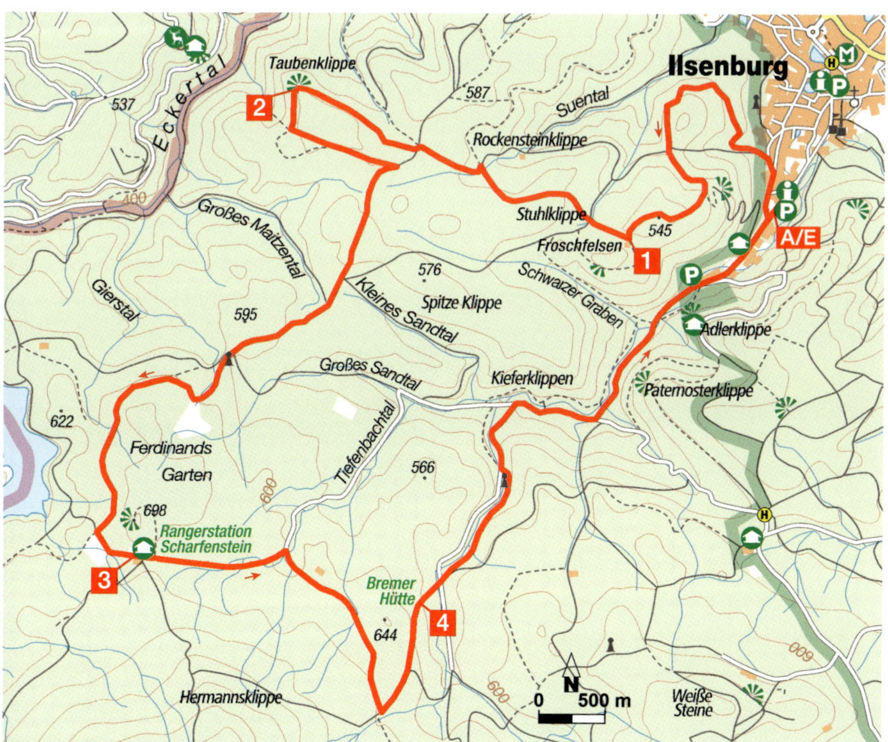

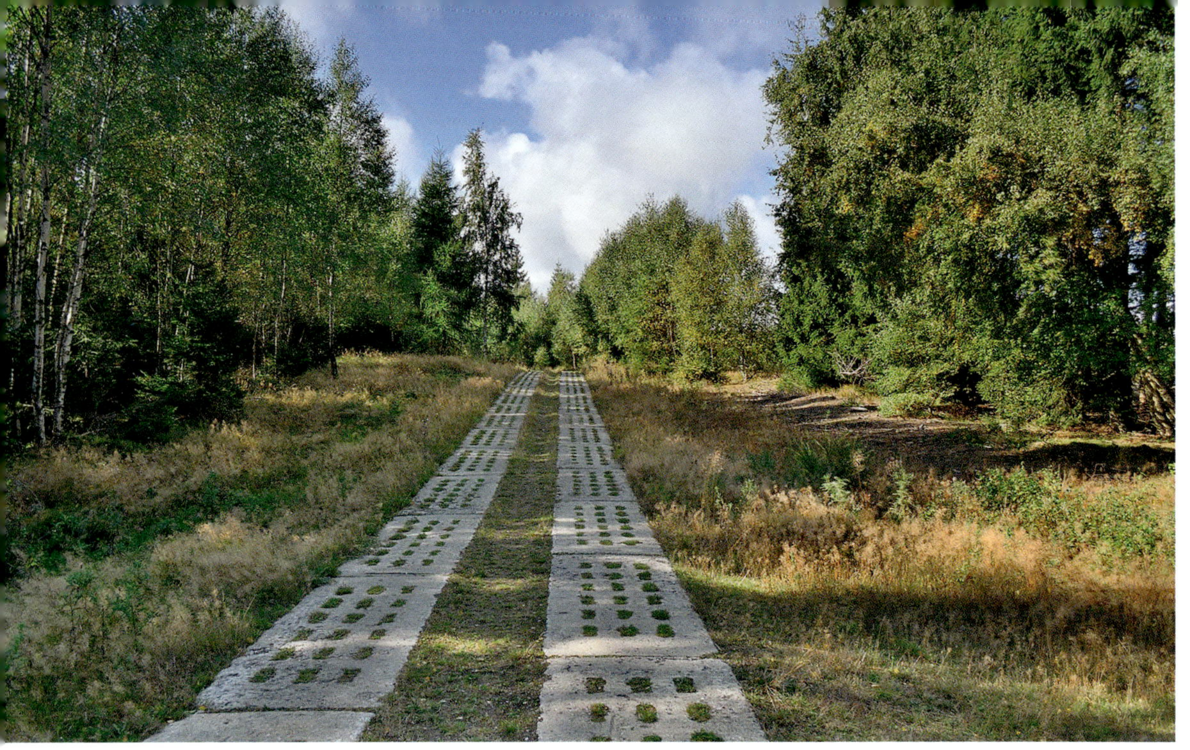

stürzen. An einer Kreuzung mit Schutzhütte entscheiden wir uns für den südöstlichen Abzweig in Richtung Froschfelsen und passieren dabei den Punkt, an dem wir nach Bewältigung des Serpentinenwegs herausgekommen wären. Wir genießen für einen Moment den Ausblick über Ilsenburg hinweg und tauchen in den wieder dichter werdenden Wald hinein, wo uns schon bald ein Findling erwartet, der verdientermaßen aufgrund seiner Form als ❶ **Froschfelsen** bezeichnet wird. Sammler der Harzer Wandernadel erhalten hier ihren ersten von einem halben Dutzend Stempeln an diesem Tag.

Vor der Schutzhütte wenden wir uns dann nach rechts und erreichen einen breiten Querweg. Wir überqueren ihn bloß und wandern gleich dahinter deutlich bergauf. Wenig später halten wir uns an einer Gabelung halb rechts und gelangen kurz darauf zu einer Kreuzung, an der wir wiederum nach links abbiegen. Nach einer Rechtskurve ist der Weg fast gerade und führt uns leicht bergauf zur sogenannten Württemberger Bank. Sie steht dort, wo einst die Grenzsoldaten der DDR patrouillierten. Wo einst ein Erreichen dieses Platzes niemals möglich gewesen war, gehen wir nun unbekümmert geradeaus und wechseln von Sachsen-Anhalt nach Niedersachsen hinüber. Rund einen Kilometer sind wir unterwegs, müssen dabei kaum Höhenmeter überwinden und erreichen so recht einfach die ❷ **Taubenklippe** oberhalb des Eckertals. Neben der zweiten Stempel-

Der Borkenkäfer

Die Spuren eines Borkenkäfers sind im Holz der Bäume ziemlich gut erkennbar. Denn er bildet viele kleine Gänge, in denen die Larven brüten können. Dabei ernährt er sich von den saftführenden Schichten des Baumes und kann diesen zum Absterben bringen. Durch Borkenkäfer sind ganze Waldgebiete gefährdet, auch wenn die Schäden nicht von Dauer sind.

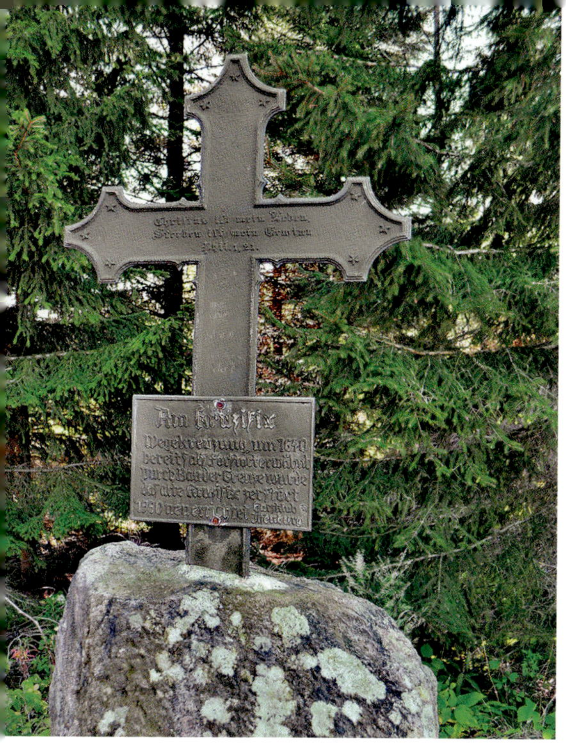

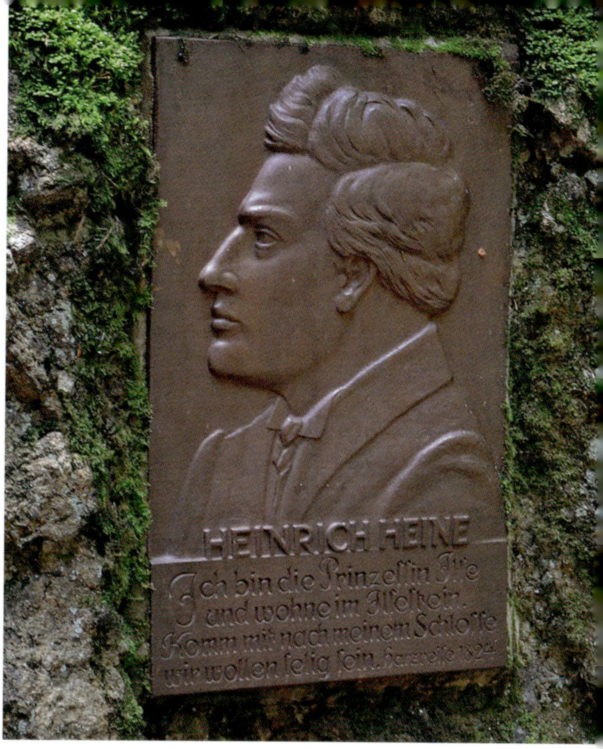

stelle gibt es hier wieder einen schönen Aussichtspunkt, von dem aus wir auf die weite Ebene des nördlichen Harzvorlandes blicken.

Nach der Kurve an der Taubenklippe biegen wir wenig später an der ersten Möglichkeit links ab. Auch hier können wir geradezu spüren, wie sich der Borkenkäfer durch das Holz der Bäume nagt. Es werden noch einige Jahre vergehen, bis an dieser Stelle wieder dichter Wald gewachsen sein wird. So ein Schaden im Wald ist eben nicht von Dauer, genauso wenig wie es die DDR war. Wir erinnern uns wieder an die Zeit der deutschen Teilung, wenn wir erneut auf den einstigen Kolonnenweg treffen und diesem nach rechts folgen. Das Wandern auf den Lochplatten ist nicht wirklich zu empfehlen. Die Löcher befinden sich in einem Abstand, bei dem man gelegentlich damit rechnen muss, mit dem Fuß umzuknicken. Aber dafür waren die Betonplatten eben auch nicht gemacht.

Zwischen den beiden Plattenreihen geht es auf dem Trampelpfad weiter und wir genießen die Wanderung, die uns am Picknickplatz Ernstburg vorbeiführt und uns zur Schutzhütte am Kruzifix bringt. Das metallene Kreuz an diesem Platz wurde nach der Deutschen Einheit angebracht und ersetzt seither ein Kreuz, das bereits im 17. Jahrhundert aufgestellt, aber bei der Grenzziehung zerstört wurde. Die Hälfte der Stempel haben wir für heute und verlassen an dieser Stelle den ehemaligen Grenzweg. Halb links bringt uns ein schmaler Weg leicht bergauf über eine baumlose Landschaft, bis wir nach einiger Zeit am ehemaligen Viehhof Scharfenstein ankommen. Auf dem Weg dorthin könnten wir einen der rechten Abzweige nutzen, um zur nahe gelegenen Eckertalsperre hinabzusteigen. Doch wir bleiben am Scharfenstein, der vom 15. bis zum 19. Jahrhundert als Viehweide genutzt wurde. Dem

Links: Der einstige Grenzweg dient heute als Wanderweg.

Mitte: Eine Wegmarke ist das Kruzifix auf einem Findling.

Rechts: Heinrich Heine wanderte gerne durch das Ilsetal.

Hof folgte ein Forsthaus und diesem eine Gaststätte. Nach der deutschen Teilung wurde auf dem Areal eine Kaserne errichtet, die mittlerweile durch die ❸ **Rangerstation Scharfenstein** ersetzt wurde und uns Wanderern eine idyllische Rastmöglichkeit bietet.

Während der Pause können wir natürlich ab der Rangerstation einen kurzen Abstecher links in den Wald machen, wo die Scharfensteinklippen ebenfalls ein tolles Panorama ermöglichen. Dem breiten Forstweg namens Kegelbahn folgen wir durch den Wald bis zu einem Querweg, an dem wir rechts abbiegen und nach weiteren eineinhalb Kilometern an der Stempelsbuche ankommen. Von der Buche, die dem Platz ihren Namen lieh, ist heute nichts mehr zu sehen, doch einen Stempel erhalten wir hier dennoch. Nach dem Stempelkasten an der Rangerstation ist dies der mittlerweile fünfte auf der Tour. Wir wenden uns nach links und gehen keine 400 Meter, bis der breite Waldweg eine Rechtskurve beschreibt. Hier halten wir uns aber lieber halb links und wandern auf dem Bremerweg über Stock und Stein deutlich bergab.

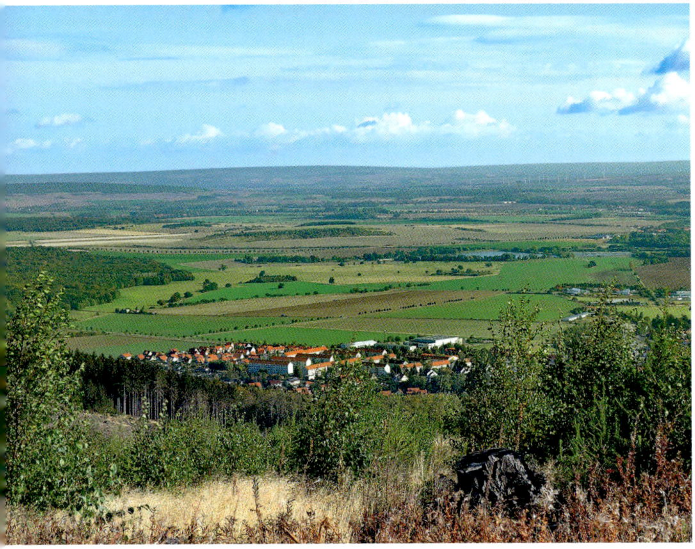

Tolle Fernblicke in das nördliche Harzvorland gewährt der Wanderweg.

Er entpuppt sich als wunderbarer Pfad, wie man sich einen Wanderweg nur wünschen kann. Im dichten Wald gelangen wir auf dem Weg zur Bremer Hütte, wo wir auf die Ilse treffen. Die Ilse ist ziemlich redselig und hört gar nicht mehr auf, sich zu verständigen – ob man ihr nun zuhört oder nicht. Aber wir mögen es, das leise Plätschern des Flusses Ilse. Während die Ilse also leise vor sich hinblubbert, holen wir uns schnell den letzten Stempel an der ❹ **Bremer Hütte** und haben das halbe Dutzend voll. Es wird also Zeit, um langsam zum Ausgangspunkt zurückzukommen. Wir nehmen die Ilse im wahrsten Sinne des Wortes in unsere Mitte auf – und das können wir wirklich, denn rechts und links des schmalen Wasserlaufs gibt es jeweils einen Wanderpfad – und begleiten sie bergab durch das Ilsetal. Unterwegs beeindruckt uns Ilse noch mit ein paar akrobatischen Kunststücken, denn ihr Wasser plätschert wild und ausgelassen über zahlreiche Felsbrocken und bildet die Ilsefälle. Damit konnte sie schon Heinrich Heine beeindrucken, der durch das Ilsetal wanderte und nach dem der Weg am Ufer mittlerweile benannt wurde.

Wir passieren noch eine weitere Schutzhütte und den Zantherplatz, bevor wir kurz vor unserem Ziel wieder auf einen befestigten Weg stoßen und nur noch wenige Augenblicke vom Endpunkt unserer Wanderung in Ⓔ **Ilsenburg** entfernt sind. Eine lange Tour, die uns viel Abwechslung bot, aber dennoch wenige steile Anstiege von uns forderte.

Rechts: Die Ilse bahnt sich ihren Weg durch ihr Tal.

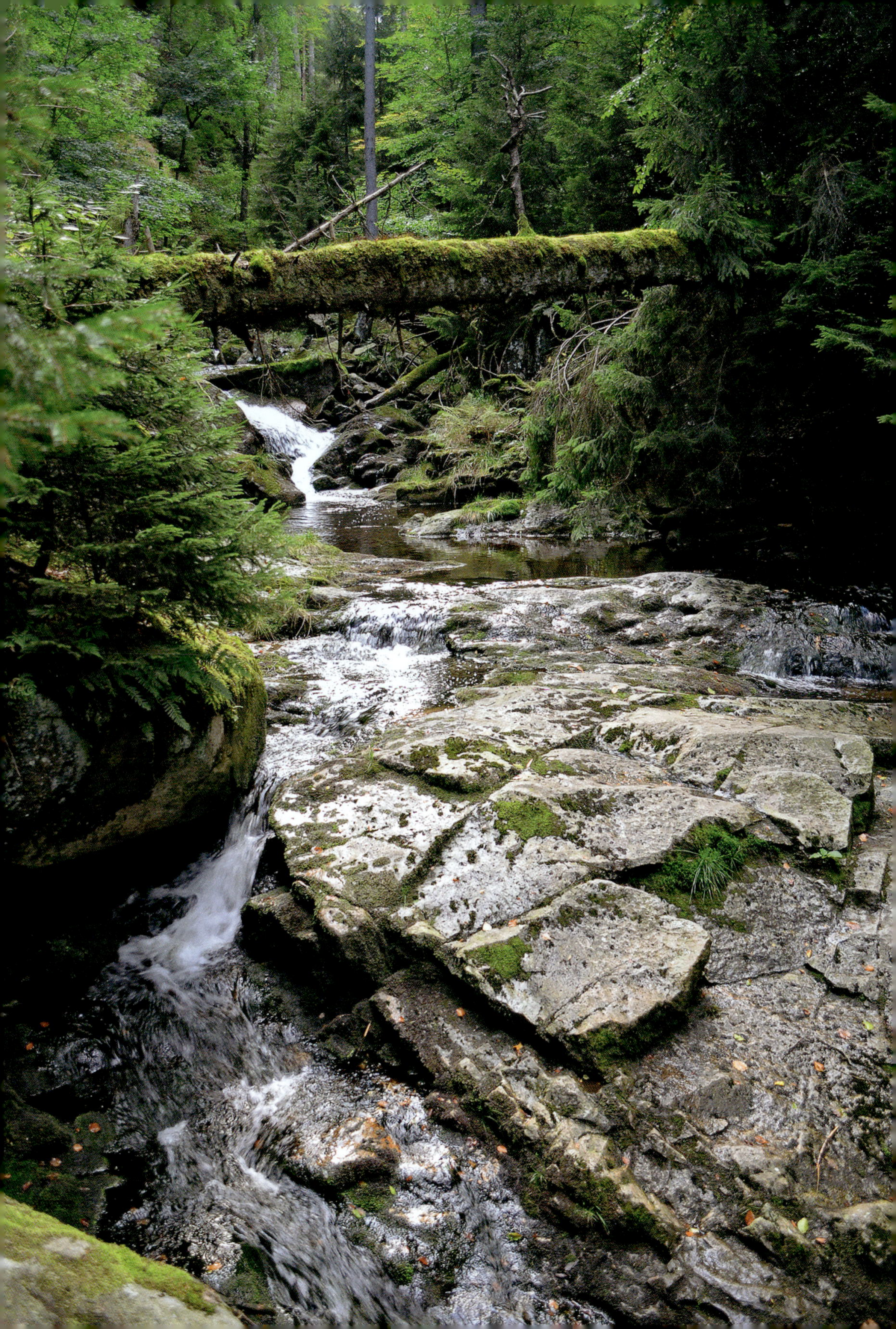

17

Moorwanderung im Nationalpark

Rund um das Torfhaus

Mittel | 12 km | 331 Hm | 4:00 Std.

Tourencharakter
Sehr einfache Wanderung und kaum Anstiege; Abkürzungen sind möglich. Der schönste Teil der Tour zeigt sich aber in der zweiten Hälfte, wenn man das Torfhausmoor erreicht hat und parallel zum Abbegraben auf dem Goetheweg wandert.

Ausgangs-/Endpunkt
Großparkplatz am Torfhaus (GPS: 51.803299, 10.536459) an der Bundesstraße 4, alternativ kann man auch an der Landstraße zwischen Torfhaus und Altenau kostenlos parken (GPS: 51.797957, 10.531937), wo man ohnehin während der Wanderung vorbeikommt.

Anfahrt
Auto: Ab Bad Harzburg oder Braunlage über die Bundesstraße 4 bis Torfhaus. **Bus:** Mit dem Bus 820 bis Torfhaus.

Einkehr
Mehrere Einkehrmöglichkeiten rund um das Nationalparkzentrum in Torfhaus

Karte
Karte der Harzer Wandernadel, Blatt 1 und 2, 1:50 000, über http://shop.harzer-wandernadel.de

Tourismusinformation
Touristinformation, Torfhaus, Alte Torfhausstraße 1, 38667 Torfhaus, Tel. 05320/2290444, www.oberharz.de

Sonstiges
Stempelstelle 221 (Jungfernklippe)

Der höchste Punkt des Harzes ist bekanntlich der Brocken, doch das Zentrum des Nationalparks ist zweifellos die kleine Siedlung namens Torfhaus. Es handelt sich um die höchstgelegene Siedlung von Niedersachsen, die Ausgangspunkt für zahlreiche Wandertouren im Hochharz ist.

Doch anstatt ab Torfhaus auf den Brocken zu wandern, der über einen schönen Wanderweg relativ gut zu erreichen ist, wollen wir auf dieser Tour lieber einmal rund um Torfhaus wandern und unter anderem die Hochmoore erkunden. Bevor wir aufbrechen, werfen wir schnell noch einen Blick in unser Stempelheft der Harzer Wandernadel und überprüfen, ob wir nicht mittlerweile eine Auszeichnung erhalten. Ein Durchzählen kann sich lohnen, vielleicht sind wir ja schon Harzer Wanderkönig oder haben wenigstens das goldene Abzeichen erreicht. Denn hier in Torfhaus erhalten wir unsere Auszeichnungen und können diese auch an einem Sonntag oder Feiertag erwerben, während das Büro der Harzer

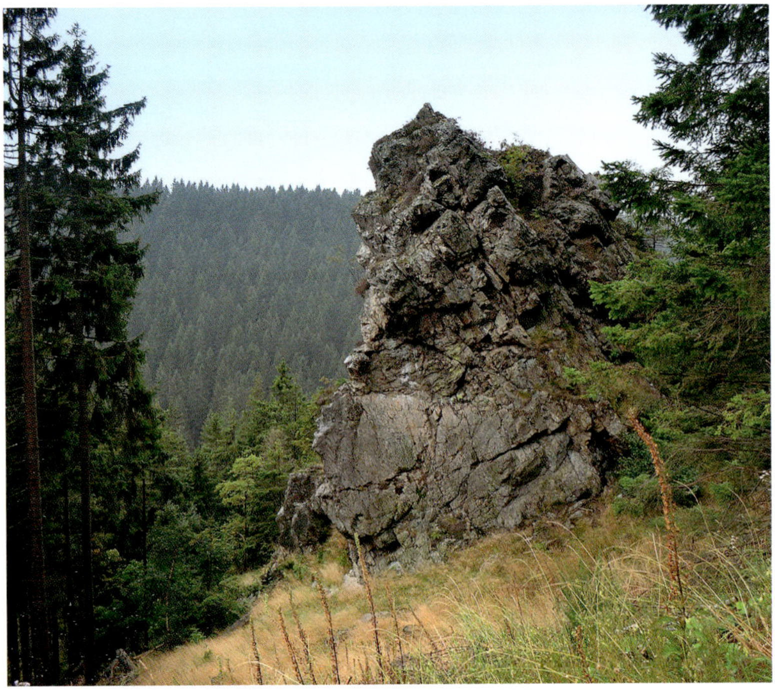

Auf dem Weg passiert man die Jungfernklippe.

Wandernadel nämlich an diesen Tagen geschlossen hat. Und wenn wir schon mal im Verkaufsraum des großen, bekannten Outdoorausrüsters sind, können wir uns ja auch mal umschauen, ob wir nicht neue Wanderschuhe oder Trekkingstöcke gebrauchen können.

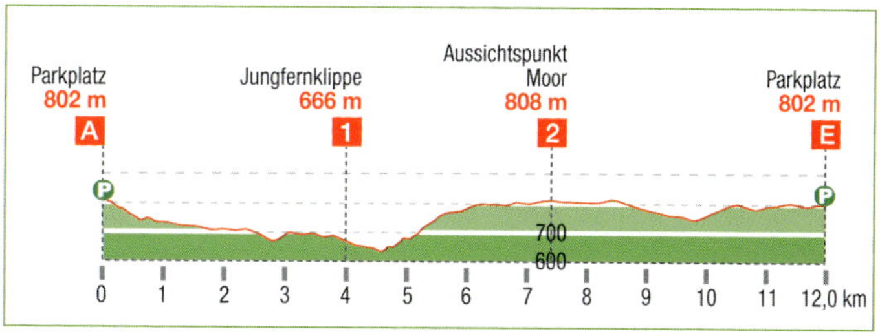

Überhaupt ist hier eine ganze Menge los. Das zeigt sich schon an der Größe des Ⓐ **Besucherparkplatzes** auf der gegenüberliegenden Straßenseite der Bundesstraße 4. Gleich daneben schließen sich mehrere Einkehrmöglichkeiten an, bei denen man sich namentlich im Hochgebirge wähnt. Dazwischen das Nationalparkdenkmal, gleich hinter dem kleinen Besucherzentrum des Nationalparks. Hier gibt es zudem einen schönen Aussichtspunkt auf den Brocken und den Einstieg in den Wanderweg zum höchsten Berg des Harzes. Auch

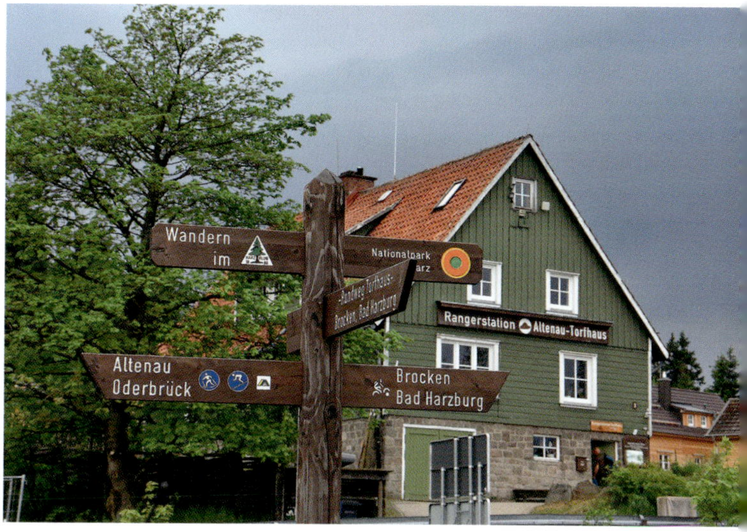

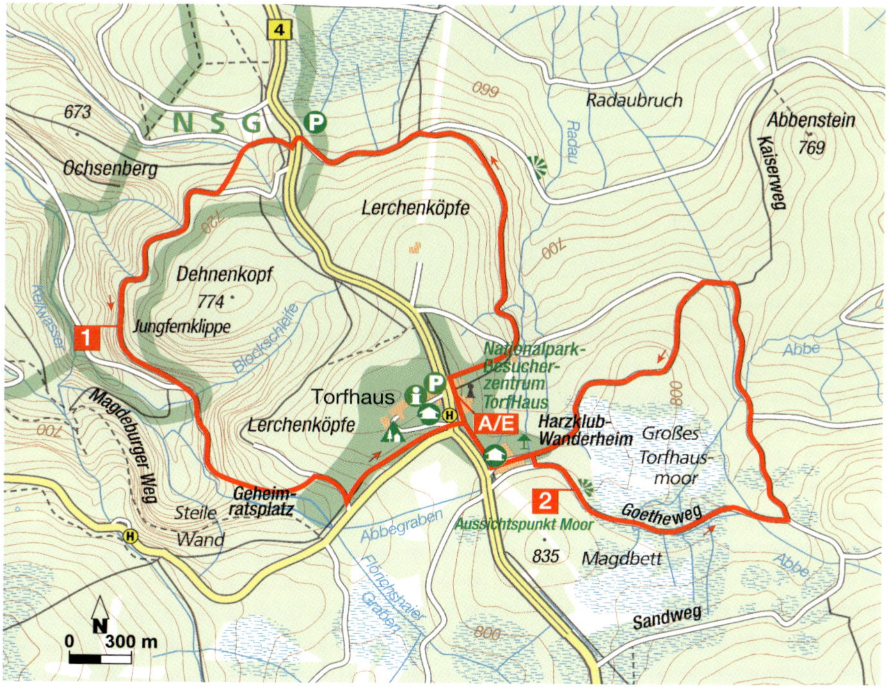

Ausgangspunkt ist das Nationalparkzentrum Torfhaus.

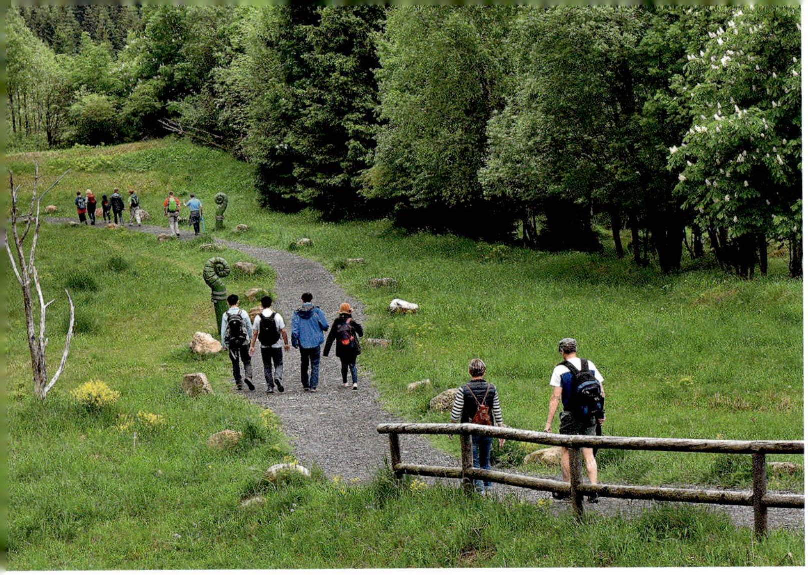

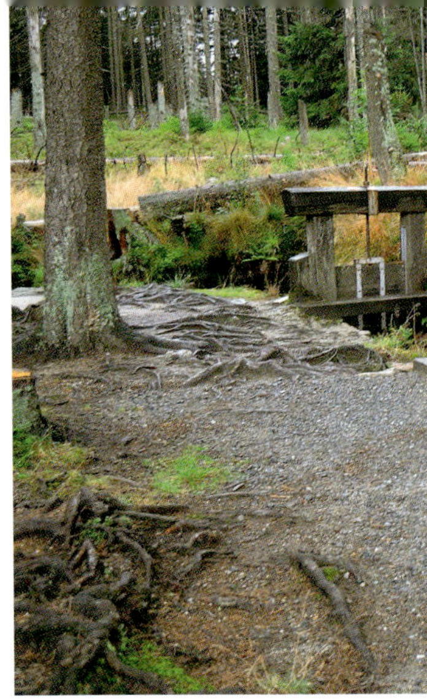

Links: Wanderer auf dem Weg zum Brocken

Mitte: Wanderung direkt neben einem schmalen Wassergraben

Rechts: In der Moorlandschaft wandert man auch auf Holzbohlen.

wenn wir heute keine Brockenbesteigung vorhaben, so folgen wir dem Weg östlich leicht bergab an den holzgeschnitzten Skulpturen vorbei und erreichen nach kurzer Zeit eine größere Wegkreuzung. Am unteren Ende des Rodelhangs, der am Torfhaus beginnt, wenden wir uns an der zweiten Möglichkeit nach links und lassen die Brockenwanderer alleine auf ihrem Weg. Wir wandern sanft bergab und haben immer wieder mal einen freien Blick auf den Berg, der sich halb rechts hinter uns erhebt.

Doch wir wandern stetig bergab und beschreiben dabei eine weite Linkskurve, die uns schon bald westwärts wieder zur Bundesstraße 4 bringt. Diese überqueren wir natürlich mit Vorsicht und werfen dabei auch einen Blick nach links auf die aufwärtsführende Schnellstraße. Gut 100 Höhenmeter sind es, die wir hier mittlerweile unterhalb von Torfhaus sind. Geradeaus biegen wir nach knapp 200 Metern links auf den Forstweg ab, wenden uns an einem Querweg nach rechts und wandern für einige Zeit in etwa gleichbleibender Höhe an der Westflanke des Dehnenkopfes entlang, während wir zu unserer Rechten in ein breites, bewaldetes Tal blicken können. Nach einiger Zeit oberhalb des Kellwassertals gelangen wir zur ❶ **Jungfernklippe**, einem aufragenden Felsmassiv, wo wir mal wieder einen weiteren Stempel in unser Heft eintragen können.

Unser Weg verliert mittlerweile leicht an Höhe, weil dieser langfristig in das Tal hinabführt. Daher verlassen wir den breiten Weg und gehen in einer Serpentinenkurve halb links weiter. Der Weg wird schmaler und gewinnt wieder an Höhe. Nach einiger Zeit überqueren wir eine Abfahrtspiste und gelangen kurz darauf zu einer Landstraße, vor der sich linker Hand ein Parkplatz befindet. Wir überqueren den Parkplatz nach links und folgen dem Aufstieg parallel zur Straße, um bald wieder die Bundesstraße 4 zu überqueren. Hier wird es wieder belebter, denn auf der linken Seite sehen wir Torfhaus wieder. Da wir unsere Wanderung natürlich noch nicht beenden wollen, gehen wir nach Überquerung der Bundesstraße nach rechts und folgen wenig später dem Goetheweg nach links an mehreren Gebäuden vorbei. Gegen-

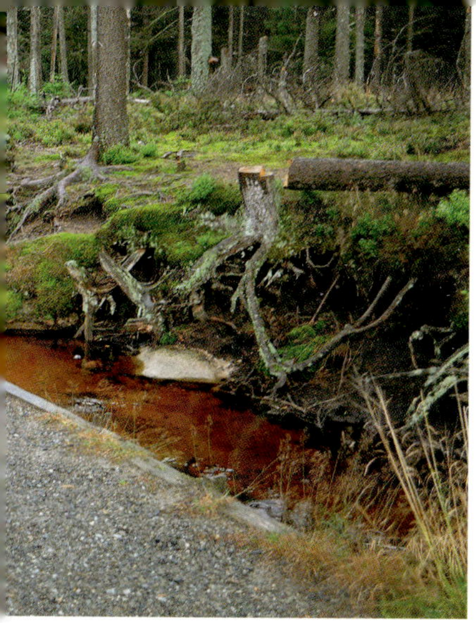

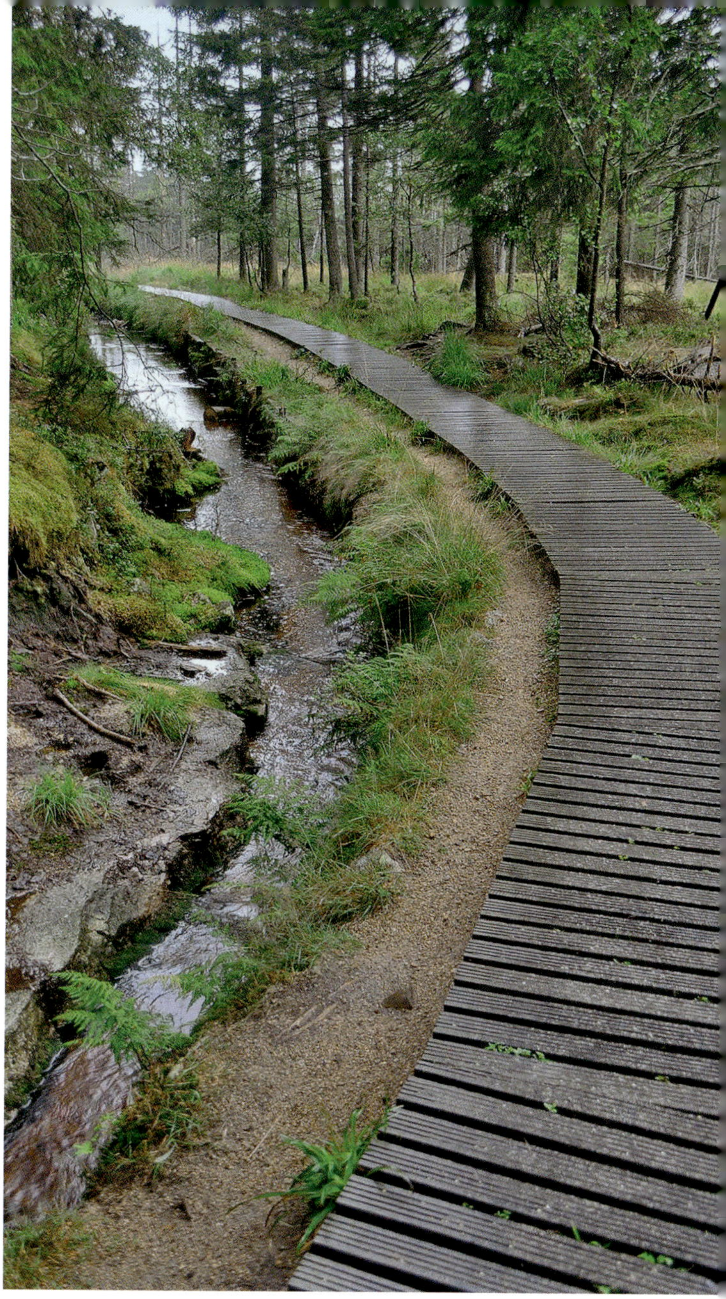

über dem letzten Holzhaus zweigt der Goetheweg halb rechts ab und bringt uns teilweise über Holzstege durch den Wald und zum Torfhausmoor.

Die Sitzbänke an den Holzstegen bieten uns einen wunderbaren ❷ **Aussichtspunkt** über die weite Moorlandschaft, hinter der sich am Horizont die flache Kuppe des Brockens abzeichnet. Nach der genussvollen Pause wandern wir weiter auf dem Goetheweg, der uns am schmalen Abbegraben malerisch entlangführt. Durch die Nähe zu Torfhaus und die fehlende Steigung am Abbegraben sind wir natürlich nicht alleine unterwegs. Zu Goethes Zeiten wird das wohl anders gewesen sein. Etwas ruhiger wird es wieder an der nächsten Kreuzung, wo wir auf den Kaiserweg treffen und diesem nach links folgen. An mehreren Picknickplätzen kommen wir vorbei und entscheiden uns an einer Gabelung halb rechts für den Schubensteinweg, der uns wieder zum Nationalparkhaus zurückbringt. Halb links auf dem Torfmoorweg können wir auch wieder zurück und kommen später wieder am Ⓔ **Parkplatz** an der Bundesstraße 4 aus.

Der Goetheweg

Der Dichter Johann Wolfgang von Goethe war dreimal im Harz. Nach ihm ist der rund acht Kilometer lange Wanderweg von Torfhaus hinauf zum Brocken benannt. Goethe soll diesen Weg mithilfe eines Führers begangen haben, wobei der exakte Wegverlauf unbekannt ist. Heute sind pro Jahr fast eine Viertelmillion Menschen auf Goethes Spuren bis zum höchsten Berg des Harzes unterwegs.

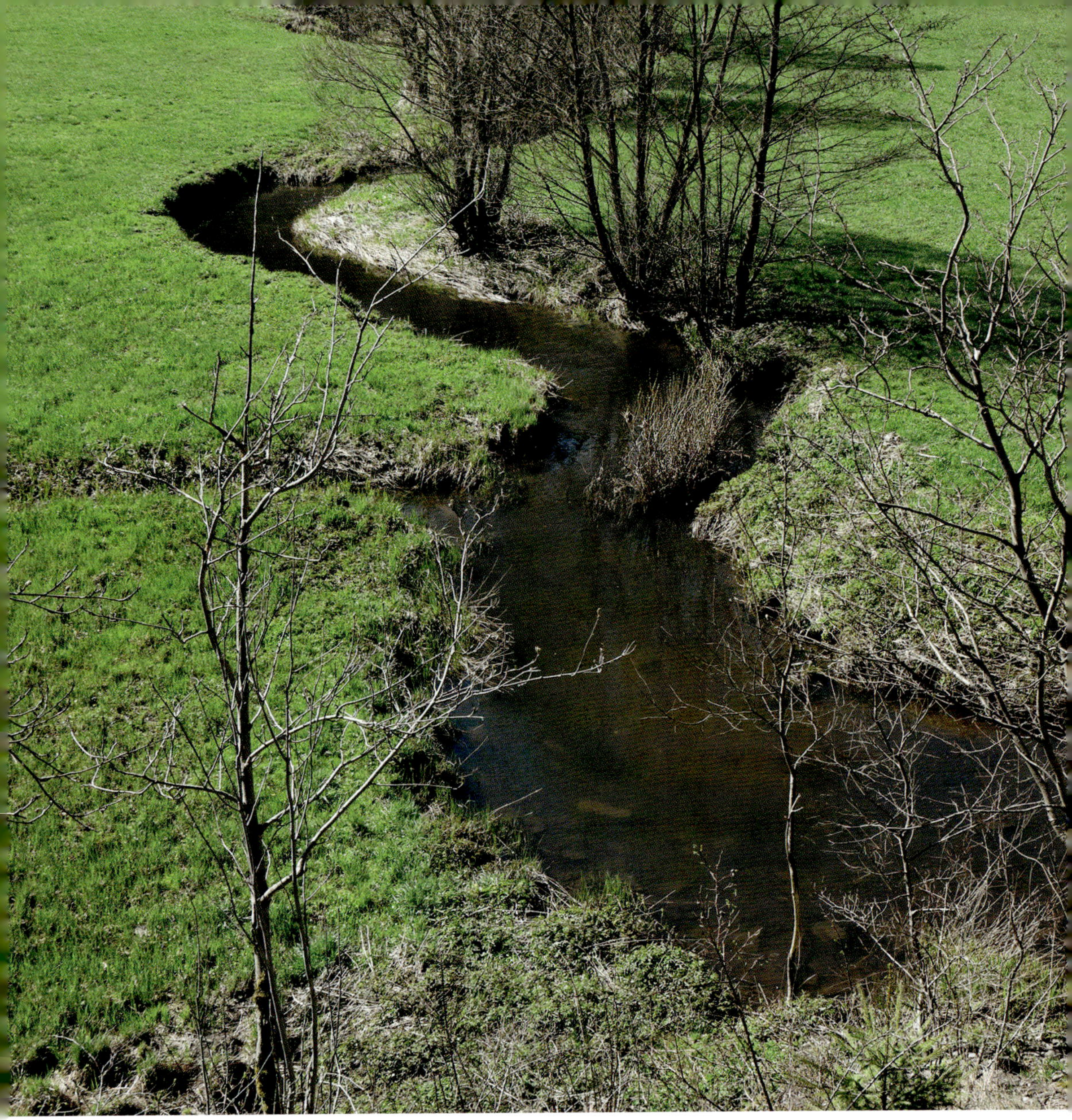

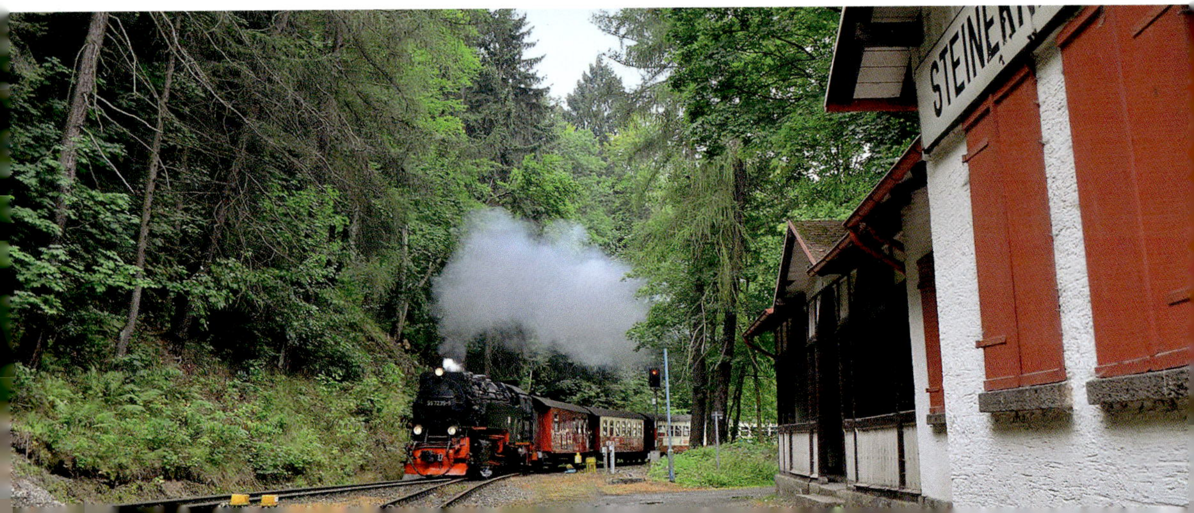

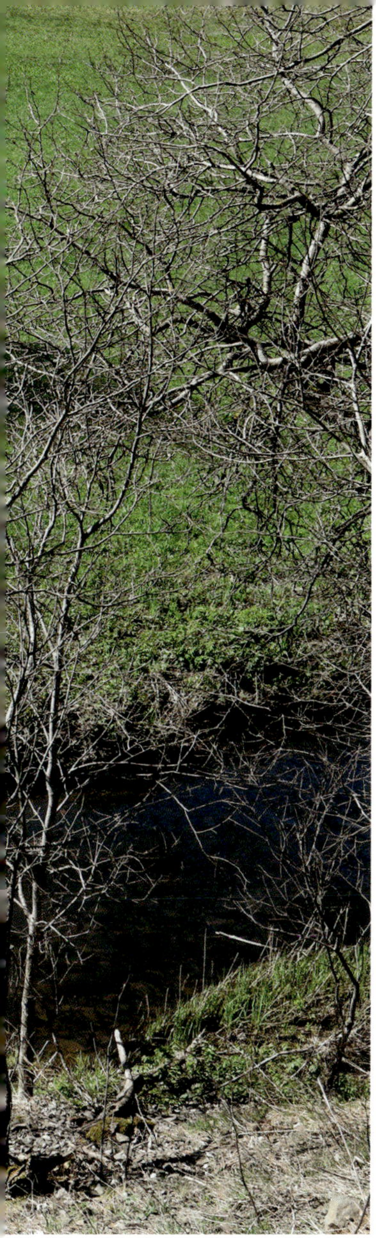

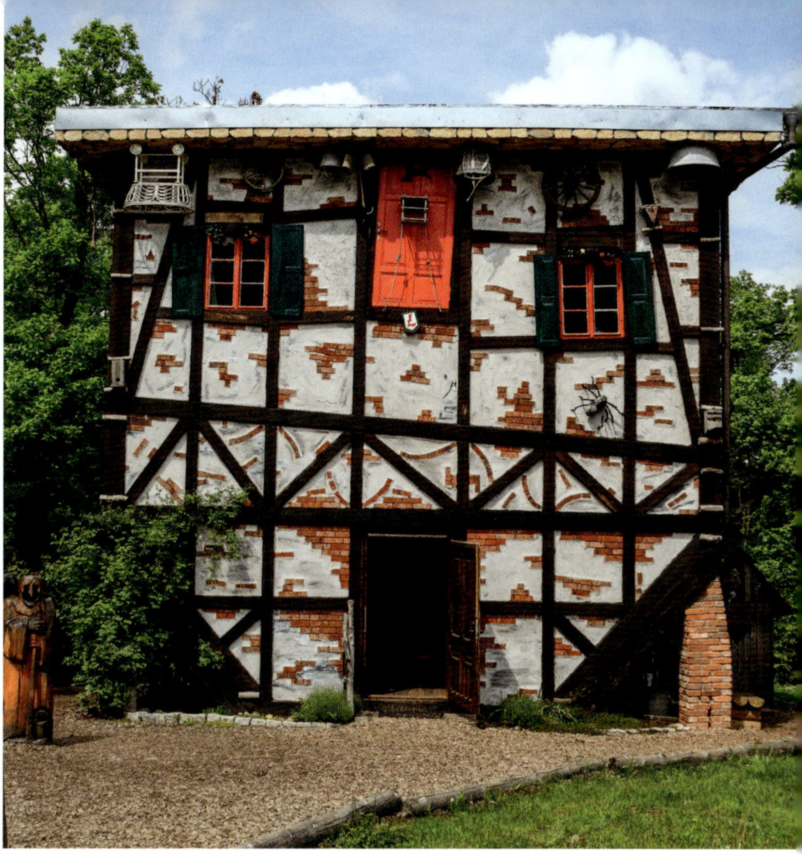

Ostharz

Malerisch schlängelt sich die Rappbode durch die Auen (o. li.). Im Hexenhaus am Hexentanzplatz steht alles auf dem Kopf (o. re.). Ehemaliger Grenzpfosten steht heute einsam im Wald (u. re.). Die Harzer Schmalspurbahn hält am Bahnhof Steinerne Renne (u. li.).

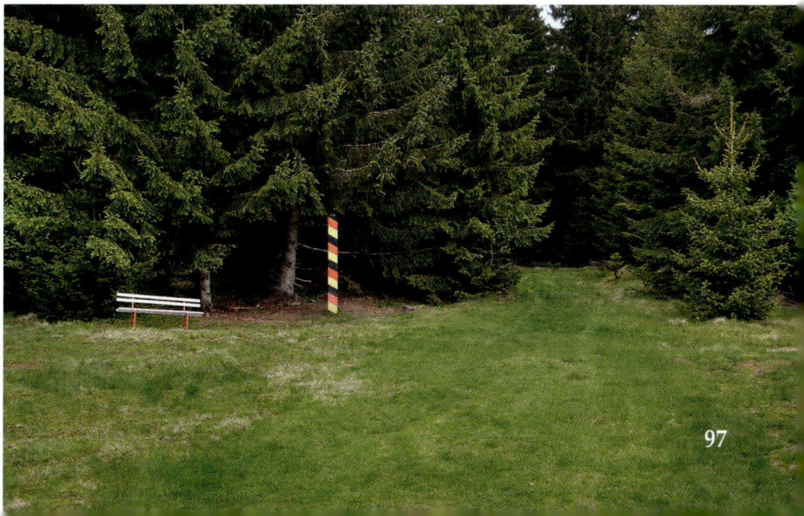

18

Zum Pferdchen in Zorge

Gemütliche Waldwanderung mit Ausblicken

Mittel 11 km 416 Hm 3:30 Std.

Tourencharakter
Einfache Wanderung durch den Wald, lediglich zu Beginn der Tour ein deutlicher und knackiger Aufstieg, der aber auch mit einem kleinen Umweg entschärft werden kann. Wunderschöner Aussichtspunkt am Pferdchen-Pavillon mit Blick auf das Tal der Zorge und die gleichnamige Ortschaft.

Ausgangs-/Endpunkt
Touristinformation von Zorge, schräg gegenüber vom Parkplatz in der Straße Am Kurpark (GPS: 51.636638, 10.633450)

Anfahrt
Auto: Auf der Bundesstraße 4 südlich von Braunlage bei Hohegeiß abbiegen und der Landstraße bis Zorge folgen. Aus südlicher Richtung die Bundesstraße 243 verlassen und durch Walkenried nach Zorge hineinfahren. **Bus:** Mit dem Bus 470 bis zur Haltestelle Zorge Am Kurpark.

Einkehr
Keine

Karte
Karte der Harzer Wandernadel, Blatt 2, 1:50 000, über http://shop.harzer-wandernadel.de

Tourismusinformation
Touristinformation Zorge, Am Kurpark 4, 37449 Zorge, Tel. 05586/962991, www.walkenried-tourismus.de

Sonstiges
Stempelstellen 58 (Pferdchen), 160 (Helenenruh) und 163 (Bremer Klippe)

Abseits des Hochharzes, am südlichen Rand des Mittelgebirges, bietet sich eine schöne Wanderung mit Aussicht durch einen relativ ruhigen Wald an. Fernab der Klassiker im Harz erlebt man auch hier wunderbare Aussichten in schmale, bewaldete Täler.

»Und denkt dran, wir sind hier beinahe am südwestlichsten Punkt von Niedersachsen«, gibt uns der ältere Herr aus Zorge noch mit auf den Weg. Recht hat er ja, aber man mag es kaum glauben. Gleich um die Ecke ist Thüringen, nicht weit entfernt kommen wir nach Sachsen-Anhalt und dennoch sind wir hier in dem gleichen Bundesland, das im Norden an die Nordsee stößt. Dabei liegen wir hier südlicher als Paderborn und in etwa auf gleicher Höhe mit Dortmund. Außerdem empfiehlt er uns noch, nach unserer Wanderung zum Zorger Glockenturm hinaufzugehen, den wir schon von unten, von der Tourismusinformation des lang gestreckten

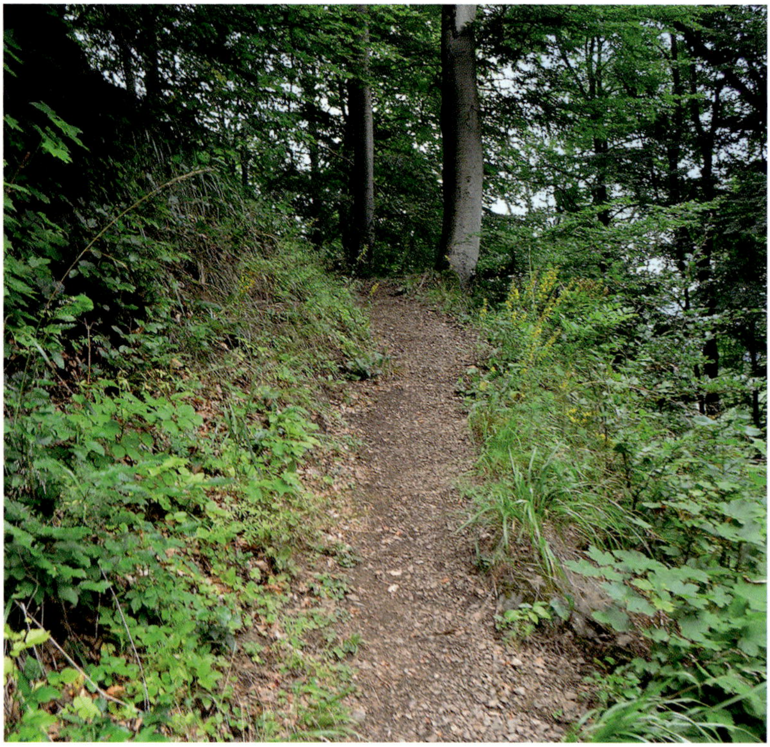

Steiler Aufstieg zum Pferdchen

Ortes aus gut sehen können. Wir versprechen, das zu machen, auch wenn wir noch gar nicht wissen, wie wir uns nach dieser Tour fühlen werden.

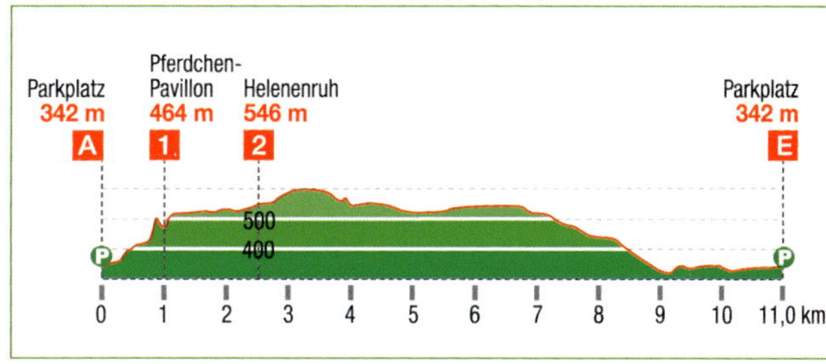

Der Anfang dieser Wanderung lässt uns erst einmal tief Luft holen. Denn wir wollen aus dem engen Tal, in dem sich die Häuser von Zorge erheben, zunächst einmal heraus. Und dafür müssen wir auf jeden Fall in die Höhe steigen. Lassen wir also den **A Parkplatz** gegenüber der Tourismusinfo Zorge an dem kleinen Kurpark des Ortes hinter uns und werfen noch einen abschließenden Blick auf den gleichnamigen Fluss, der das Tal durchschneidet. Wir überqueren die Zorge jedoch nicht, sondern halten uns auf der Hauptstraße nach links und folgen gegenüber dem Parkplatz der Straße Kirchberg, die mit einer deutlichen Steigung unserem Elan gleich mal einen kleinen Dämpfer verpasst.

Am letzten Wohnhaus der Straße halten wir uns halb links und wandern weiter

Die Zorge

Die Zorge ist Namensgeber für die Ortschaft, die sich in ihrem Tal erstreckt. Der Fluss ist 39 Kilometer lang und entsteht eigentlich erst durch den Zusammenfluss zweier Bäche in der Ortschaft Zorge. Die Zorge fließt bis in den Naturpark Kyffhäuser, wo sie bei Windehausen in die Helme mündet. Diese wiederum entwässert über Unstrut und Saale in die Elbe und damit in die Nordsee.

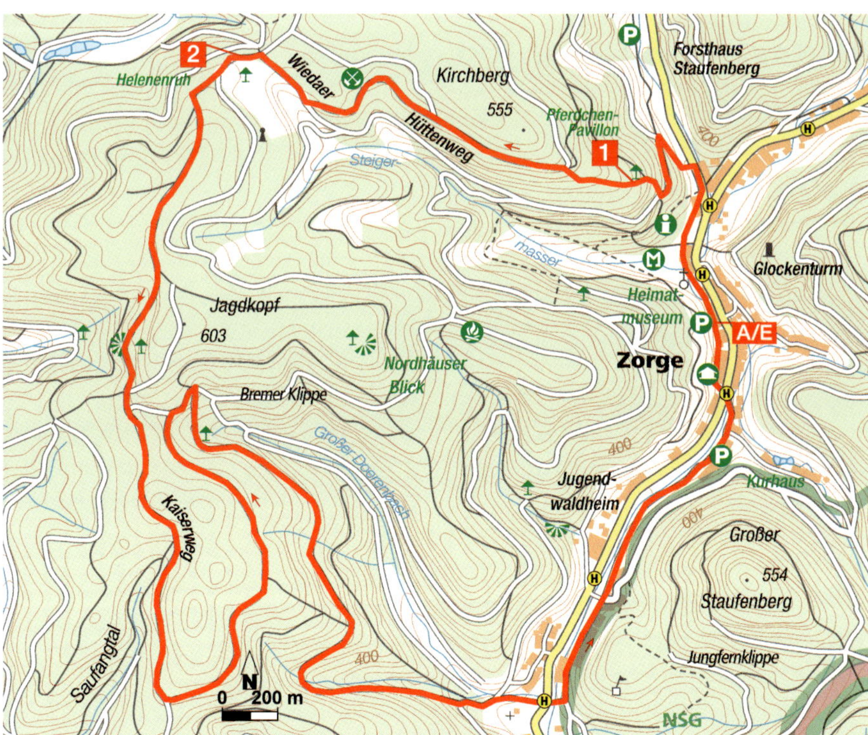

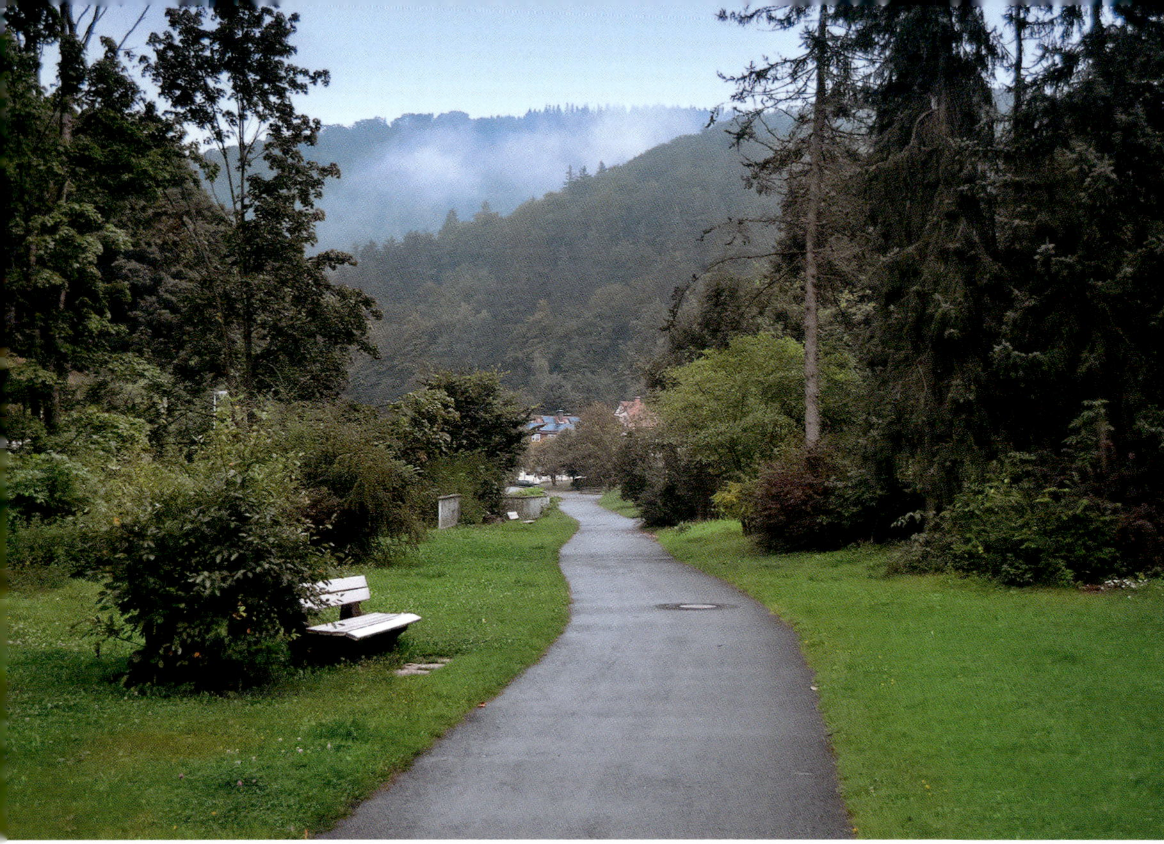

bergwärts durch den Wald, um nach wenigen Metern eine Kehrtwende nach links herum zu machen. Für ein kurzes Stück verläuft unser Wanderweg nur sanft bergauf und wir könnten diesem Alten Wiedaer Hüttenweg bis nach oben folgen, doch aufregender ist der schmale Zickzackweg, der wenig später auf der rechten Seite erscheint. Der Hüttenweg diente einstmals als Transportstrecke für das geförderte Gestein des hiesigen Bergbaureviers. Doch seit der Schließung der letzten Hütte in Zorge bereits im Jahr 1895 erinnert nur noch der Name des Weges daran. Der schmale Pfad zu unserer Rechten bringt uns deutlich steiler nach oben und lässt uns rund 50 Höhenmeter auf kurzer Distanz überwinden. Zur Belohnung gibt es aber nach diesem kurzen und knackigen Aufstieg eine Schutzhütte mit aussichtsreicher Lage, den ❶ **Pferdchen-Pavillon**. Eigentlich sind wir noch gar nicht so lange unterwegs, aber hier will man schon direkt seine Brotzeit aus dem Rucksack holen und den Ausblick auf Zorge bei einer längeren Rast genießen. Kein Wunder, dass der Stempelkasten im Pavillon im Jahr 2013 zur schönsten Stempelstelle der Harzer Wandernadel gewählt wurde. Übrigens, das namensgebende Pferdchen findet man oberhalb des Pavillons als Wetterfahne.

Mit der Schutzhütte im Rücken wandern wir nun gemütlich durch den Wald. Es geht zwar immer noch bergauf, aber nur noch sehr sanft. Hin und wieder erläutern uns Hinweisschilder den einstigen Erzbergbau, der hier stattfand, und ehe wir uns versehen, erreichen wir schon die nächste Schutzhütte. ❷ **Helenenruh** steht auf einem Holzschild oberhalb des Durchgangs. Eine Helene finden wir nicht, aber

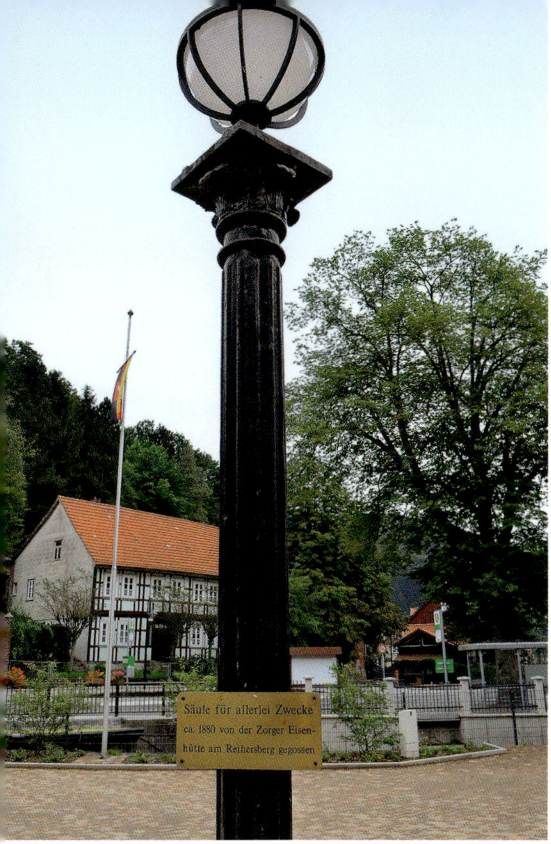

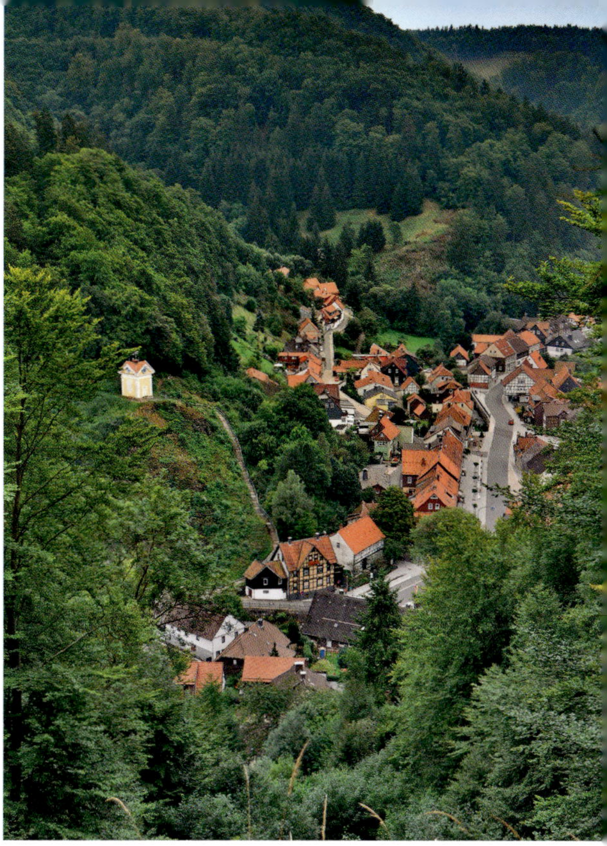

Links: Zum Abschluss der Tour wandert man durch Zorge.

Mitte: Eine Säule für allerlei Zwecke kann man ja immer mal gebrauchen.

Rechts: Ausblick vom Pferdchen in das Tal mit Zorge

Ruhe, die gibt es hier tatsächlich. Sie wird nur unterbrochen von uns selbst, wenn wir den zweiten Stempel des Tages in unser Stempelheft drücken. Hinter der Schutzhütte halten wir uns links und umrunden dabei eine Bergwiese, die sich links ein wenig hinter dichten Bäumen verbirgt. Ein leichtes Auf und Ab begleitet uns auf dem Kaiserweg durch den Wald und nach etwas mehr als nur einem Kilometer treffen wir schon auf die dritte Rastmöglichkeit. Die Schutzhütte an den Bremer Klippen befindet sich leicht erhöht auf der linken Seite und bietet uns ebenfalls eine schöne Aussicht. Sie reicht über das Wiedatal nach Westen hinweg bis zum 659 Meter hohen Ravensberg, der mit seinem Fernmeldeturm gut zu erkennen ist. Dieser wurde zu Zeiten des Kalten Krieges erbaut und diente als militärischer Abhörposten. Wir erinnern uns an die Worte des Zorger Einwohners, denn wir sind hier im südwestlichsten Zipfel Niedersachsens. Die einstige deutsch-deutsche Grenze befand sich gleich am östlichen Ortsrand von Zorge.

An der Bremer Klippe gehen wir vorbei und folgen dem Kaiserweg weiter durch den Wald. Die Steigungen liegen nun endgültig hinter uns und wir wandern mit einem leichten Gefälle bis zu einem Waldweg, der scharf nach links abzweigt. Er bringt uns kurvenreich zurück in das Tal der Zorge, wo wir die Landstraße überqueren und gleich dahinter nach links durch den lang gestreckten **E Ort Zorge** spazieren. Zum Schluss der Wanderung lassen wir es uns natürlich nicht nehmen und machen unser Versprechen wahr, indem wir noch hinauf zum Zorger Glockenturm gehen.

19

Eine Talsperrenwanderung

Entlang der Rappbodevorsperre

Mittel 12,5 km 372 Hm 4:00 Std.

Tourencharakter
Leichte Wanderung mit verhältnismäßig wenigen Höhenmetern, die dennoch einige schöne Ausblicke bereithält und einen guten Überblick auf die Vorsperren der Rappbodetalsperre ermöglicht. Zwischen den beiden Vorsperren weitgehend schattig.

Ausgangs-/Endpunkt
Parkplatz an der Schützenstraße in Trautenstein (GPS: 51.687225, 10.786346)

Anfahrt
Auto: Mit dem Auto auf der Bundesstraße 242 zwischen Braunlage und Harzgerode bis in das Ortszentrum von Trautenstein. Dort in der Kurve die Bundesstraße verlassen und auf der Schützenstraße bis zum Parkplatz am Gemeindehaus.
Bus: Mit dem Bus 261 bis zum Busbahnhof Trautenstein.

Einkehr
Keine unterwegs; in Trautenstein das Hotelrestaurant Druidenstein

Karte
Karte der Harzer Wandernadel, Blatt 2, 1:50 000, über http://shop.harzer-wandernadel.de

Tourismusinformation
Die nächstgelegene Touristinfo ist in Hasselfelde, ein Ortsteil von Oberharz am Brocken, Breite Straße 17, 38899 Oberharz am Brocken, Tel. 039459/71369, www.oberharzinfo.de

Sonstiges
Stempelstellen 52 (Trageburg), 56 (Rappbodeblick) und 53 (Hassel-Vorsperre)

Der Harz bietet nicht nur hohe Berge und tief eingeschnittene Täler, sondern auch große Seen, die ein ebenfalls malerisches Bild abliefern. Da viele von ihnen künstliche Stauseen sind, liegen sie ebenfalls eingebettet zwischen hohen Gipfeln.

Einer dieser Seen, zugleich auch der größte im Harz, ist die Rappbodetalsperre, von der wir auf dieser Wanderung alleine wegen der Größe nur die Vorsperre kennenlernen werden. Ein schmaler Fluss, begrenzt von ein paar Kopfweiden, fließt an uns vorbei, als wir gerade die Wanderschuhe aus dem Kofferraum hervorholen und sie schnüren wollen. Diesem Flüsschen folgen wir, das ist klar. Doch es soll später wirklich den größten See im Harz aufstauen? Zweifel wollen aufkommen, doch die Landkarte will uns weiterhin davon überzeugen. Wir gehen an dem Gemeindehaus vorbei, hinter dem auf der rechten Seite ein großes Insektenhotel kleine Tiere anzieht. Gleichzeitig lassen wir den **A Parkplatz** in Trautenstein hinter uns und blicken nach links über den Fluss hinweg auf eine große Wiese, die wiederum von zahlreichen Nadelbäumen gerahmt ist. Die Rappbode schlängelt sich leise durch das grüne Tal und teilt die Wiese in zwei Hälften. Das Gras wächst bis zum Wasser heran – keine Begradigung, keine Uferbefestigung. Einfach nur Natur, wie sie gerne in Comics gezeichnet wird. Soll der Fluss doch zum See werden. Alleine für diesen Anblick hat sich die Anfahrt hierher gelohnt.

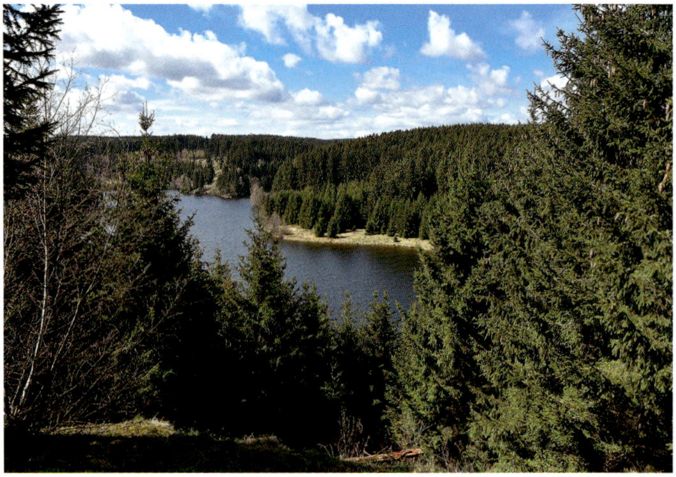

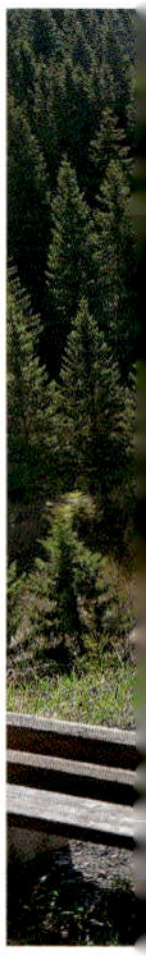

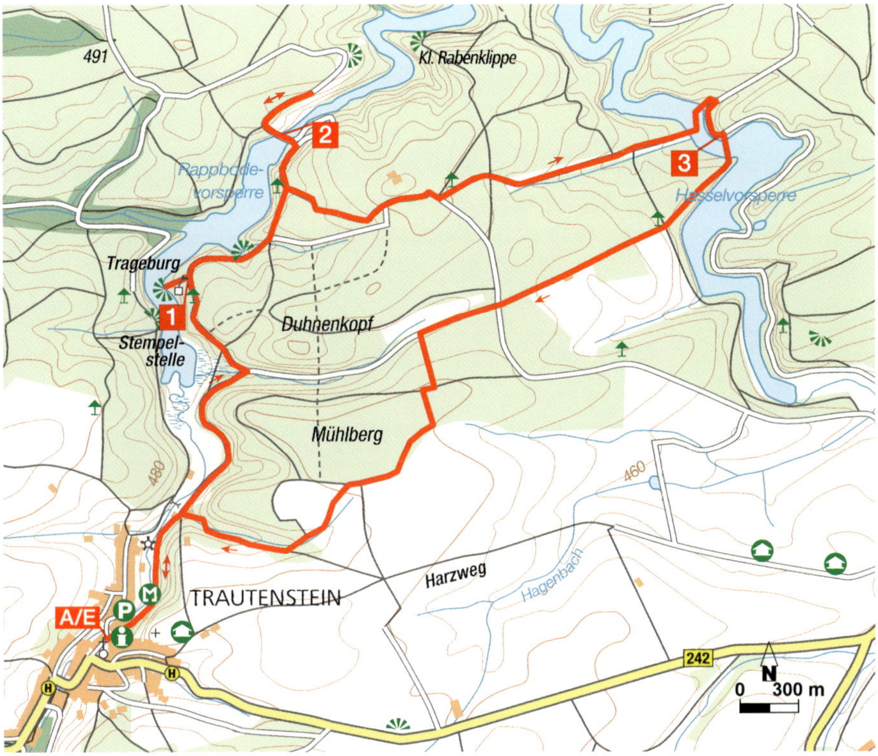

Links: Ausblick von der Trageburg auf den See

Mitte: Blick von der Stempelstelle zur Vorsperre

Rechts: Dieses Insektenhotel passiert man auf dem Weg zum Stausee.

Der Weg verläuft kurvig durch das weite Tal und passt sich dem Lauf der Rappbode an. Links der Fluss, rechts der Wald, so geht das rund einen Kilometer, bis wir plötzlich in den Wald treten, das Tal hinter uns lassen und in die Höhe steigen. Der Fluss weitet sich zu unserer Linken etwas weiter unten zu einem kleinen See, der Rappbodevorsperre. Und während wir rund 20 Höhenmeter überwinden, gelangen wir zur Ruine der Trageburg. Man muss schon genau hinschauen, um zu erkennen, dass die Steine auf dem Felsvorsprung einstmals eine Burg waren. Eine Hinweistafel erklärt,

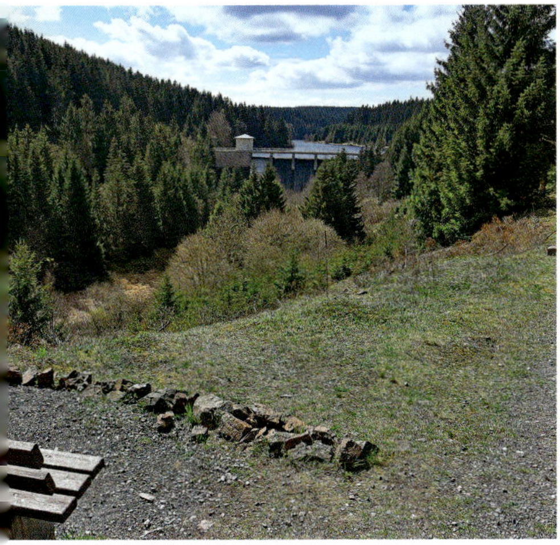

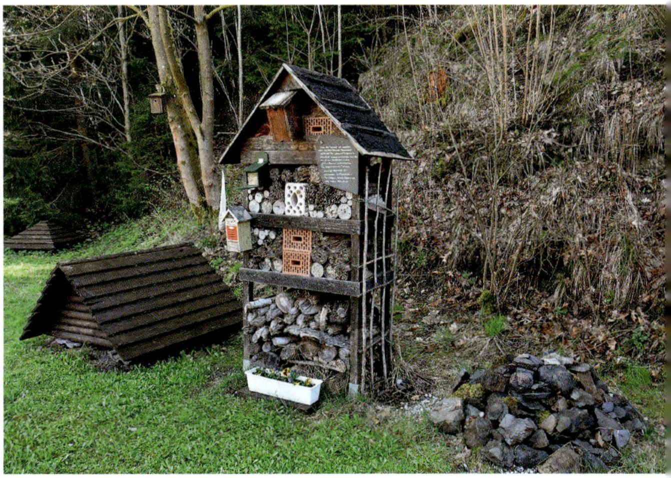

Eigentlich ist die Rappbode nur ein schmaler Wasserlauf.

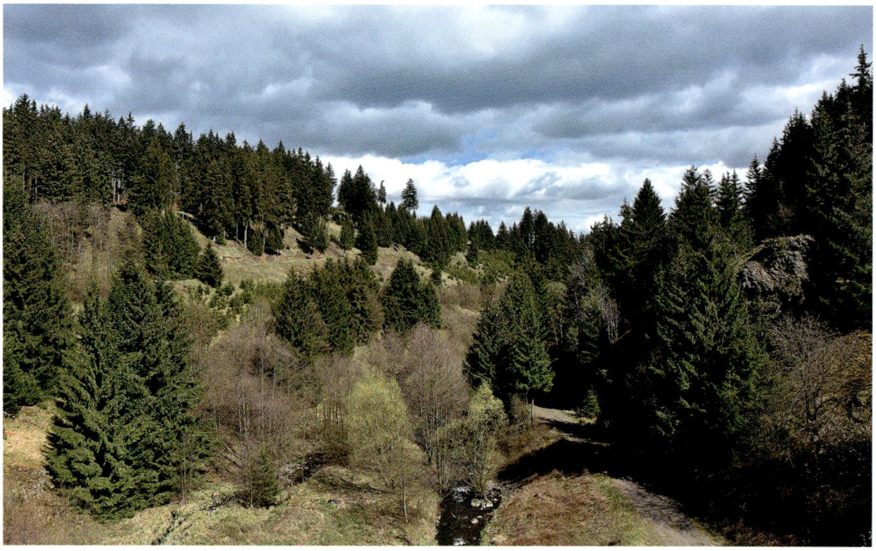

dass sie Mitte des 17. Jahrhunderts namentlich erwähnt wurde, doch viel mehr ist über die Burg nicht bekannt. Nachdem wir die Aussicht über diesen ersten Teil des Sees genossen haben, sind wir an der ❶ **Stempelstelle** der Harzer Wandernadel und freuen uns über eine kleine Überraschung aus Schokolade. Sie stammt von der »Gruppenmutti der Facebookgruppe Harzer Wandernadel«, die mit dieser Geste und einer kleinen Karte ein schönes Wochenende wünscht. Wie nett! Da wir mit Proviant versorgt sind und sich auch andere Wanderer freuen sollen, lassen wir die Schokolade zurück und tragen nur den Stempel ins Heft ein.

Oberhalb des Südufers wandern wir durch den Wald, verlieren ein wenig an Höhe und treffen auf einen breiten Querweg, der sich als der Fernwanderweg Kaiserweg entpuppt. Wir biegen links ab und gehen das kurze Stück hinab zur Staumauer der Rappbodetalsperre, von wo aus wir den Blick über das Wasser der ❷ **Rappbodevorsperre** schweifen lassen können. Wer einen weiteren Stempel einsammeln möchte, überquert die Staumauer und hält sich gleich dahinter rechts. Nach einem kurzen Aufstieg folgt der nächste Stempelkasten auf der rechten Seite. Auch hier gibt es wieder einen kurzen Kartengruß mit Schokolade. Offensichtlich ist die »Gruppenmutti« kurz vor uns ebenfalls hier entlanggewandert und man stellt sich

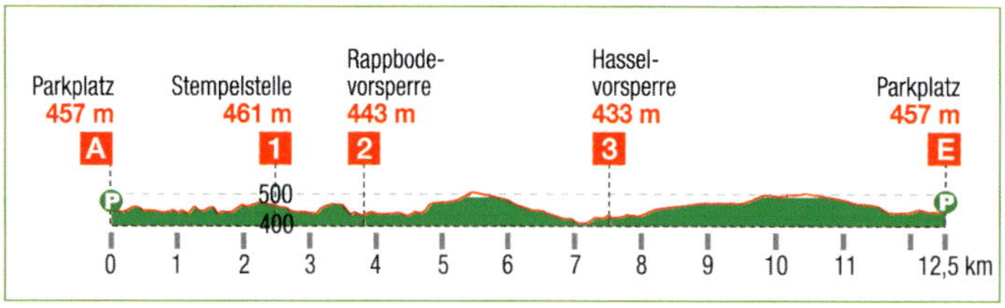

Die Rappbodetalsperre

Die Rappbodetalsperre mit der höchsten Staumauer Deutschlands (106 Meter) entstand in den 1950er-Jahren. Die beiden weiter westlich gelegenen Vorsperren der Hassel und der Rappbode speisen den See mit Wasser. Adrenalin-Junkies können an der Staumauer entweder Europas längste Doppelseilrutsche nutzen oder die 2017 eröffnete, 483 Meter lange Hängeseilbrücke betreten.

unweigerlich die Frage, welche der Wanderinnen, die man bisher gegrüßt hat, ist es wohl gewesen?

Wir gehen wieder hinab zur Staumauer, überqueren sie und wandern auf dem Kaiserweg hinauf, wo wir hergekommen sind. Am Abzweig zur Ruine Trageburg bleiben wir jedoch geradeaus. Nach einem leichten Aufstieg lichtet sich der Waldweg ein wenig und bringt uns zu einer Schutzhütte, an der wir dem Weg in einer Rechts-Links-Kurve folgen. Von nun an geht es wieder ein Stück bergab und wir erreichen einen Abzweig, an dem wir uns besser rechts gehalten hätten. Doch wir gehen geradeaus und gelangen nach weiteren 250 Metern zu einem Übergang über die Hassel. Ungünstig, wenn diese unter Wasser steht, so wie in unserem Fall. Nur noch zwei Leitplanken ragen aus dem Wasser hervor. Halb rechts sehen wir die Staumauer der ❸ **Hasselvorsperre**. Ein paar Wanderer und Radfahrer pausieren dort oben und blicken auf uns herab. So nah und doch so fern. Es bleibt uns nichts anderes übrig, als zum Abzweig zurückzugehen. Zwei Mal links abgebogen und wir erreichen schließlich auch den Pausenplatz an der Hasselvorsperre. Ein dritter Stempel belohnt uns für diesen kleinen Umweg und mit einer Brotzeit am Picknicktisch genießen wir den Ausblick über das Wasser der Hasselvorsperre auf der einen Seite der Staumauer und in das Tal der Hassel auf der anderen Seite. Deutlich erkennen wir den überfluteten Übergang weiter unten.

Auf einem schmalen Wurzelweg gehen wir durch den Wald zurück und biegen immer wieder links und rechts ab, bis wir den Waldrand erreichen. Halb links zweigt ein Weg ab, der uns über eine weite Wiese bringt. Buschiges Gras auf der linken Seite verrät, dass dort ein kleiner Bach entspringt. Seinem Lauf folgen wir deutlich bergab, wieder durch den Wald hindurch, bis wir über Stock und Stein zurück in das Tal der Rappbode gelangen. Hier kennen wir uns bereits aus und biegen links ab, zurück zum Ⓔ **Parkplatz** in Trautenstein.

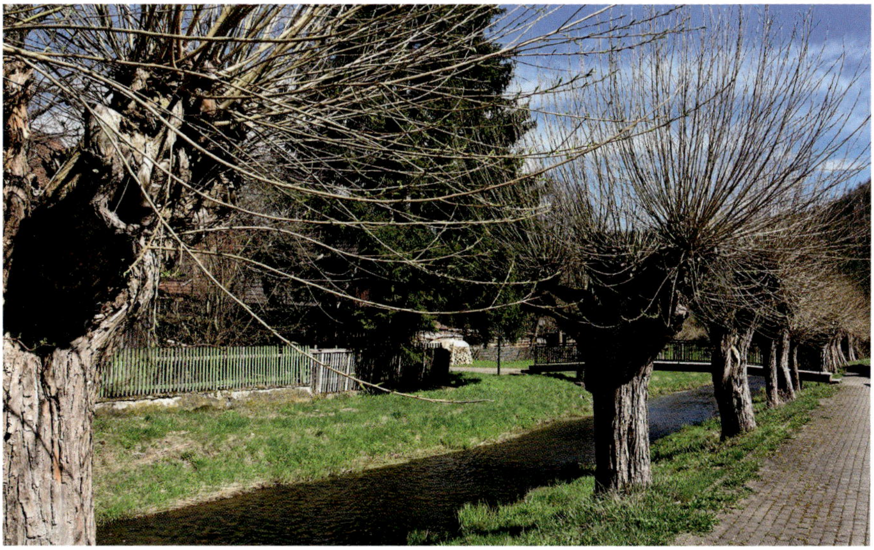

Kopfweiden am Ufer der Rappbode

20

Aussichten im Ostharz

Steiler Aufstieg bei Bad Suderode

Mittel | 9 km | 433 Hm | 3:30 Std.

Tourencharakter
Aufgrund der Länge und mehrerer Aufstiege ist die Wanderung nicht zu unterschätzen. Drei Aussichtspunkte dominieren die Tour, zwischen denen man sich überwiegend auf Waldwegen aufhält.

Ausgangs-/Endpunkt
Wanderparkplatz am Sportplatz in der Brinkstraße im Kalten Tal, südlich von Bad Suderode (GPS: 51.721739, 11.111932)

Anfahrt
Auto: Auf der Bundesstraße 185 bis Ballenstedt. Dort über die Ballenstedter Straße nach Gernrode und auf der Suderöder Straße nach Bad Suderode. Den Ort südwestlich auf der Brinkstraße verlassen und zum Parkplatz. Wer die Zufahrt verpasst, muss der steilen Straße lange folgen, bis eine Wendemöglichkeit folgt. **Bus:** Mit dem Bus 31 ab Bad Suderode zum Ausgangspunkt.

Einkehr
Restaurant Felsenkeller am Ausgangspunkt

Karte
Karte der Harzer Wandernadel, Blatt 3, 1:50 000, über http://shop.harzer-wandernadel.de

Tourismusinformation
Touristinformation Bad Suderode im Rathaus, Rathausplatz 2, Tel. 039485/510, www.bad-suderode.de

Sonstiges
Stempelstellen 186 (Anhaltinischer Saalstein), 183 (Försterblick Gernrode) und 185 (Preußenturm)

Auch wenn der Harz nach Osten hin immer weiter abflacht, so bietet auch der Ostharz abseits des Nordharzes und des Nationalparks einige Touren, die die Wadenmuskeln fordern und schöne Ausblicke in Täler und über Wälder gewähren.

Wir starten die Wanderung am Ⓐ **Parkplatz** südwestlich von Bad Suderode. Schon das Tal, in dem wir unseren Wagen zum Parkplatz steuern, ist eng, dicht bewaldet und wirkt dadurch ein wenig dunkel. Kein Wunder, dass es Kaltes Tal heißt. Dass hier aber pralles Leben herrscht, merken wir, als wir eine freie Parkfläche suchen und uns über den Andrang wundern. Mit Müh und Not finden wir einen Abstellplatz, ziehen unsere Wanderschuhe an und sehen, dass sich der Parkplatz plötzlich lichtet. Immer mehr Wanderer kehren zu ihren Autos zurück und verlassen den Ort. »War ein toller Lauf«, hören wir als Gesprächsfetzen und bei genauerem Hinschauen erkennen wir, dass es sich um Sportler handelt, die gerade ihre nassen T-Shirts wechseln und ihre Trailrunningschuhe ausziehen. Es fand ein Orientierungslauf statt. Ein Wettlauf also, bei dem man so schnell wie möglich eine bestimmte Outdoorstrecke zurücklegen muss.

Da kommen wir ja gerade rechtzeitig zum Abschluss der Veranstaltung, denn eilig haben wir es beileibe nicht. Wir überqueren den Bachlauf und

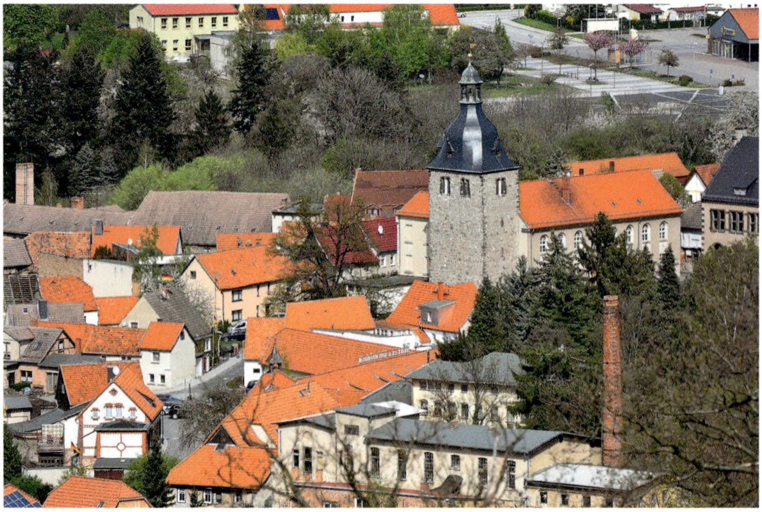

Ausblick bis Bad Suderode

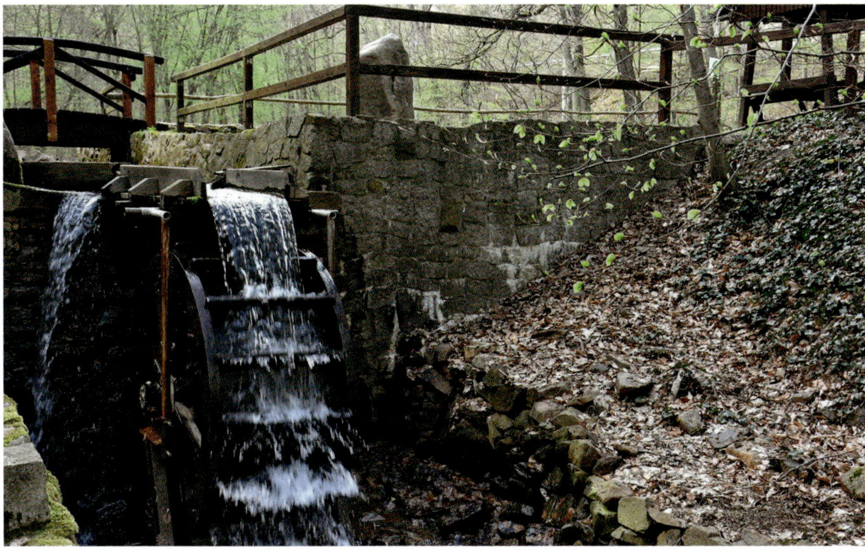

Das Wasserrad wird vom Kalten Talbach angetrieben.

umrunden den hiesigen Sportplatz nach rechts, wo wir schon nach wenigen Metern das ❶ **Restaurant Felsenkeller** erreichen – unsere einzige Einkehrmöglichkeit auf der Wanderung. Da hier aber noch die letzten Sportler ihre Taschen packen, verschieben wir die Einkehr auf unsere Rückkehr und gehen geradeaus und leicht bergauf durch das Tal. Nach kurzer Zeit erreichen wir ein Wasserrad unterhalb eines kleinen Teiches, das von dem Wasser des Teichabflusses angetrieben wird. Ein malerischer Anblick, an dem wir langsam vorüberziehen, um wenig später einen Aufstieg zu unserer Linken zu entdecken. ❷ **Anhaltinischer Saalstein** heißt das Stichwort, nach dem wir uns orientieren.

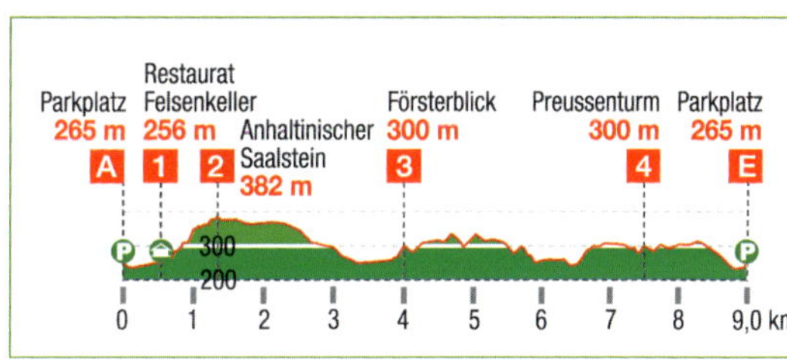

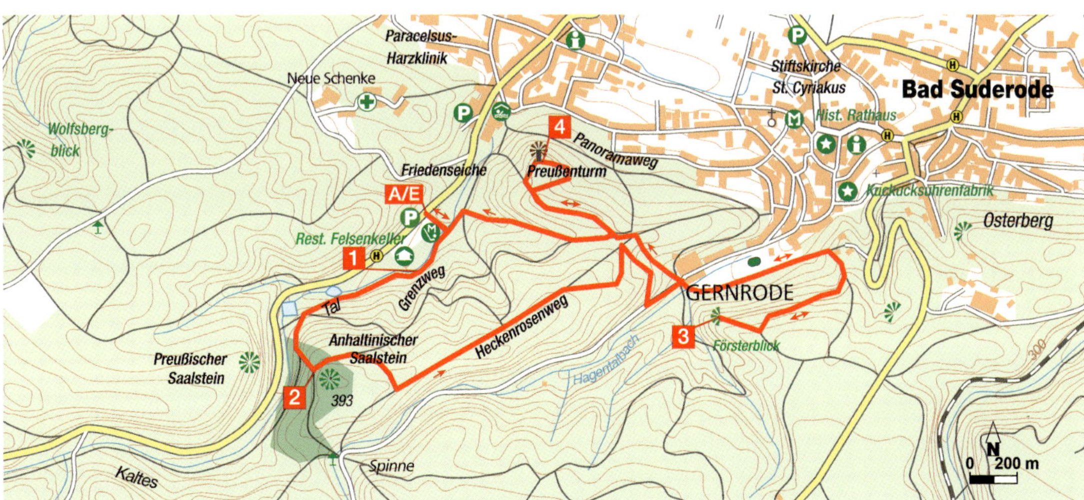

Auf einem felsigen Wurzelweg überwinden wir über 150 Höhenmeter, biegen unterwegs rechts ab und kommen leicht schnaufend an den Felsen des gleichnamigen Naturschutzgebietes an. Ein Metallgitter bewahrt uns davor, von den Felsklippen abzurutschen und in die Tiefe zu stürzen. Tiefe bedeutet in diesem Fall das Kalte Tal mit der Landstraße nach Bad Suderode, die wir rund 200 Meter unter uns deutlich erkennen können. Wir belohnen uns für den Aufstieg nicht nur mit dem Ausblick in das Tal, sondern auch mit einem Stempel aus dem grünen Stempelkasten der Harzer

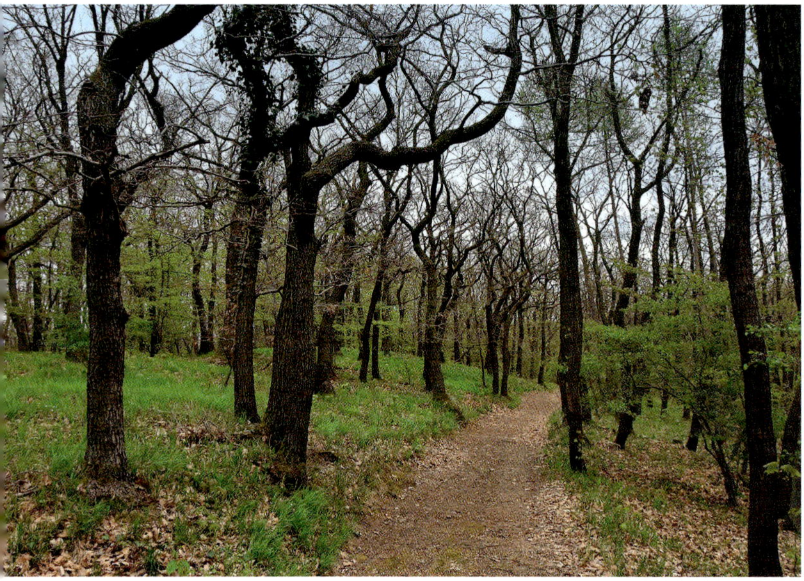

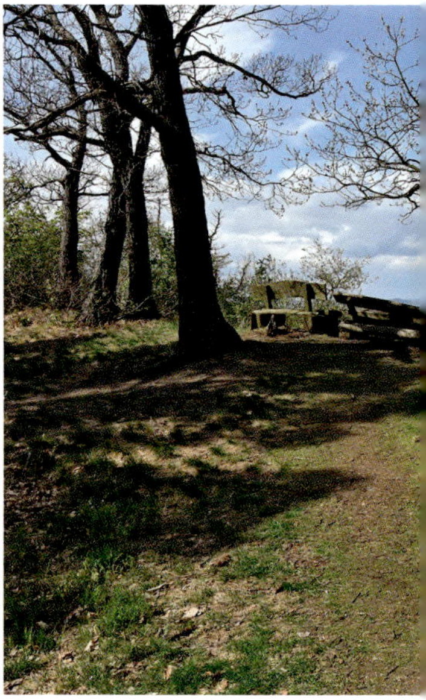

Wandernadel. So voll es vorhin unten im Tal war, so leer ist der Wald hier oben auf den Klippen und wir wandern alleine auf dem breiten Pfad, der sich im leichten Auf und Ab durch den Forst schlängelt. Hin und wieder sehen wir kleine Grenzsteine, die an eine Zeit erinnern, als hier die Grenze zwischen Anhalt und Preußen verlief.

Doch nicht nur historische Grenzsteine verbergen sich im Unterholz, auch moderne Technologien erblicken wir plötzlich am Wegesrand und vermuten zunächst, es wären Wildtierkameras. Doch bei genauerer Betrachtung stellt sich heraus, dass es sich um Kontrollpunkte für den Orientierungslauf handelt. Gut, die haben wir dann auch gefunden. So schlecht scheint es um unsere Orientierung also nicht bestellt zu sein. Mit einem leichten Abstieg gelangen wir zu einer Kreuzung, an der wir uns scharf nach rechts wenden. In einer weiten Rechtskurve wandern wir in das Hagental hinab und halten uns links. Nach kurzer Zeit

Die Stiftskirche St. Cyriakus

Die Stiftskirche von Gernrode wurde im 10. Jahrhundert erbaut und ist mit dem mächtigen Westwerk und den zwei markanten Doppeltürmen weithin sichtbar. Große Bedeutung hat die Kirche durch das sogenannte Heilige Grab, das als das älteste Heilige Grab in Deutschland gilt. Die Grabkammer zeigt reichhaltige Plastiken, die die Auferstehung von Jesus Christus thematisieren.

überqueren wir eine Kreuzung und wandern auf dem Weg unterhalb des Stubenbergs lang, bis wenig später der Aufstieg auf den Gipfel namens ❸ **Försterblick** beginnt. Über einen Wurzelweg gelangen wir deutlich in die Höhe und kommen abermals leicht schnaufend am höchsten Punkt an. Ein idealer Punkt für eine gemütliche Rast. Neben der obligatorischen Stempelstelle warten zwei Sitzbänke auf uns, von denen wir einen tollen Ausblick auf Gernrode haben. Gut zu erkennen ist die dortige Cyriakus-Stiftskirche mit ihren beiden Türmen.

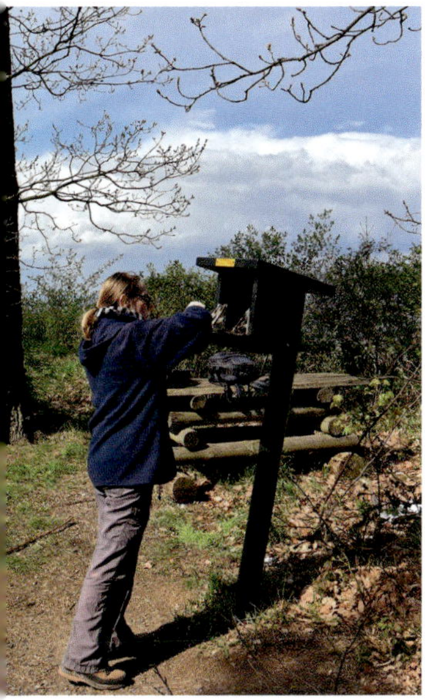

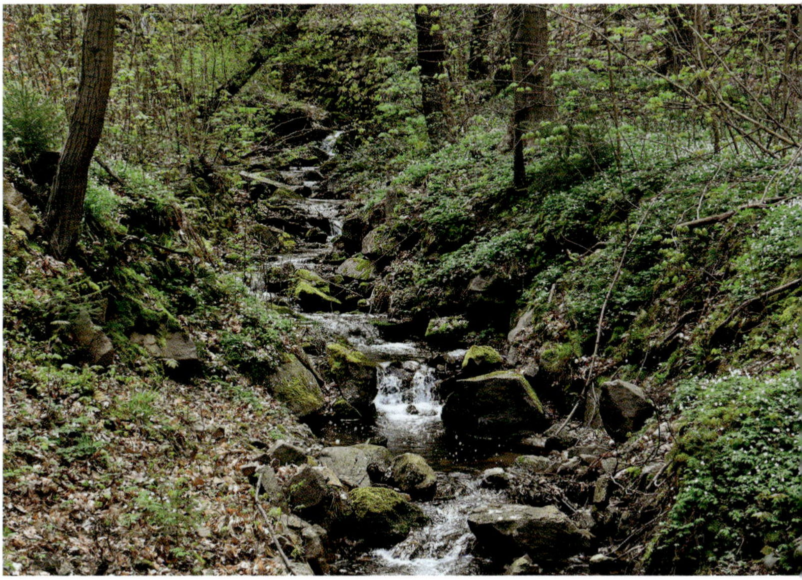

Links: Knorrige Bäume säumen den Weg zum Preußenturm.

Mitte: Stempelstelle der Harzer Wandernadel

Rechts: Leise plätschert der Kalte Talbach durch den Wald.

Nach einer wohltuenden Pause schnappen wir unseren Tagesrucksack, spazieren den Wurzelweg wieder hinab und gehen bis zur Kreuzung im Hagental zurück. Dort wenden wir uns nach rechts und treffen auf eine ältere Dame, die mit leicht gebückter Haltung offensichtlich aus dem nahe gelegenen Seniorenheim kommt. »Wo kann ich denn hier geradeaus entlangspazieren?«, fragt sie und hängt nach unserer Erklärung an, dass sie die Gipfel nicht mehr erreichen würde. Also bleibe sie hier im Tal. Wir blicken der Dame kurz hinterher und wandern weiter geradeaus. Am Seniorenheim führt ein schmaler Pfad durch den Wald bergauf und schon haben wir bald die nächste Begegnung. Eine Drossel sitzt in einem ausgehöhlten Baumstamm in einem Nest und schaut uns ernst an. Wir kommen ihr natürlich nicht zu nah, doch wundern uns schon über die Lage des Nestes in Hüfthöhe direkt am Wanderweg.

Auf dem Weiterweg überqueren wir die bereits bekannte Kreuzung und haben wenig später noch die Möglichkeit, einen Abstecher zum ❹ **Preußenturm** zu machen. Auch dieser bietet uns einen schönen Ausblick, dieses Mal über Bad Suderode und wieder hinab in das Kalte Tal. Zurück zum Wanderweg, folgen wir diesem durch den Wald wieder bis zum Tal und erreichen den Sportplatz, wo wir unsere aufgeschobene Einkehr im Felsenkeller nachholen können, und den Ⓔ **Parkplatz**.

21

Von der Steinernen Renne zum Ottofelsen

Wo andere mit dem Zug fahren

Mittel 12 km 485 Hm 4:30 Std.

Tourencharakter
Mittelschwere Wanderung, die anfangs fast eben neben der Bahntrasse der Harzer Schmalspurbahn verläuft. Nach einem kurzen, aber knackigen Anstieg auf einem breiten Weg sind kaum noch Höhenunterschiede zu überwinden. Lediglich ein schmaler Pfad hinab zum Gasthaus Steinerne Renne erfordert ein wenig Trittsicherheit.

Ausgangs-/Endpunkt
Wanderparkplatz an der Bielsteinchaussee, direkt neben dem Bahnhof Steinerne Renne (GPS: 51.818430, 10.729298)

Anfahrt
Auto: In Wernigerode in die Friedrichstraße, die in Richtung Elend führt, noch in Hasserode halb rechts auf die Straße Freiheit, über die Schmalspurbahngleise und gleich dahinter links zum Parkplatz. **Bahn:** Mit der Harzer Schmalspurbahn zum Bahnhof Steinerne Renne.

Einkehr
Gasthaus Steinerne Renne in Wernigerode

Karte
Karte der Harzer Wandernadel, Blatt 2, 1:50 000, über http://shop.harzer-wandernadel.de

Tourismusinformation
Wernigerode Tourismus GmbH, Marktplatz 10, 38855 Wernigerode, Tel. 03943/5378-35, www.wernigerode-tourismus.de

Sonstiges
Stempelstellen 85 (Thumkuhlental), 27 (Ottofelsen), 28 (Gasthaus Steinerne Renne) und 26 (Mönchsbuche)

Die Kleine Renne plätschert über dic Felsen hinab.

Da ist sie wieder, die Harzer Schmalspurbahn, die von Wernigerode zu Drei Annen Hohne fährt und dort abzweigt, um den Brocken zu erklimmen. So weit wollen wir aber heute gar nicht. Für uns reichen die Mönchsbuche und der Ottofelsen mit seinem wunderbaren Ausblick.

Daher bleiben wir anfangs gemütlich auf dem Bahnparallelweg, der – wie der Name schon andeutet – gleich neben der Bahntrasse verläuft. Er beginnt für uns am Ⓐ **Bahnhof Steinerne Renne**, wo wir unseren Wagen stehen lassen können oder wohin wir eben auch mit der Harzer Schmalspurbahn ab Wernigerode fahren können. Man muss ja nicht gleich die

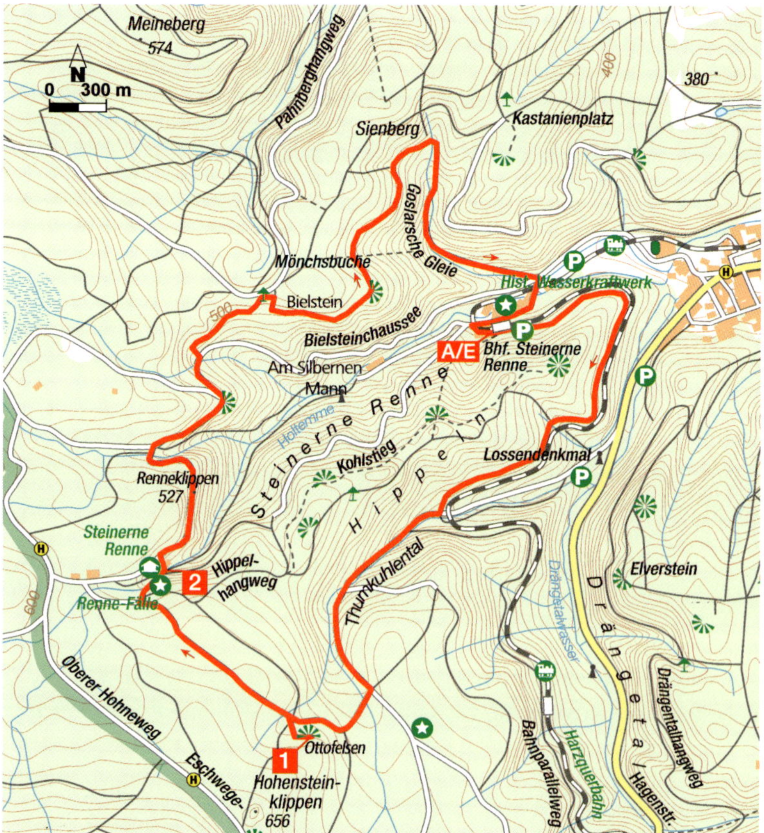

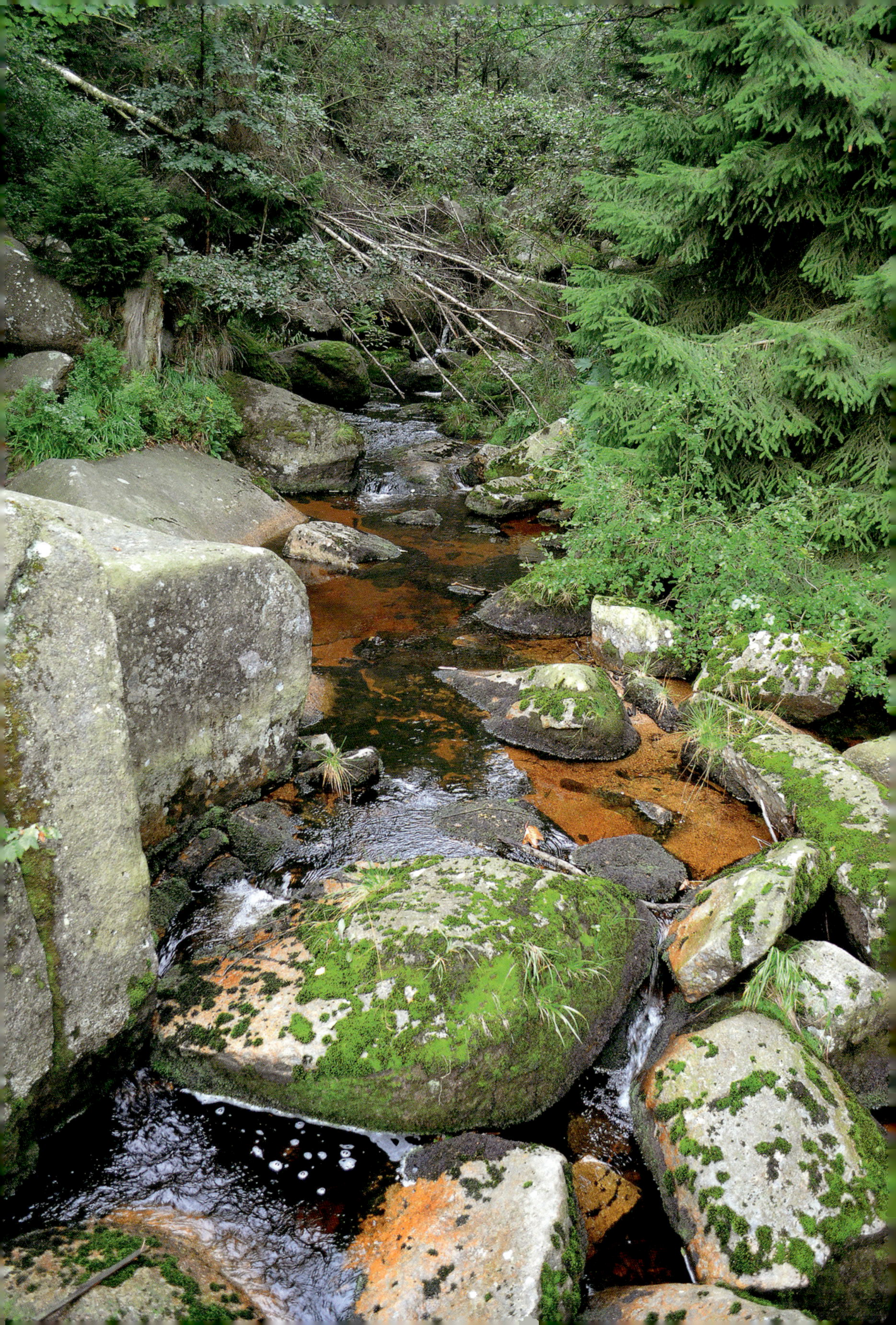

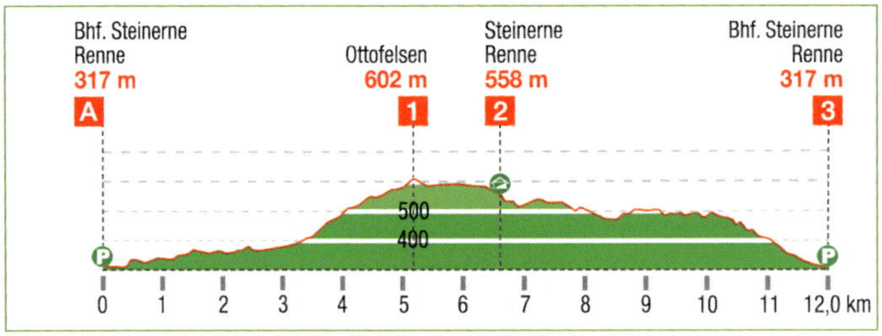

Die Wollsackverwitterung

Die zahlreichen abgerundeten Klippen und Felsen, die beinahe so wirken, als hätte man sie aufeinandergestapelt, sind durch die sogenannte Wollsackverwitterung entstanden. Sie sehen wie mit Wolle gefüllte Säcke aus, wie man sie einst auch als Schlafunterlage genutzt hat. Entstanden sind die Klippen durch Zersetzung des Granits entlang von Trennflächen und Klüften.

ganze Bahnstrecke zurücklegen. Es sind 18 Minuten Fahrt ab dem Bahnhof von Wernigerode bis zum Bahnhof Steinerne Renne. Schnaufend wie ein Ungetüm rumpelt die Bahn durch den Wald, passiert den kleinen Parkplatz und fährt in einem engen Linksbogen um ein ehemaliges Fabrikgelände herum, bis es dampfend am Bahnsteig zum Stehen kommt. Die Waggons sind voll, nur wenige steigen aus. Die meisten Passagiere wollen zum Brocken. Diejenigen, die aussteigen, sind mit einer umfangreichen Kameraausrüstung ausgestattet und rennen sogleich nach vorne zur Lokomotive, um diese noch schnell auf die Speicherkarte zu bannen.

Die Harzer Schmalspurbahn ist aus dem Gebirge nicht wegzudenken.

Der Zug fährt ab und wir wandern langsam hinterher. Rechts der Gleise verläuft der Bahnparallelweg, der uns in einem engen Rechtsbogen durch den Wald führt. Steil ist der Weg noch nicht, denn die Bahn muss den Höhenunterschied natürlich auch

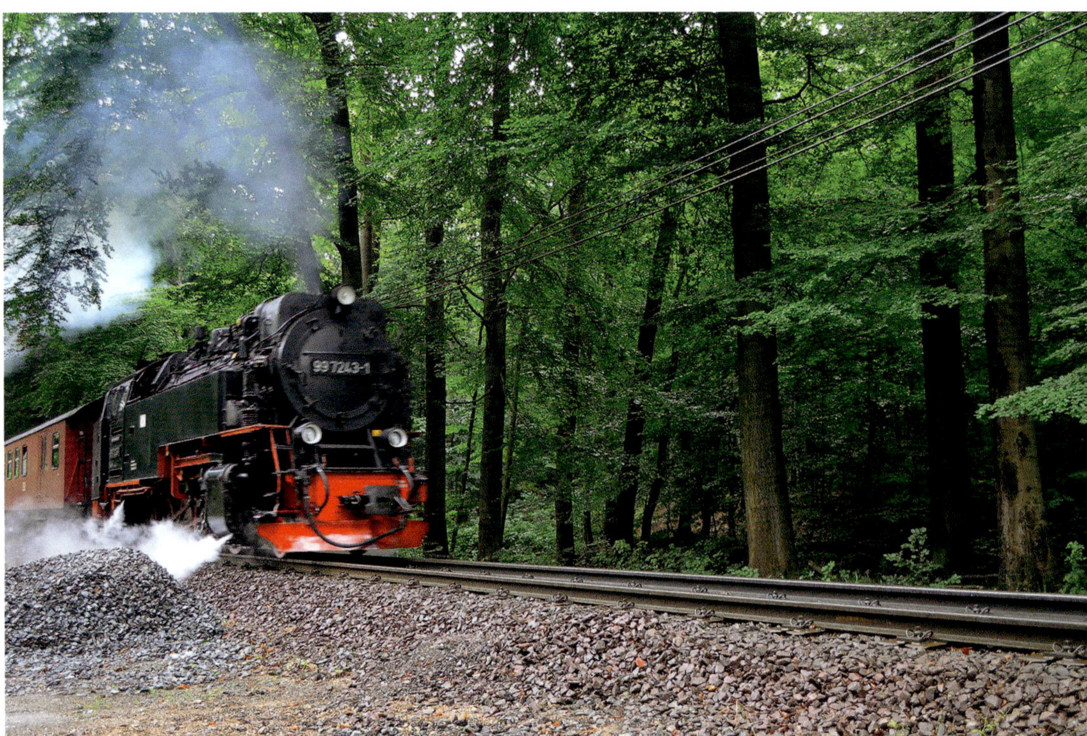

bewältigen können. Und während wir wandern, überholen wir immer wieder die Fotografen, die sich fachmännisch über die Bahnanlage austauschen oder verschiedene Elemente der Trasse fotografieren, weil gerade keine Bahn unterwegs ist. Trainspotter nennt man diese Leute, die sich mit großer Begeisterung für die Technik interessieren und sich auf Treffen und im Internet austauschen. Zu ihren Fotomotiven gehören beispielsweise auch Bauwerke wie die Brücke, der wir schon bald im Thumkuhlental begegnen. In dem kleinen Tal wurden bis in das 18. Jahrhundert Silber, Blei und Kupfer abgebaut. Heute erinnern ein Lehrpfad und die sogenannte Wasserkunst an diese Zeit. Sie besteht aus einem Wasserrad mit Gestänge und Pumpenturm. Gleich daneben befindet sich übrigens einer der üblichen Holzkästen mit einem Stempel der Harzer Wandernadel. Für eine Besichtigung bzw. einen weiteren Abdruck im Stempelheft legen wir einen kurzen Abstecher nach links ein.

An dem Brückenbauwerk bleiben wir rechts und lassen die Bahnstrecke nun hinter uns. Das bedeutet aber auch, dass unser Wanderweg nun deutlich an Höhe gewinnt und wir durch das Thumkuhlental wandern. Leise plätschert uns das Braune Wasser entgegen, so zumindest der Name des Baches neben unserem Weg. Rund 150 Höhenmeter überwinden wir in dem Tal, bis wir an der Bergwachhütte herauskommen und das Braune Wasser an dieser Stelle ein letztes Mal nach rechts überqueren. Schon nach kurzer Zeit halten wir uns an einer Gabelung halb rechts und gelangen zu dem eingangs erwähnten ❶ **Ottofelsen** mit seiner Aussicht. Um diese zu genießen, müssen wir es aber auch wagen, die Leiter auf den höchsten Punkt der Klippe

Viele Felsen lassen sich über Treppen erklimmen.

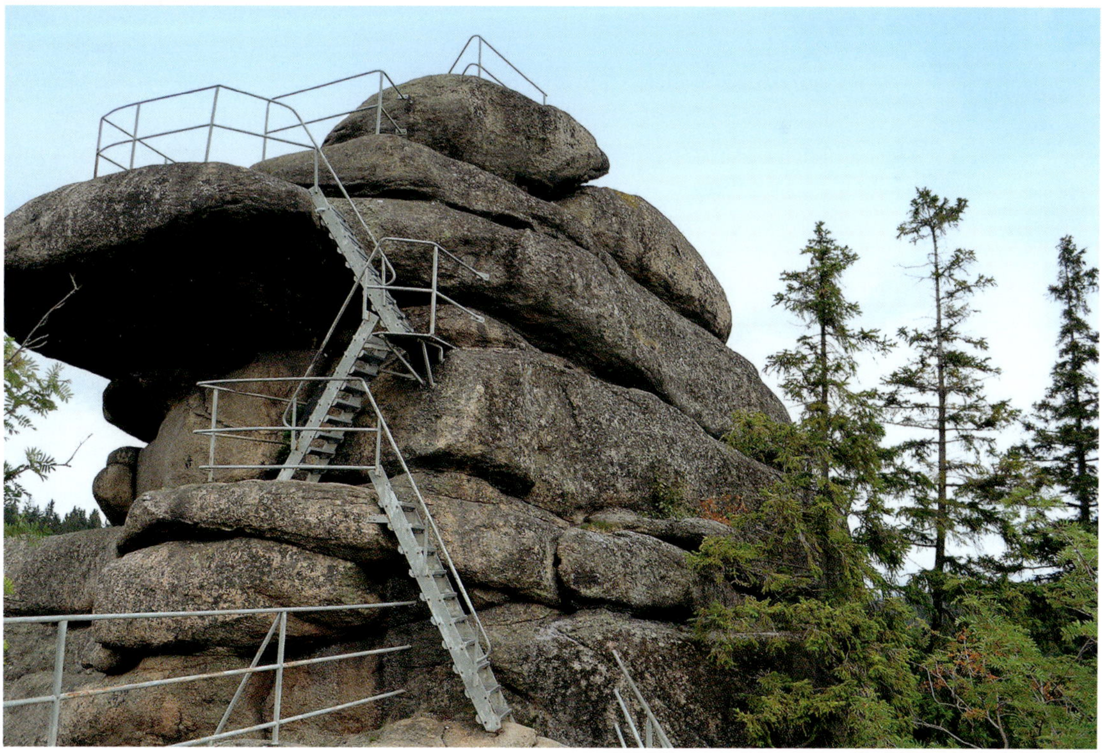

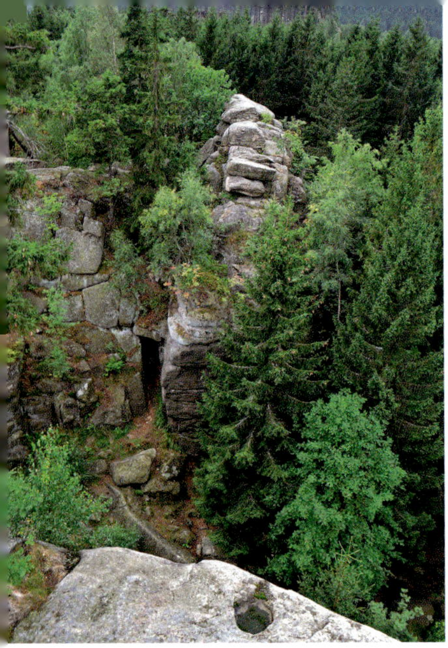

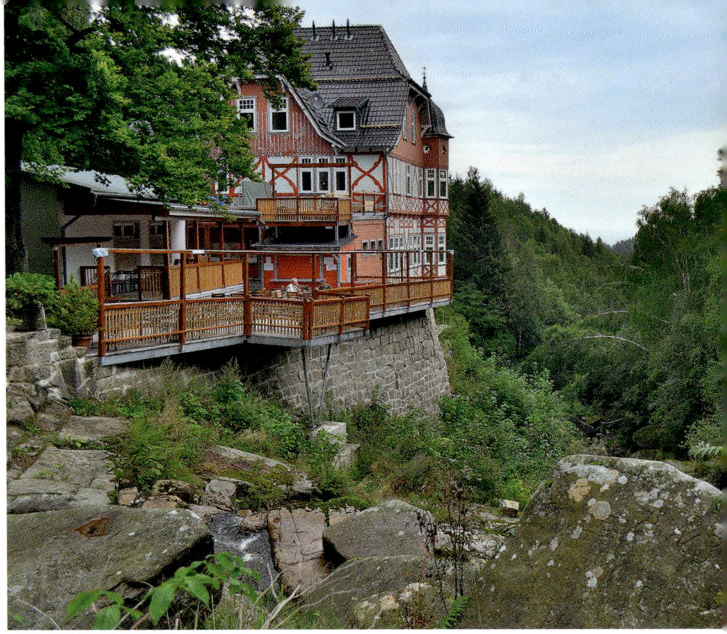

zu erklimmen. Die Aussicht von diesem 36 Meter hohen Granithärtling reicht nach Westen hinüber zum sechseinhalb Kilometer entfernten Brocken, der durch seine Silhouette natürlich deutlich erkennbar ist.

Nachdem wir unser Stempelheft mit einem weiteren Stempel der Harzer Wandernadel gefüllt haben, folgen wir dem breiten Weg durch den Wald und können nach kurzer Zeit einen kleinen Abstecher nach rechts zum Gebohrten Stein einlegen. Dieses Naturdenkmal ist eine weitere aufragende Felsengruppe, die je nach Blickwinkel aussieht, als hätte man ein Loch hineingebohrt.

Es folgen kurz hintereinander zwei Weggabelungen. An der ersten halten wir uns halb links, während wir kurz darauf rechts abbiegen und auf einem schmalen Pfad deutlich hinabsteigen. So gelangen wir zu einer Brücke, die über die Holtemme führt. Die Holtemme bildet hier eine sehenswerte Schlucht, die als ❷ **Steinerne Renne** bezeichnet wird Mehrere Stromschnellen stürzen hier über die zahlreichen Felsen in die Tiefe. Oberhalb dieser Schlucht wurde einst das gleichnamige Gasthaus errichtet, das zusammen mit der felsigen Schlucht ein spektakuläres Bild abgibt. Kein Wunder, dass man hier gleich einkehren möchte. Und während man kurz auf seine Bestellung wartet, kann man am Stempelkasten im Eingangsbereich seinen dritten Erfolg auf dieser Tour verbuchen. Wer es an diesem malerischen Ort nicht sonderlich eilig hat, liebäugelt vielleicht sogar mit dem Gedanken, zu übernachten. Der Gasthof bietet auch liebevoll eingerichtete Zimmer, in denen man seine Wanderrast natürlich verlängern kann.

Ob mit oder ohne Übernachtung, wir verlassen das Gasthaus Steinerne Renne auf dem breiten Zuweg und halten uns in der scharfen Linkskurve nach rechts, um der Bielsteinchaussee zu folgen. Rechts und links des Weges erheben sich nicht nur die Bäume des Waldes, sondern tauchen auch immer wieder Felsen und Klippen auf,

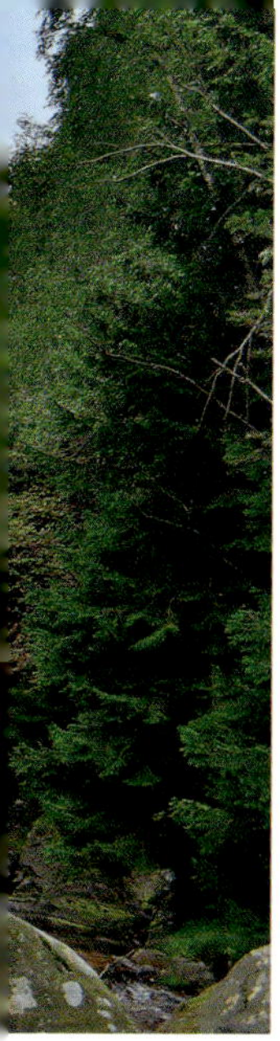

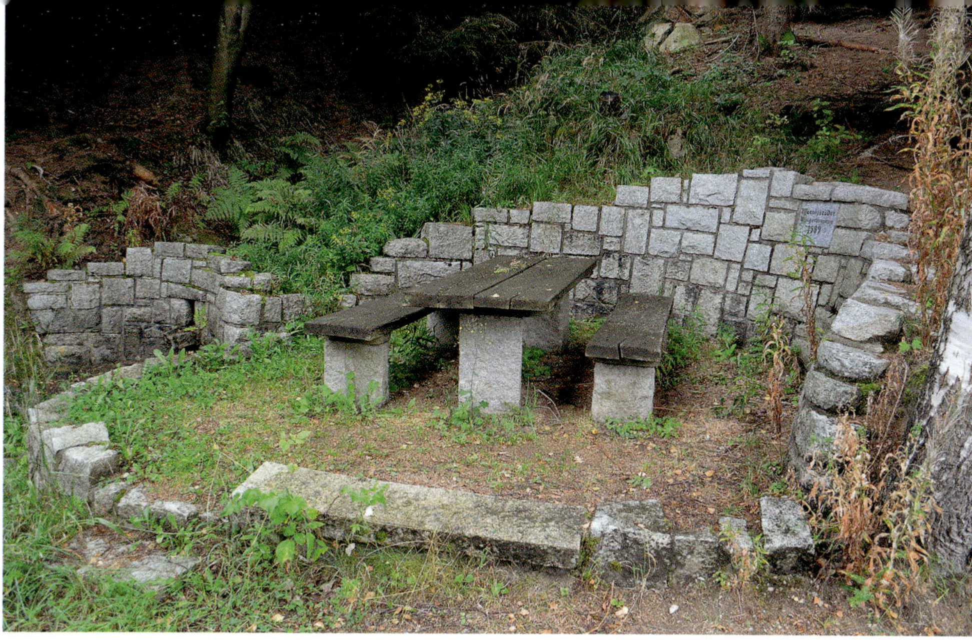

die teilweise mit Moos dicht überwachsen sind. Nach einiger Zeit erscheint auf der rechten Seite ein schmaler Abzweig, der uns alternativ durch das Tal der Kleinen Renne bringen würde. Ebenfalls sehr idyllisch verläuft dieser Weg über Stock und Stein, doch wir bleiben geradeaus, überqueren den schmalen Bachlauf der Kleinen Renne und halten uns an einer Gabelung halb rechts. Dort wartet ein Picknickplatz auf uns, von dem aus wir eine tolle Aussicht über den Wald hinweg bis zum Schloss von Wernigerode genießen können.

Links: Hier muss man hinauf, wenn man den Ottofelsen erklimmen möchte.

Mitte: Beliebt und einsam ist das Gasthaus Steinerne Renne.

Rechts: Der Bürgerbrunnen mit Picknickplatz

Kurz darauf wenden wir uns nach links und verlassen die Bielsteinchaussee, um auf einem schmalen Pfad zur Mönchsbuche zu gelangen. Auf dem Weg dorthin passieren wir noch den Wernigeröder Bürgerbrunnen. Eine Sitzgruppe bietet hier ebenfalls die Möglichkeit einer kleinen Pause. Einer der Steine des Brunnens trägt die Jahreszahl 1989 und erinnert damit an die damalige friedliche Revolution in der DDR. Wenig später gelangen wir zu einer Gabelung, an der wir zwar halb rechts weiterwandern, doch halb links können wir nach wenigen Metern einen weiteren Stempel erhalten und einen nächsten nett angelegten Rastplatz kennenlernen. Mönchsbuche ist sein Name und erinnert an den Mönchsstieg, der die beiden Klöster Ilsenburg und Himmelpforte miteinander verbindet. Einst sollen hier die Mönche eine Rast eingelegt haben, wenn sie zwischen den beiden Klöstern unterwegs gewesen waren. Der heutige moderne Klosterwanderweg, der die Klöster im Norden des Harzes miteinander verbindet, verläuft jedoch ein Stück weiter nördlich.

An dem Abzweig bleiben wir halb rechts und genießen immer wieder den Ausblick über die bewaldeten Gipfel des Harzes. Kurz hinter der Sitzgruppe namens Wernigeröder Fenster gehen wir halb links weiter, erreichen wenig später den Bachlauf Goslarsche Gleie und folgen dem Tal sanft hinab durch den Wald, bis wir im Laufe der Wanderung irgendwann die Harzer Schmalspurbahn hören und sie an unserem Ausgangspunkt am E **Bahnhof Steinerne Renne** auch wiedersehen.

22

Wandern mit dem Hexenbesen

Ausblicke vom Hexentanzplatz bei Thale

Mittel | 10 km | 480 Hm | 3:30 Std.

Tourencharakter
Anstrengende Wanderung, die Kondition, Trittsicherheit und Schwindelfreiheit erfordert. Mit einem steilen Aufstieg kommt man zum Hexentanzplatz und steigt über einen steilen und schmalen Pfad wieder hinab in das Tal.

Ausgangs-/Endpunkt
Parkplatz am Hüttenmuseum, An der Hütte 1, in Thale (GPS: 51.745425, 11.027792)

Anfahrt
Auto: Ab Blankenburg oder ab Quedlinburg über Landstraßen nach Thale und der Ausschilderung zur Seilbahn und zum Bahnhof folgen. Hinter dem Bahnhof rechts auf den Parkplatz am Hüttenmuseum. **Bahn/Bus:** Mit dem HarzElbeExpress (HEX-Bahn) zum Bahnhof Thale oder mit verschiedenen Buslinien ab Gernrode, Blankenburg und Quedlinburg dorthin.

Einkehr
Zahlreiche Möglichkeiten; im Bodetal das Gasthaus Königsruhe und der Kleine Waldkater neben der Jugendherberge

Karte
Karte der Harzer Wandernadel, Blatt 3, 1:50 000, über http://shop.harzer-wandernadel.de

Tourismusinformation
Bodetal-Information Thale, Bahnhofstraße 1, 06502 Thale, Tel. 03947/77680-0, www.bodetal.de

Sonstiges
Stempelstellen 72 (La Viershöhe), 70 (Prinzensicht) und 178 (Hirschgrund

Überall im Harz sieht man die Hexe auf ihrem Besen reiten. Sie zeigt sich auf Autoaufklebern, Wanderschildern und Werbetafeln und ist ein Erkennungszeichen des Harzes. Auf dem Hexentanzplatz oberhalb des spektakulären Bodetals bei Thale kommen wir ihr noch näher.

Hermine Granger aus den Harry-Potter-Romanen; Gundel Gaukeley, die es auf Dagobert Ducks ersten Zehner abgesehen hat und Bibi Blocksberg, die für ihr »Hex, hex!« berühmt ist, sind es nicht, die uns bereits kurz nach dem Start am **A Parkplatz** neben dem Hüttenmuseum im Tal entgegenkommen. Aber es sind Hexen, ganz eindeutig. Ein entsprechendes Gewand, ein Hexenbesen und der Zauberhut auf dem Kopf sprechen eine deutliche Sprache. In Thale dreht sich alles um das Hexenwesen – bezaubernd. Man merkt gleich, dass hier etwas los ist und es sich definitiv nicht um eine ruhige, abseits gelegene Wanderung halten wird. So gehören eben auch die Damen dazu, die im Hexengewand rund um die **Seilbahntalstation** schleichen und sich leicht furchterregend den Touristen nähern.

Wir fürchten uns nicht, sondern haben höchstens Platzangst, weswegen die Kabinenbahn von uns ignoriert wird. Aber wir wollen ja ohnehin

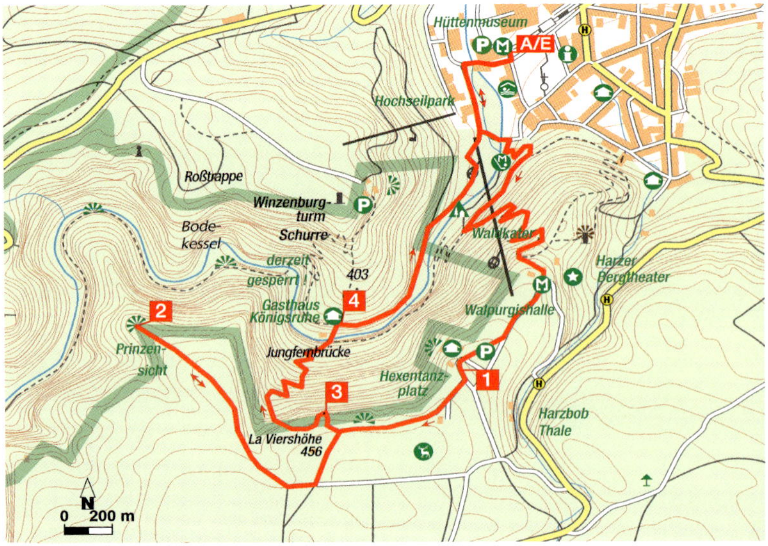

wandern und deswegen biegen wir am Ende des Goetheweges direkt vor der Talstation der Seilbahn links ab, überqueren die Bode und steigen gleich darauf halb rechts in den Hexenstieg ein. Dieser führt uns auf einem Waldpfad leicht nach oben. Die Bode zu unserer Rechten wird immer schmaler, zumindest kommt es uns so vor, und schließlich erreichen wir einen Abzweig nach links, wo ein Serpentinenweg beginnt, der uns die ein oder andere Schweißperle auf die Stirn treibt. Ein gutes Dutzend Haarnadelkurven sind es, mit denen wir höher steigen. Grüßende Menschen kommen uns fröhlich entgegen und wir versuchen, zwischen unseren Atemzügen zurückzugrüßen. Doch auch der steilste Anstieg hat einmal ein Ende und so stehen wir nach einer Vielzahl verbrauchter Kalorien vor dem Harzeum, das uns mit seiner Walpurgisgrotte als erstem Gebäude auf dem Gipfel begrüßt. Dahinter folgen das Harzer Bergtheater und die Walpurgishalle. Herzlich willkommen, wir sind im Reich der Hexen angekommen.

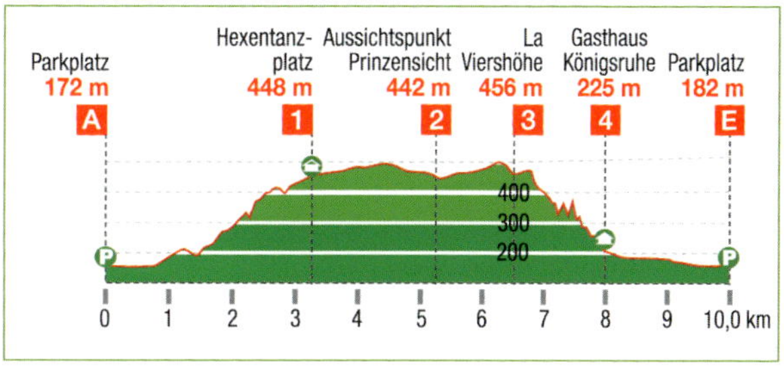

Die Walpurgisnacht

Die legendäre Walpurgisnacht findet immer am 30. April statt und wird vor allen Dingen im Harz ausgiebig gefeiert. In anderen Regionen Deutschlands feiert man sie zwar auch, eher aber mit einem »Tanz in den Mai«. Der Name leitet sich ab von der heiligen Walpurga, die an einem 1. Mai des 9. Jahrhunderts heiliggesprochen wurde.

Während in der Walpurgishalle große Wandgemälde auf den Besucher warten und Motive aus Goethes Faust zeigen, finden im Theater Aufführungen unter freiem Himmel statt. Nicht ganz einfach für die Schauspieler, denn die Zuschauer könnten durch die tolle Fernsicht in das Harzer Vorland, die als Kulisse dient, gelegentlich leicht abgelenkt sein. Ebenfalls schöne Aussichten erhalten wir, wenn wir an der Bergstation der Seilbahn vorbeigehen und uns dem ❶ **Hexentanzplatz** nähern.

Links: Der Teufel wartet bereits auf dem Hexentanzplatz.

Rechts: Die Hexen von Thale laufen einem über den Weg.

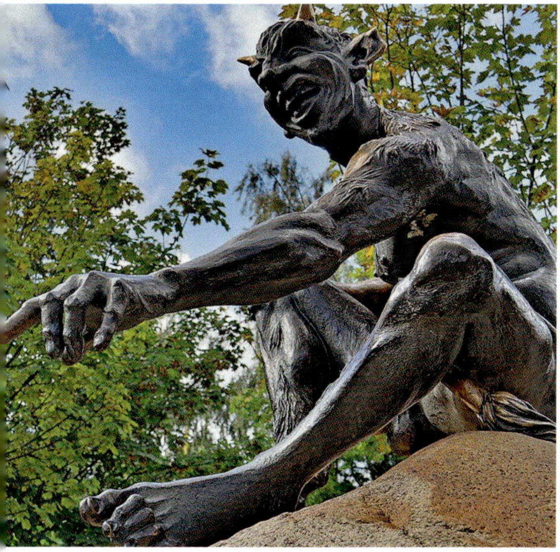

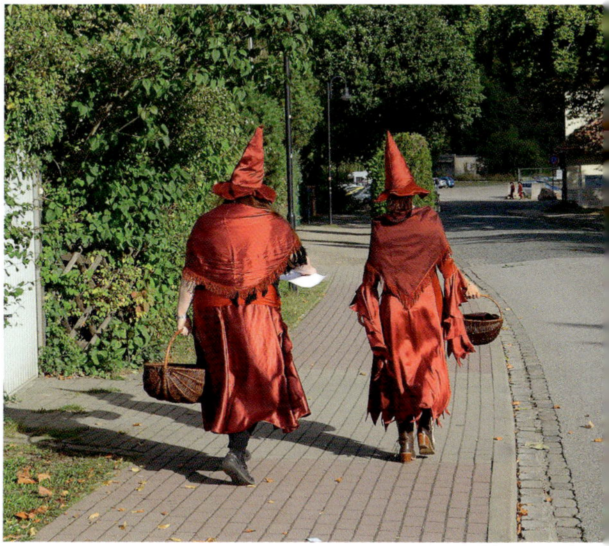

Jetzt wird es vielleicht doch ein wenig unheimlich, denn es sind nun nicht nur Hexen, denen wir begegnen, sondern auch der Teufel höchstpersönlich. Dass dieser sich aber als freundlicher Gastgeber entpuppt, hätten wir wohl nicht erwartet. Mehrere gastronomische Einrichtungen, die sich nach dem Beelzebub benennen, bieten uns Einkehrmöglichkeiten nach dem anstrengenden Aufstieg. Auf der rechten Seite gelangen wir dann zwischen den Souvenirläden hindurch zu einer Aussichtsterrasse, von der wir nach Thale zurück- und in das enge, bewaldete Bodetal hineinblicken können.

Nach einem ausgiebigen Rundgang über den Hexentanzplatz verabschieden wir uns von der diabolisch grinsenden Teufelsfigur mitten auf dem Platz und gehen in den Wald hinein, wo wir den hiesigen Tierpark streifen. Diesen lassen wir links liegen und erreichen einen Abzweig zur La Viershöhe. Diesen merken wir uns, denn hier werden wir wieder in das Bodetal hinabsteigen. Doch zuvor lohnt sich noch ein kurzer Gang zu einem weiteren Aussichtspunkt. Dafür gehen wir geradeaus bis zu einer Köhlerhütte, die heute als Unterstand für Wanderer dient, und biegen auf dem etwas breiteren Waldweg nach rechts ab. Halb rechts folgt ein immer schmaler werdender Weg, der am ❷ **Aussichtspunkt Prinzensicht** endet.

Hier genießen wir den Blick in das Tal und vor allen Dingen auf den gegenüberliegenden Berghang, der unter dem Namen Roßtrappe bekannt ist. Gut zu erkennen ist der als Schurre bezeichnete Serpentinenweg, auf dem man vom Bodetal hinauf bis zur Roßtrappe wandern könnte. Leider ist die Schurre seit dem Jahr 2010 wegen eines Felssturzes gesperrt und es bleibt abzuwarten, ob und wann der spektakuläre Weg wieder begangen werden darf. Nach der Aussicht gehen wir zurück zur Köhlerhütte und entscheiden uns nun für den Pfad zur ❸ **La Viershöhe**. Auch hier genießen wir wieder beste Ausblicke hinüber zur Roßtrappe und nach Thale. Doch danach folgen rund 200 Höhenmeter, die wir bergab wandern und für die wir Tritt-

Links: Ausblick über Thale hinweg in das Harzvorland

Mitte: Die Bode fließt unterhalb des Hexentanzplatzes nach Thale.

Rechts: Knorrige Bäume an der La Viershöhe

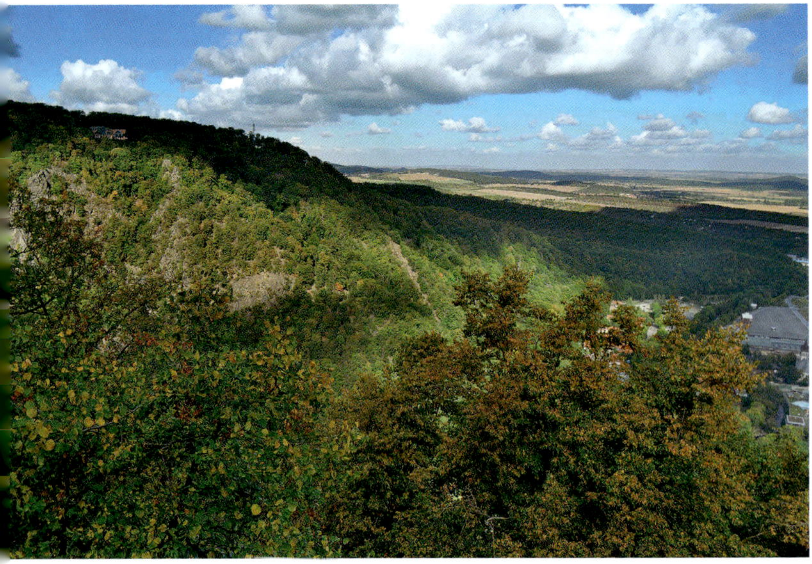

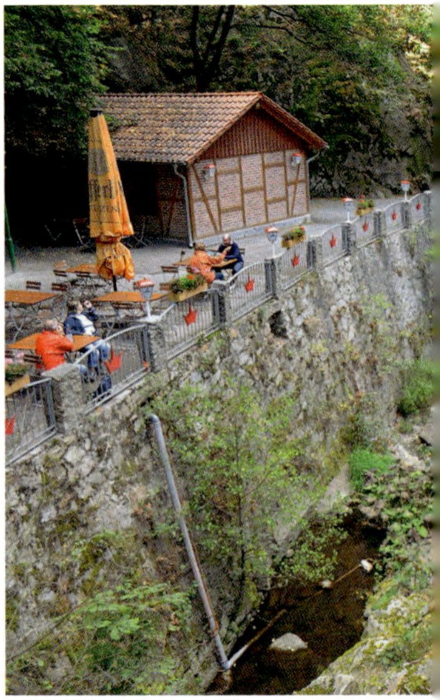

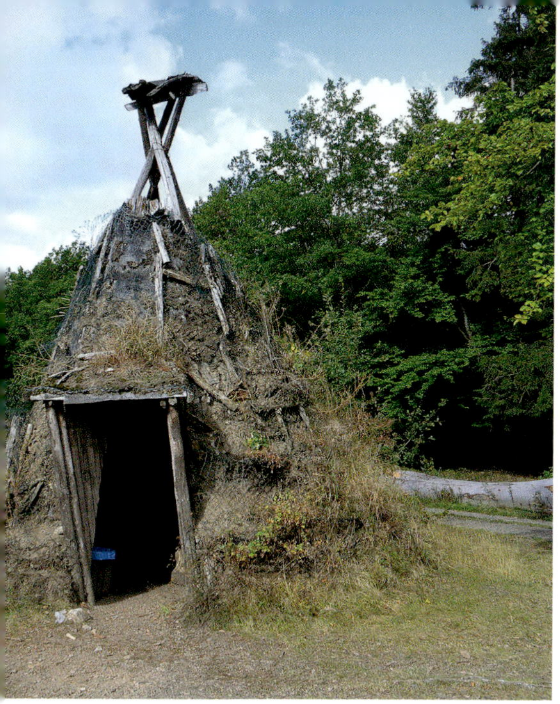

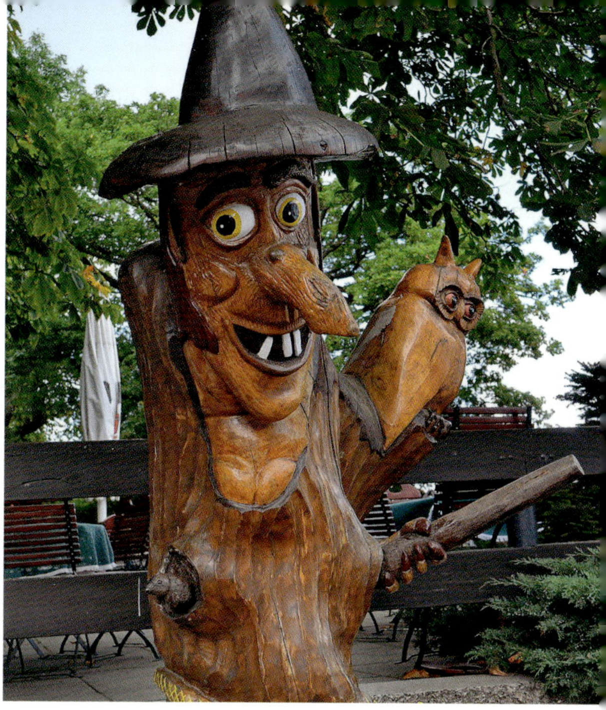

sicherheit mitbringen sollten. In einer nicht enden wollenden Folge von Serpentinen erreichen wir schließlich das Bodetal, wo wir über die kleine Steinbrücke hinweg zum 4 **Gasthaus Königsruhe** gelangen können.

Ansonsten halten wir uns rechts und erreichen über einen malerischen Weg entlang der Bode nach einiger Zeit wieder die Talstation der Seilbahn und den E **Parkplatz**. Wir sind stolz darauf, es geschafft zu haben, wir sind zu Fuß zum Hexentanzplatz hinauf und wieder hinab. Was sollten uns also die Hexen, die hier immer noch ihr Unwesen treiben, anhaben können.

Links: Köte am Wegesrand

Rechts: Zahlreiche Holzskulpturen gibt es am Hexentanzplatz zu sehen.

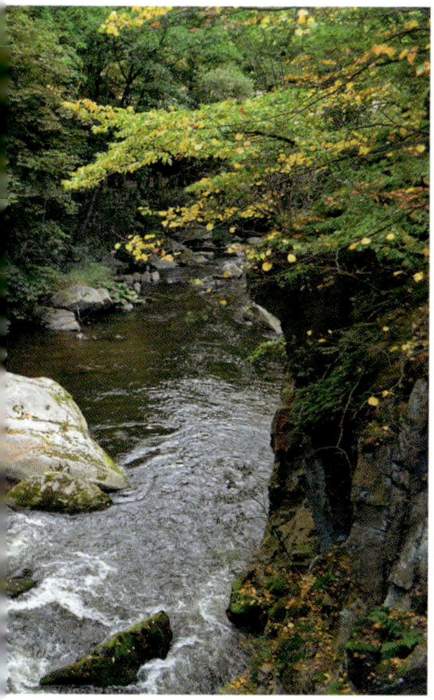

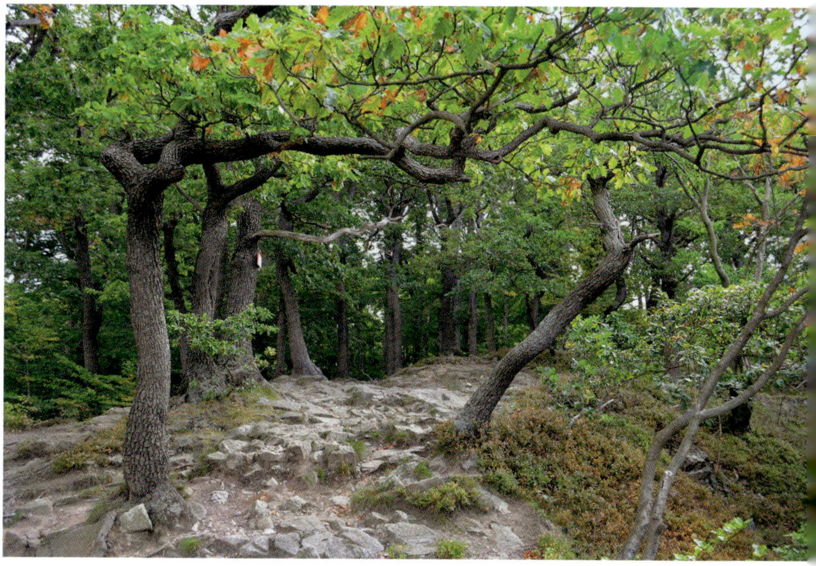

23

Zum Aussichtspunkt Wilhelmsblick

Wandertour entlang der Bode

Mittel | 9,5 km | 450 Hm | 3:30 Std.

Tourencharakter
Leichte Wanderung zunächst durch das Tal der Bode, später zu Aussichtspunkten mit schönen Blicken auf den Fluss.

Ausgangs-/Endpunkt
Parkplatz am Kreisverkehr im Zentrum von Treseburg, Ortsstraße (GPS: 51.716089, 10.974364)

Anfahrt
Auto: Entweder ab Thale über die Kreisstraße bis Treseburg oder die Bundesstraße 81 zwischen Blankenburg und Hasselfelde bis zum Abzweig nach Altenbrak, durch Altenbrak hindurch bis zum Kreisverkehr in Treseburg. **Bus:** Mit dem Bus 18 zur Haltestelle Treseburg Rübezahl.

Einkehr
Mehrere Einkehrmöglichkeiten in Treseburg und Altenbrak; Gasthaus Zum Alten Forsthaus Todtenrode ungefähr zur Hälfte der Wanderung

Karte
Karte der Harzer Wandernadel, Blatt 2, 1:50 000, über http://shop.harzer-wandernadel.de

Tourismusinformation
Bodetal-Information Altenbrak, Unterdorf 5, 06502 Thale OT Altenbrak, Tel. 03947/77680-0, www.bodetal.de

Sonstiges
Stempelstellen 64 (Böser Kleef), 65 (Gasthaus Todtenrode) und 66 (Wilhelmsblick)

Die Bode bildet im Harz ein wunderschönes Tal, das besonders bei Thale ein beliebtes Ausflugsziel ist. 200 Meter ragen die Wände rechts und links des Flusses steil auf. Etwas weiter südwestlich windet sich die Bode zwischen Treseburg und Altenbrak durch ein ebenfalls enges Tal.

Die Treseburger und Altenbraker mögen es bitte verzeihen, aber es gibt Landschaften im Harz, für die man sich vielleicht nicht sofort erwärmen kann, obwohl sie ihren ganz eigenen Reiz und Charme haben. Das Tal der Bode zwischen diesen beiden Ortschaften könnte zu diesen Regionen gehören. Es ist deutlich weniger überlaufen als der Talabschnitt bei Thale, was aber überhaupt nicht als Nachteil gesehen werden muss. Außerdem ist es recht eng im Tal, was sich besonders am Südufer der Bode deutlich bemerkbar macht. Man bekommt bei der Fahrt durch das Tal den Eindruck, der Weg südlich der Bode erhielte nie Tageslicht. Sonnenschutz ist dort tatsächlich nicht notwendig. Und wer zwischen Einparken und Schnüren der Wanderschuhe noch schnell einen Blick auf die Wetter-App

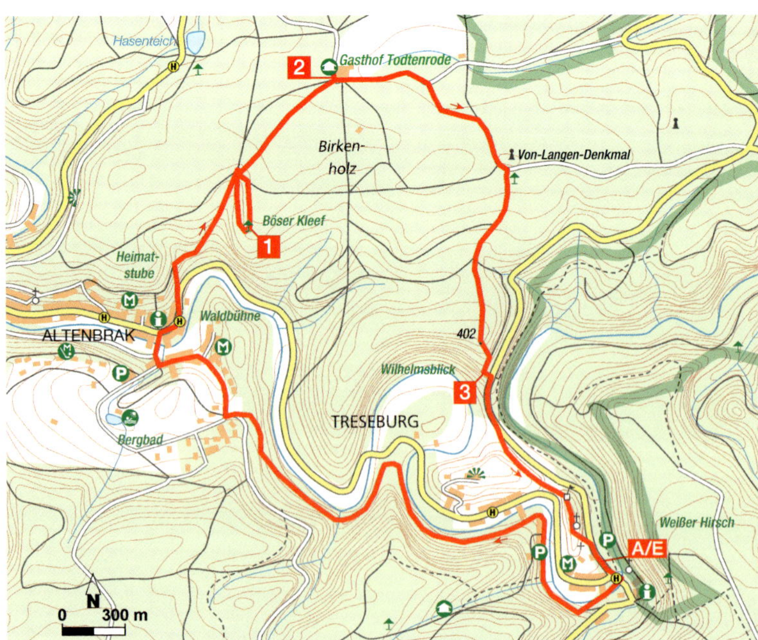

werfen möchte, verwirft diesen Wunsch gleich nach einem Blick auf das Display. Kurzum: Das Tal wirkt abgeschieden, aber gerade das macht den Reiz aus.

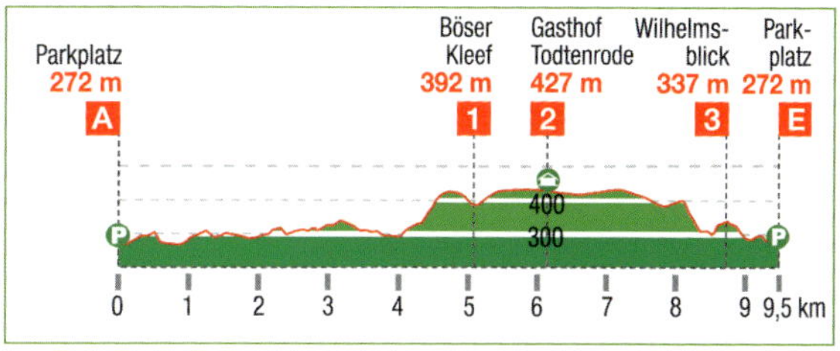

Wir starten unsere Wanderung auf dem schattigen Weg entlang der Bode. Am Kreisverkehr verlassen wir den **A Parkplatz**, überqueren die Bode und sehen zu unserer Linken noch, wie die Luppbode in den etwas größeren Fluss mündet. Gegenüber der Touristinformation wenden wir uns nach rechts und folgen dem gemütlichen Weg entlang des Flusses und dichten Baumkronen. Eine alte Furt sehen wir auf der rechten Seite, die durch das seichte Wasser des Flusses führt. Keine Sorge, wir müssen nicht da durch, wir überqueren auch nicht die Fußgängerbrücke, die gleich im Anschluss folgt. Hier sollten wir aber wenigstens einen kurzen Blick auf das sehenswerte Hotel Bodeblick werfen. Mit seinem Turm und der steinernen Fassade wirkt es beinahe schon mystisch. Entstanden ist das denkmalgeschützte Bauwerk Ende des 19. Jahrhunderts, teilweise aus den Steinen der Ruine Treseburg.

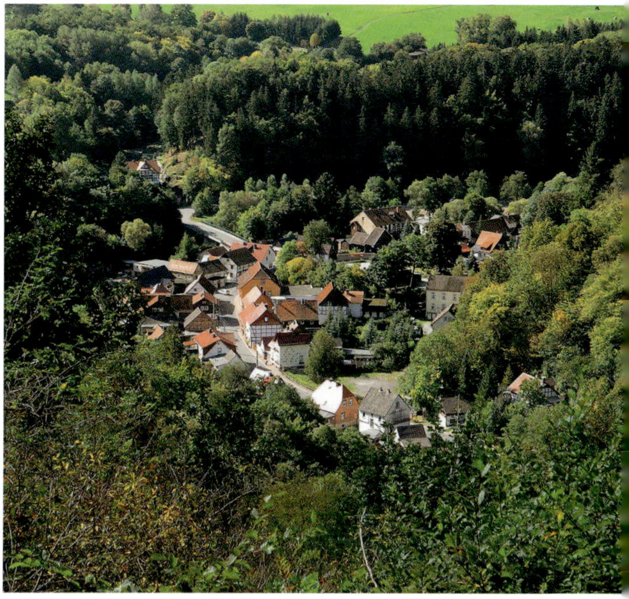

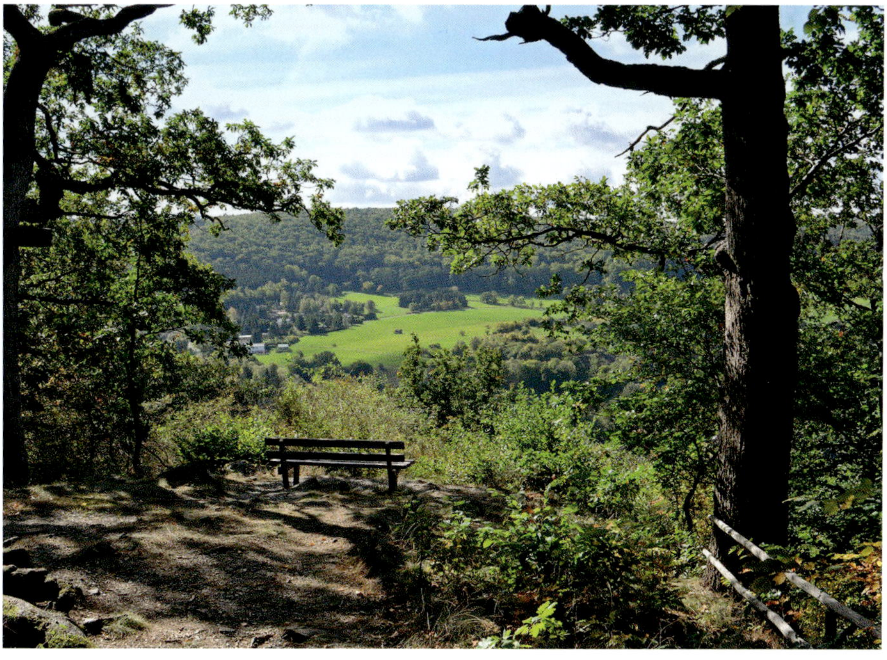

Am Aussichtspunkt Böser Kleef blickt man nach Altenbrak.

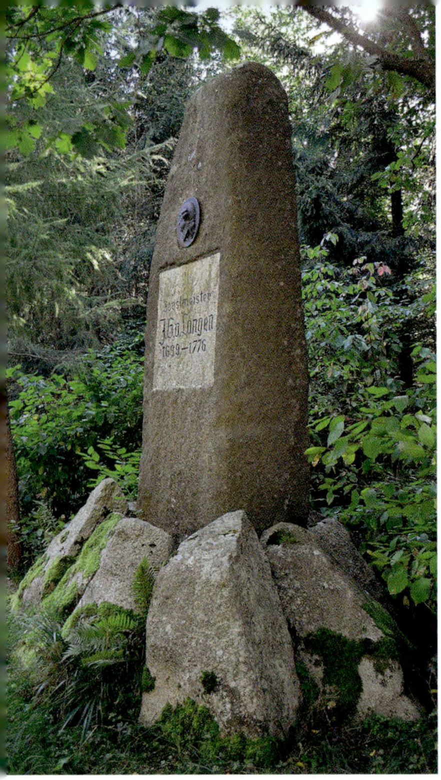

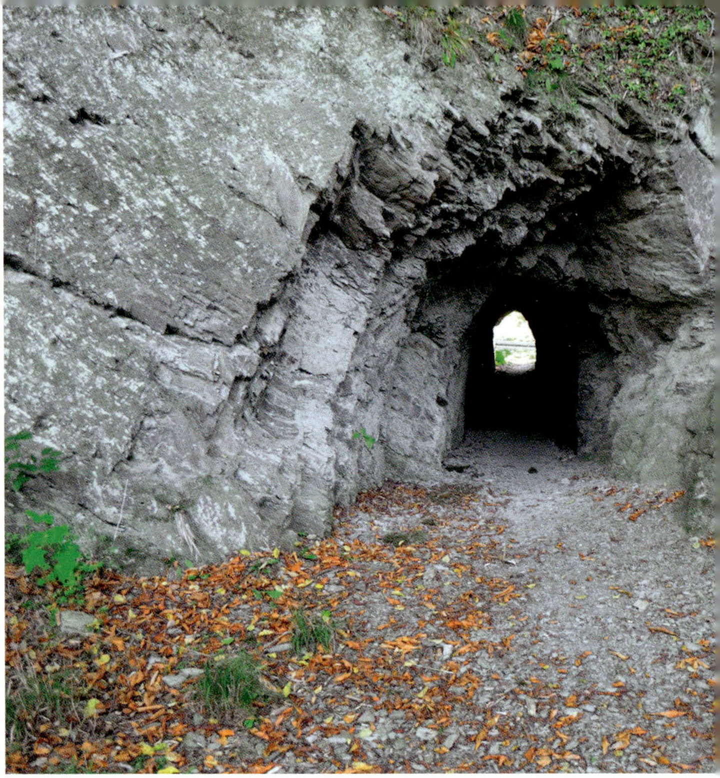

Gleich dahinter verläuft der Wanderweg natürlich genauso kurvig wie der Fluss, doch an einem Rastplatz verlassen wir den Fluss für einen kurzen Augenblick und kürzen hier ein Stück ab. Die Bode dreht hier nämlich eine weite Schleife und wir können ganz einfach von einem Abschnitt des Flusses zum anderen gelangen. Hinter einer Schutzhütte wartet eine Gabelung auf uns, an der wir halb links und leicht bergauf zu den ersten Häusern von Altenbrak gelangen. Den Harzer Hexenstieg, auf dem wir nun auch einige Zeit unterwegs gewesen sind, verlassen wir gleich an der ersten Gelegenheit nach rechts und kommen über die Straße Rolandseck wieder hinab zur Bode. Damit sind wir ab sofort nur noch nördlich der Bode unterwegs, biegen direkt rechts ab und passieren die schmale Straße mit der kleinen Tourismusinformation von Altenbrak. Am Ortsausgang gehen wir halb links wieder in den Wald hinein und beginnen nun unsere erste richtige Steigung auf dieser Wanderung.

Der Harzer Hexenstieg

Rund 100 Kilometer ist der Harzer Hexenstieg lang, der einmal quer durch das Mittelgebirge verläuft und Osterode am Harz im Südwesten mit Thale im Nordosten verbindet. Dabei verläuft er passenderweise auch über den Berg der Hexen, den Brocken. Der Fernwanderweg ist sehr gut ausgeschildert und mit einer Hexe auf ihrem Besen markiert.

In einem weiten Rechtsbogen kommen wir zu einem Querweg, an dem wir ebenfalls rechts gehen und nach kurzer Zeit den Aussichtspunkt ❶ **Böser Kleef** erreichen. Hier genießen wir einen wunderbaren Ausblick auf das Bodetal und erkennen gut, wo wir vor wenigen Minuten noch durch Altenbrak gelaufen sind. Lassen wir den Bösen Kleef hinter uns, so orientieren wir uns an einer großen Weggabelung an der Beschilderung zum ❷ **Gasthof Zum Alten Forsthaus Todtenrode**. Es sind nur rund 600 Meter, bis

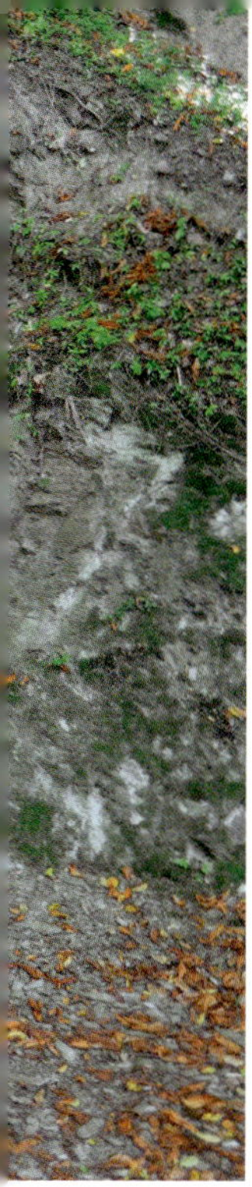

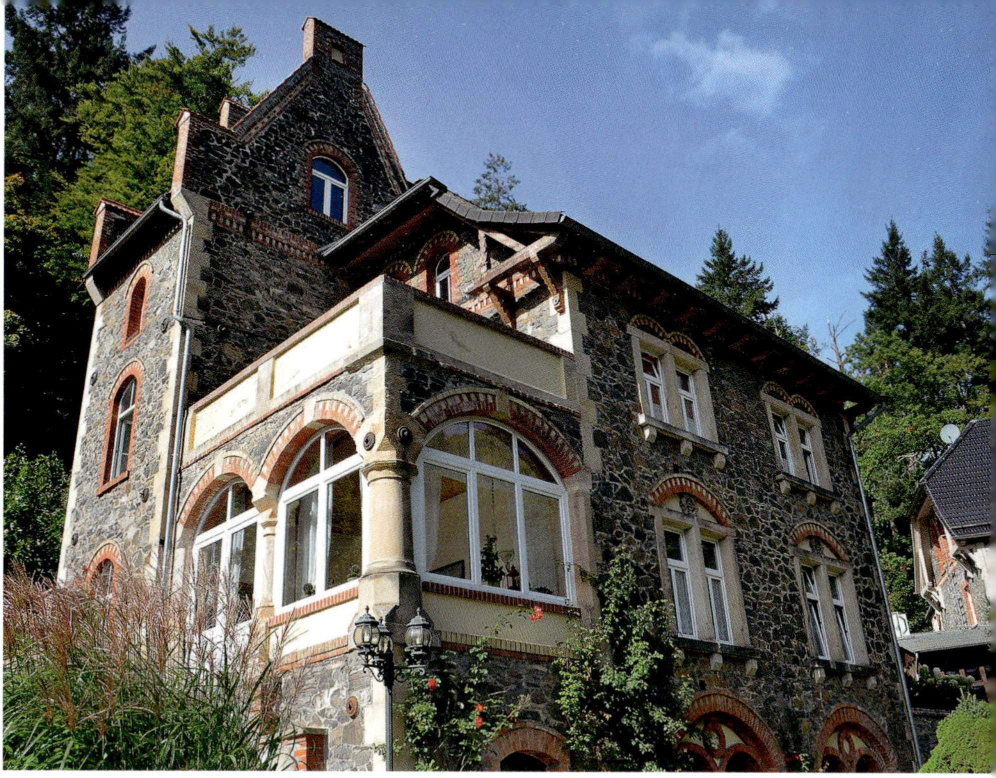

wir dieses erreicht haben und uns eine kleine Auszeit gönnen können. Kesselgulasch, Steinpilzsuppe und auch größere Gerichte schmecken in dieser idyllischen Lage mitten im Wald besonders gut. Am Stempelkasten an der Zufahrt drücken wir uns nach dem Stempel am Aussichtspunkt bereits den zweiten Abdruck in unser Sammelheft.

Wir folgen dem breiten Forstweg zwischen Forsthaus und Köhlerhütte in Richtung Von-Langen-Denkmal. Dieses erinnert an den Forstmeister, der im Auftrag von König Christian VI. das Forstwesen in Dänemark fördern sollte und auch in Norwegen als Generalforstmeister tätig war. An dem Denkmal verlassen wir den Forstweg und gehen geradeaus auf einem schmalen Pfad, der uns zur Landstraße hinabbringt. Wir halten uns rechts und folgen der Straße leicht bergab in Richtung Treseburg, doch schon nach kurzer Zeit überrascht uns ein extra für uns Wanderer angelegter Tunnel. Wir unterqueren in dem 20 Meter langen Tunnel den Fels, wenden uns nach links und gelangen über einige Stufen hinauf zum ❸ **Wilhelmsblick**, benannt nach dem Straßenbaumeister, der ebendiesen Tunnel bauen ließ.

Sowohl zu unserer Rechten als auch zu unserer Linken genießen wir den Blick in das Bodetal und wandern auf dem schmalen Berggrat südwärts bis zum nächsten Aussichtspunkt Krügers Lust. Auch hier haben wir wieder schöne Ausblicke, bevor wir am Kriegerdenkmal über den Burgplatz der einstigen Tresenburg langsam nach Treseburg und zum Ⓔ **Parkplatz** hinabwandern. Dabei kommen wir noch an der netten Bergkirche vorbei und legen abschließend sämtliche Vorurteile gegenüber dem engen und dunklen Tal ab.

Links: Denkmal zu Ehren von Johann Georg von Langen am Wegesrand

Mitte: Der Höhlendurchgang unterhalb vom Wilhelmsblick

Rechts: Schöne Bauwerke unterwegs in Treseburg

24

Von der Selkesicht zur Burg Falkenstein

Die Zwei-Sackgassen-Tour

Mittel | 7,5 km | 392 Hm | 3:00 Std.

Tourencharakter
Eine recht kurze, aber dennoch anspruchsvolle Wanderung mit zwei deutlichen Aufstiegen. Beide führen zu Aussichtspunkten oberhalb des Selketals. Da es sich jeweils um eine Sackgasse handelt, kehrt man zwischendurch zum Ausgangspunkt zurück und kann sie auch in anderer Reihenfolge angehen.

Ausgangs-/Endpunkt
Parkplatz an der Jugendherberge Falkenstein im Selketal, Falkensteiner Weg 2b, 06463 Falkenstein/Harz (GPS: 51.688466, 11.275168)

Anfahrt
Auto: Über die Bundesstraße 185 nach Falkenstein oder Ballenstedt und nach Meisdorf, am südlichen Ortsrand weiter in Richtung Pansfelde und kurz hinter dem Ortsausgang rechts auf dem schmalen Weg zur Jugendherberge. **Bus:** Keine Verbindung.

Einkehr
Hotelrestaurant Zum Falken in Falkenstein/Harz

Karte
Karte der Harzer Wandernadel, Blatt 3, 1:50 000, über http://shop.harzer-wandernadel.de

Tourismusinformation
Touristinformation Falkenstein-Meisdorf, Hauptstraße 31, 06463 Falkenstein/Harz (Meisdorf), Tel. 034743/8200, www.falkenstein-harz.de

Sonstiges
Stempelstellen 204 (Selkesicht) und 200 (Burg Falkenstein)

Das Selketal im Osten des Harzes bietet eine Vielzahl an Wandermöglichkeiten. Entweder bleibt man unten im abgeschiedenen Tal oder man entscheidet sich für den einen oder anderen Aufstieg, um den Ausblick ins Selketal genießen zu können und dabei auch noch Kultur zu erleben.

Wir entscheiden uns für Letzteres und wollen das Selketal von oben betrachten. Doch schon am Ⓐ **Ausgangspunkt** stehen wir vor der Entscheidung, welchen Aufstieg wir denn wählen wollen. Der Einfachheit halber nehmen wir einfach beide der Reihe nach. So überqueren wir zunächst den schmalen Wasserlauf der Selke und sehen nach wenigen Metern an einer Informationstafel einen steilen Aufstieg, der durch den Wald nach oben führt. Lumpenstieg nennt er sich und was die Höhenmeter betrifft,

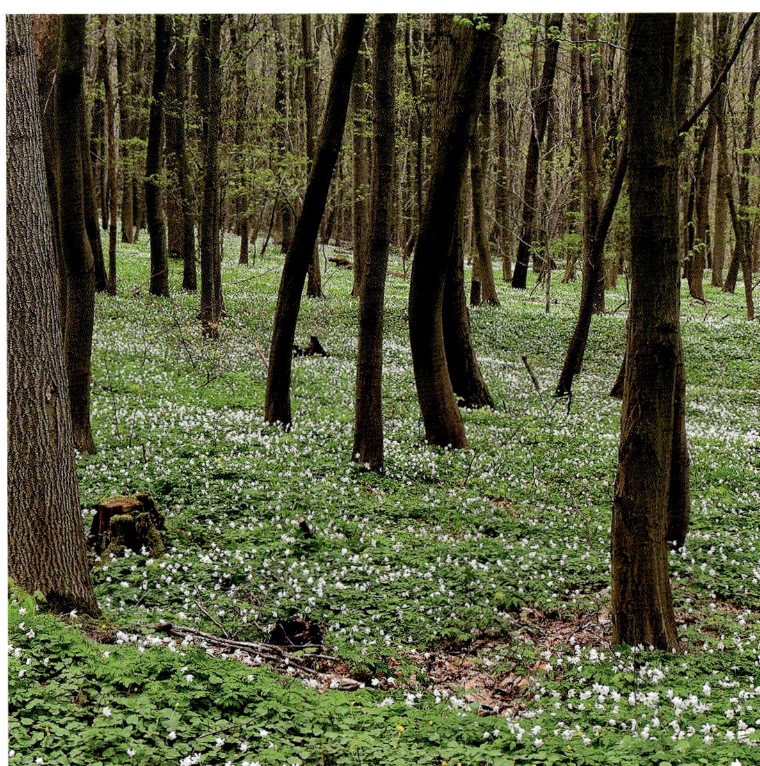

Eine malerische Wanderung bieten die Wälder im Selketal.

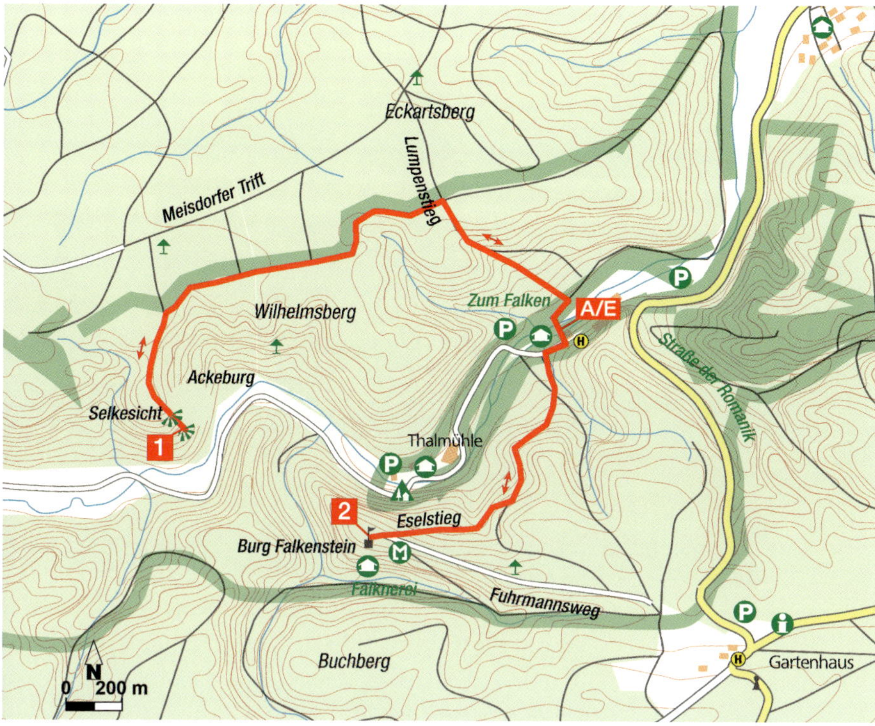

Stolz erhebt sich die Burg Falkenstein über dem Selketal.

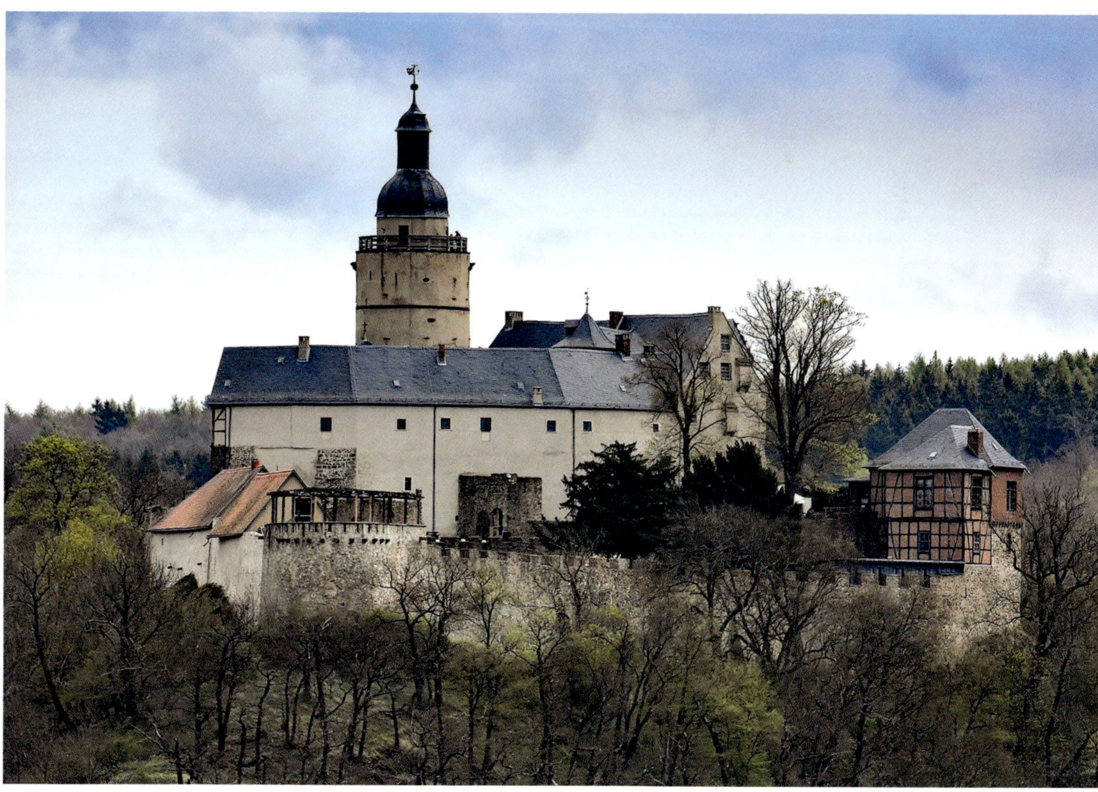

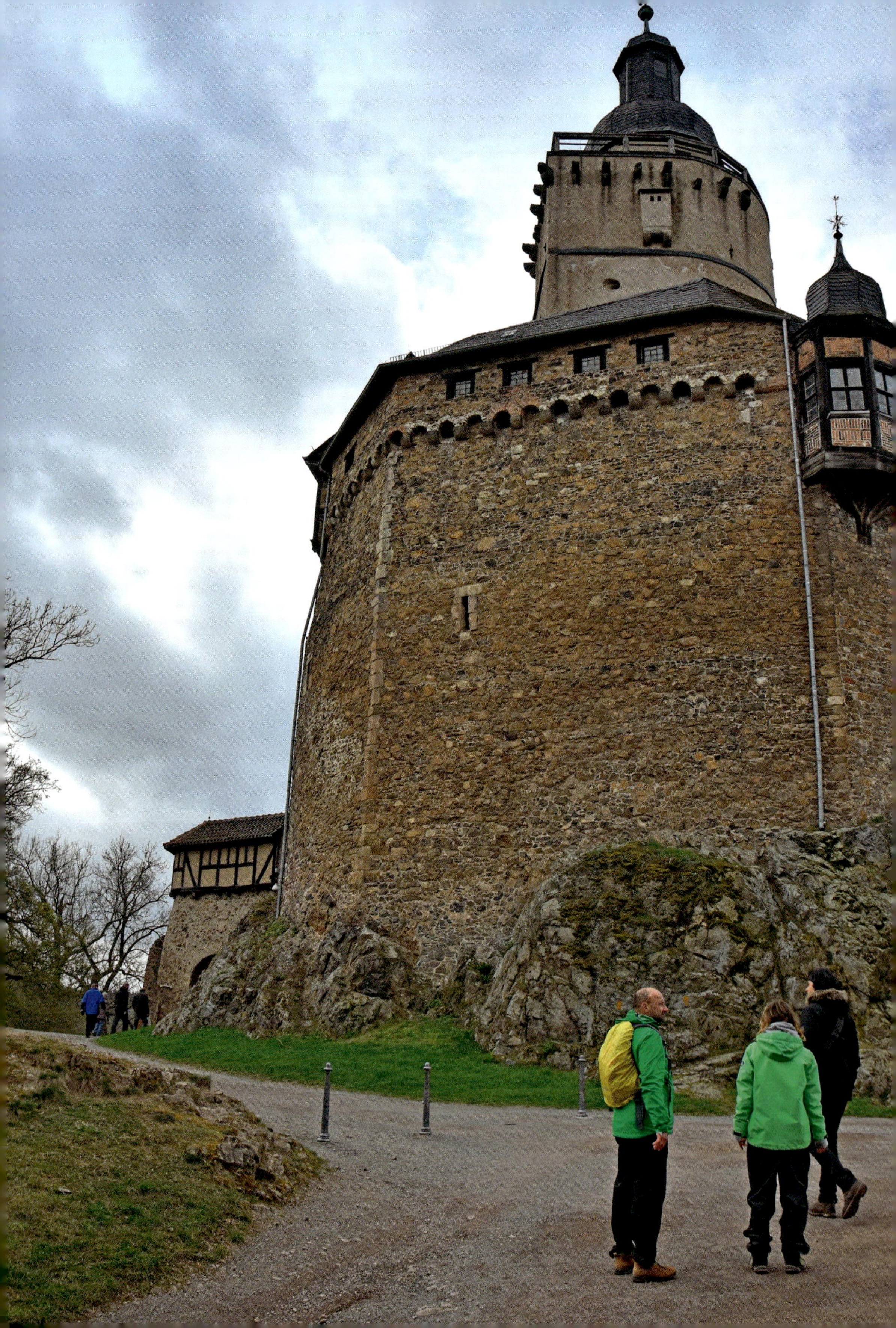

lässt er sich ganz und gar nicht lumpen, der Lump. Doch genug der Wortspiele. Es geht deutlich bergauf und der Weg lässt uns immer wieder anhalten, um mal kurz durchzuatmen. Ausblicke sind dabei leider noch Fehlanzeige, doch jeder Anstieg hat einmal ein Ende. Dieser hier nach rund 140 Höhenmetern, wenn wir an einer Kreuzung angelangen. Hier gehen wir halb links weiter durch den Wald und können ohne weitere Steigung wieder schnelleren Schrittes wandern. An einer Gabelung gehen wir rechts und wandern schnurgerade durch den Wald, bis wir auf den Hinweis der Ackeburg treffen. Bis auf einen überwachsenen Wall im Waldboden erkennen wir von der einstigen Burganlage nicht mehr viel. Sie existierte vom frühen 13. bis zum 14. Jahrhundert und gehörte den Burgmannen des Grafen von Falkenstein.

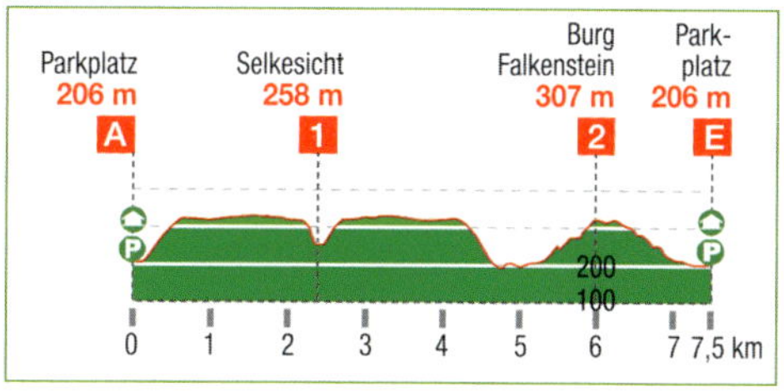

Links: Oben angekommen steht man vor der mächtigen Burg Falkenstein.

Zumindest diese Burg sehen wir aber deutlich, denn wir haben die ❶ **Selkesicht** erreicht und können hier nicht nur tief in das bewaldete Tal blicken, sondern sehen auf der gegenüberliegenden Talseite, wie sich dort stolz die Burg Falkenstein erhebt. Nach einer ausgiebigen Rast an diesem recht einsam gelegenen Aussichtspunkt tragen wir noch einen Stempel in unser Stempelheft ein und machen uns auf den Rückweg. Denn um zur Burg Falkenstein zu gelangen, müssen wir wieder durch den Wald bis zu dem bereits bekannten steilen Abstieg. Am Ausgangspunkt angekommen, können wir uns natürlich im Gasthof für den nächsten Aufstieg stärken. Nur wenige Meter entlang der Straße durch Selketal gelangen wir zu dem Eselstieg, der uns zur Falkenburg bringen wird. Auch dieser Aufstieg bringt uns die ein oder andere Schweißperle auf die Stirn, ist jedoch deutlich weniger steil als der Weg zur Selkesicht. Kein Wunder, dafür ist dieser ein wenig länger, aber auch dieser Anstieg findet sein Ende und kaum haben wir den schmalen Pfad über einige Treppenstufen verlassen, stehen wir auch schon unmittelbar vor der ❷ **Burg**, die wir vorhin noch aus der Entfernung gesehen haben. Nach einer Besichtigung der Höhenburg und einem weiteren eingesammelten Stempel folgen wir dem gleichen Weg wieder bergab in das Selketal und zum Ⓔ **Parkplatz** in der Nähe der Jugendherberge.

Die Burg Falkenstein

Die Burg Falkenstein wurde im 12. Jahrhundert oberhalb des Selketals errichtet und hat sich den Charme einer mittelalterlichen Höhenfestung bis heute erhalten können. Man kann sich hier auch trauen lassen oder Vorführungen von Falken, Uhus oder Adler in einem Falkenhof miterleben (zweimal täglich von Dienstag bis Freitag). Burg Falkenstein hat es bereits zu DDR-Zeiten, aber auch später mehrfach zur Filmkulisse geschafft.

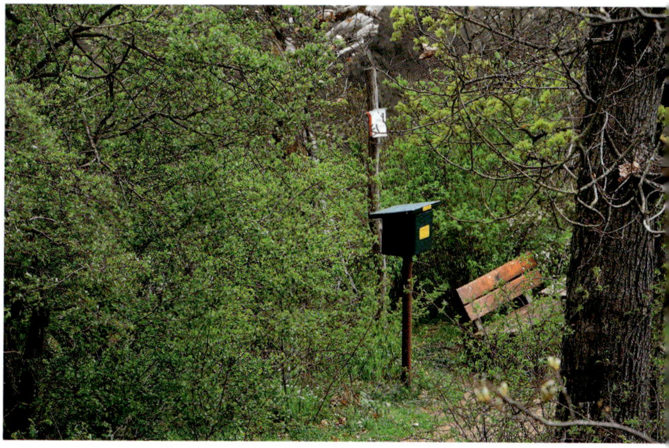

Stempelstelle an der Ackeburg

25

Wandern mit Abkürzung

Hinauf zum Glockenstein und zur Lauenburg

Leicht | 6,4 km | 340 Hm | 2:30 Std.

Tourencharakter
Leichte Wanderung, die im ersten Drittel einen deutlichen Anstieg über den sogenannten Bergmannstieg erfordert. Die Wanderung besteht im Wesentlichen aus zwei Teilen und kann daher vorzeitig beendet bzw. in Abschnitten zurückgelegt werden.

Ausgangs-/Endpunkt
Parkplatz am Naturfreundehaus im Wurmtal, Wurmtal 44, 06507 Thale-Stecklenberg (GPS: 51.730030, 11.080815)

Anfahrt
Auto: Ab Quedlinburg in Richtung Thale oder Gernrode und dort weiter über Landstraßen nach Stecklenberg und der Straße Wurmtal bis zum Naturfreundehaus folgen.
Bus: Mit dem Bus 17 bis Stecklenberg-Ortsmitte und weiter zu Fuß durch das Wurmtal.

Einkehr
Keine

Karte
Karte der Harzer Wandernadel, Blatt 3, 1:50 000, über http://shop.harzer-wandernadel.de

Tourismusinformation
Nächstgelegene Tourismusinformation in Thale, Bahnhofstraße 1, 06502 Thale, Tel. 03947/ 77680-0, www.bodetal.de

Sonstiges
Stempelstellen 73 (Glockenstein) und 187 (Lauenburg)

Eine Wanderung mit der Option zum Abkürzen bietet der nördliche Harz bei Stecklenberg zwischen Thale und Gernrode. Aber wer will diese Wanderung abkürzen? Im Gegenteil wären hier sogar Kombinationen mit Touren zum Hexentanzplatz oder Anhaltinischen Saalstein möglich.

Aber fangen wir doch zunächst einmal bescheiden an und lassen unsere Wandermuskulatur langsam warmlaufen. Das schadet schon deshalb nicht, weil unser Ⓐ **Ausgangspunkt** recht kühl im Schatten dichter Baumkronen liegt. Der Wurmbach schlängelt sich aus dem Wald durch ein enges Tal, passiert den kleinen Parkplatz am Naturfreundehaus und windet sich später schließlich an der Ortsmitte von Stecklenberg vorbei. Und wir starten genau durch dieses Tal unsere Tour, lassen die Häuser der kleinen Ortschaft hinter uns und atmen einmal tief durch. Denn vor uns liegt eine Steigung. Genauer gesagt, eine Steigung, die erst aufhört, kurz bevor wir an der ersten Sehenswürdigkeit sind – am Glockenstein. Rund 200 Höhenmeter sind es, die wir hierfür zu überwinden haben. Aber wir sind hoch motiviert und wandern daher gemütlich durch das enge Tal mit seinen steil aufragenden Wänden rechts und links des Weges.

Schon nach 200 Metern zweigt rechts ein Wanderweg scharf ab, der den Eindruck erweckt, dass man hier abbiegen sollte. Das wäre jedoch falsch

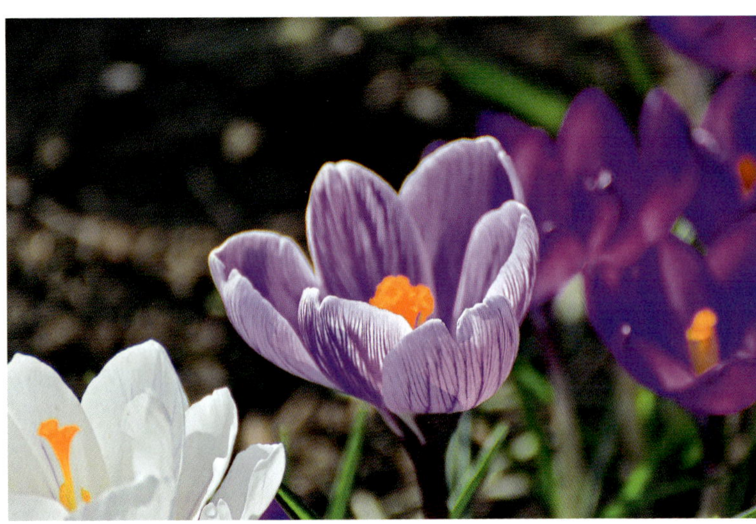

Zarte Blüten säumen unseren Wanderweg.

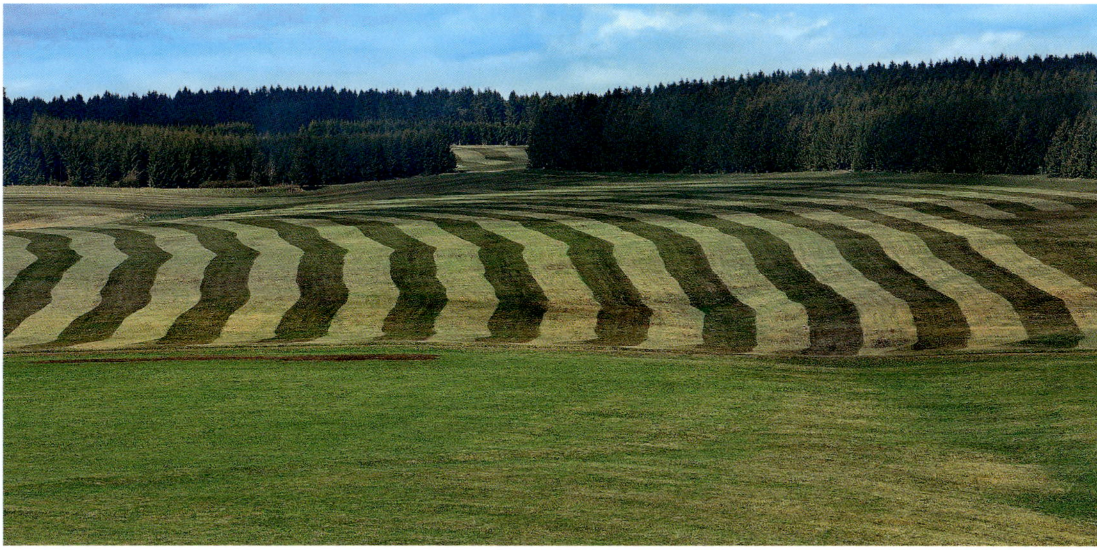

Bei manchen Aussichten blickt man auf gemähte Felder.

und wir bleiben geradeaus im Wurmbachtal. Nach kurzer Zeit sehen wir auf der linken Seite einen abzweigenden Weg und etwas weiter unten eine Brücke über den schmalen Wasserlauf. Die merken wir uns mal, gehen aber geradeaus auf dem aufwärtsführenden Weg weiter nach oben. Nicht ganz 400 Meter sind es, auf denen wir 60 Höhenmeter zurücklegen und zwei weitere Abzweige nach rechts erspähen. Halb rechts nach hinten ist der Weg kaum zu erkennen. Hier werden wir später wieder vom Berg herunterkommen. Halb rechts nach vorne startet nun der Bergmannstieg, der uns aus dem Tal hinaus in die Höhe bringt. Mit einer rund zehnprozentigen Steigung wandern wir steil bergauf über Wurzeln und Steine und erreichen mit erhöhtem Puls einen breiten Wanderweg, der uns

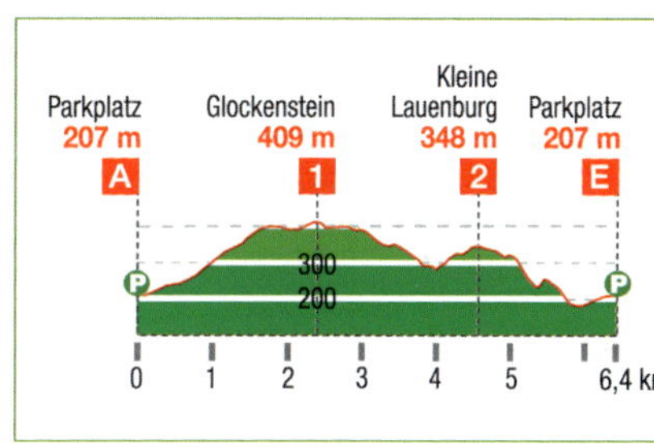

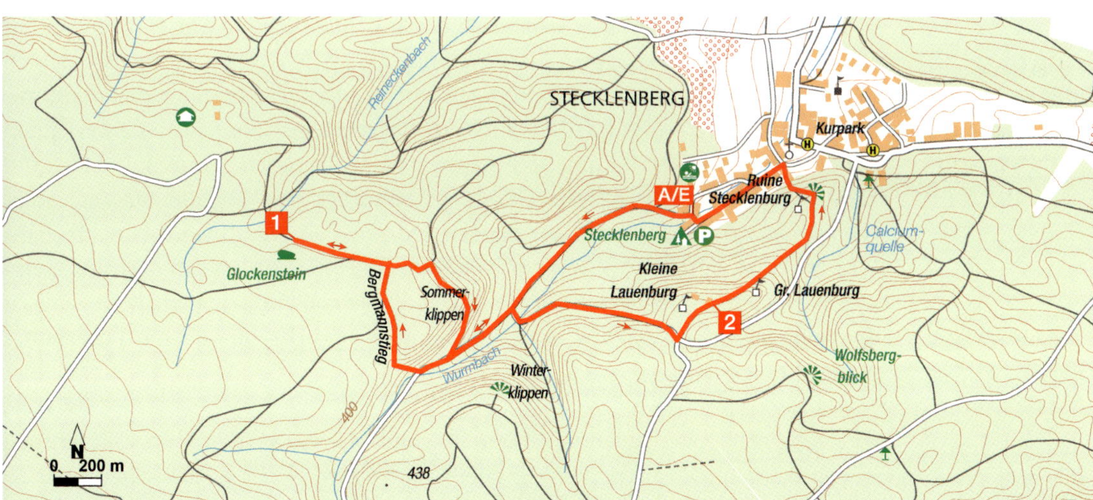

wieder durchatmen lässt. Unser erstes Zwischenziel ist zwar noch nicht ganz erreicht, doch bleiben wir jetzt auf diesem Höhenniveau und haben zumindest vorläufig keine weiteren Steigungen zu erwarten.

Wir halten uns rechts und folgen dem breiten Waldweg bis zu einer Gabelung, an der ein sehr kleiner, einfacher Rastplatz bereitsteht. Hier gehen wir links weiter und erreichen nach weiteren 400 Metern den ❶ **Glockenstein**, der sich an der linken

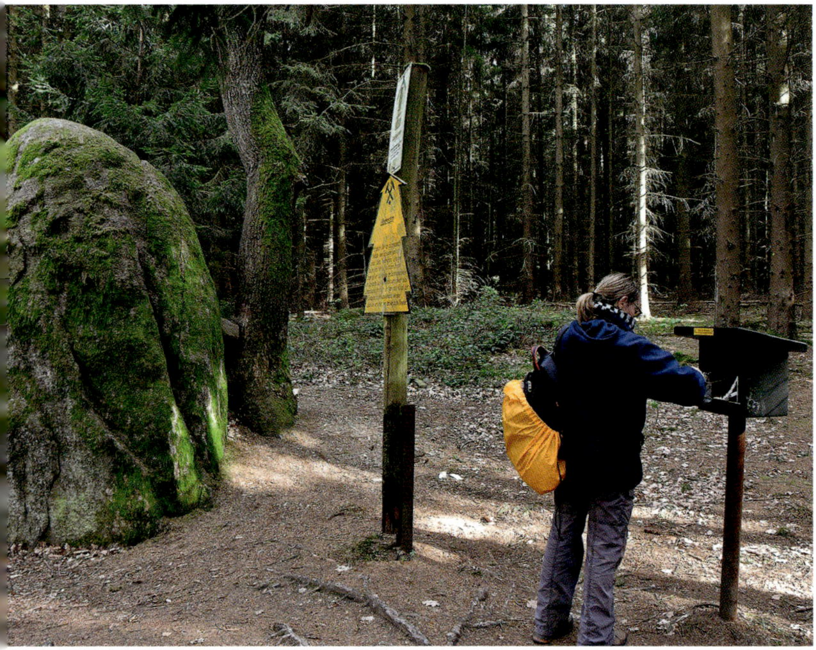

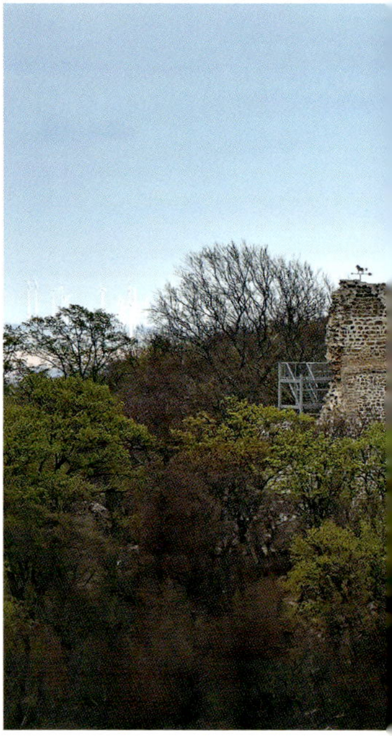

Links: Der Glockenstein mit Stempelstelle der Harzer Wandernadel

Mitte: Ausblick zu den Resten der Lauenburg

Rechts: Nach Thale ist es nicht mehr so weit.

Seite am Wegesrand zeigt. Beinahe jeder größere Fels im Harz hat bekanntlich eine treffende Bezeichnung. In diesem Fall ist es eine Glocke, die diesem Findling ähnelt. Es wird vermutet, dass der Stein eine altgermanische Kultstätte war und gerne munkelt man, dass er den Hexen in der Walpurgisnacht den Weg zum Brocken läutet. Zumindest zum Hexentanzplatz könnten wir nun geradeaus weitergehen. Luftlinie wären es nur noch rund zwei Kilometer und dabei sogar ohne nennenswerte Steigungen. Aber wir kehren um, nachdem wir noch einen Stempel in unser Heft der Harzer Wandernadel gesetzt haben und gehen zurück zur Gabelung mit dem einfachen Rastplatz. Anstatt rechts abzubiegen und dem Bergmannstieg wieder hinab ins Wurmbachtal zu folgen, gehen wir halb links und wenden uns am nächsten Querweg nach rechts. Dabei gelangen wir auf einem schmalen Pfad oberhalb des Tals zu den Sommerklippen, wo wir einen schönen Blick hinüber zur anderen Talseite und zu den Ruinen der Lauenburg haben.

Vorsichtig gehen wir ins Tal hinab und erkennen auf der rechten Seite den Einstieg in den Bergmannstieg wieder. Wir gehen nach links, gleich so, als würden wir zu unserem Ausgangspunkt zurückgehen. Doch wir erinnern uns natürlich an die über den Wurmbach führende Brücke und halten uns an dieser halb rechts. Denn wie eingangs erwähnt, wollen wir eine Abkürzung oder einen vorzeitigen Ausstieg aus dieser Wanderung natürlich vermeiden. Wieder steigt unser Weg deutlich an, doch fällt der nun folgende Höhenunterschied deutlich geringer aus. Außerdem handelt es sich um einen breiten und leicht zu begehenden Forstweg, auf dem wir daher relativ schnell das nächste Zwischenziel der Tour erreichen. Die Turmruine der ❷ **Kleinen Lauenburg** erhebt sich zu unserer Linken und bietet einen wunder-

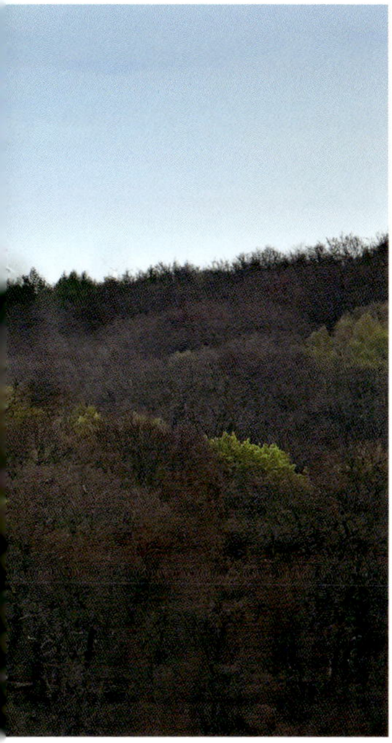

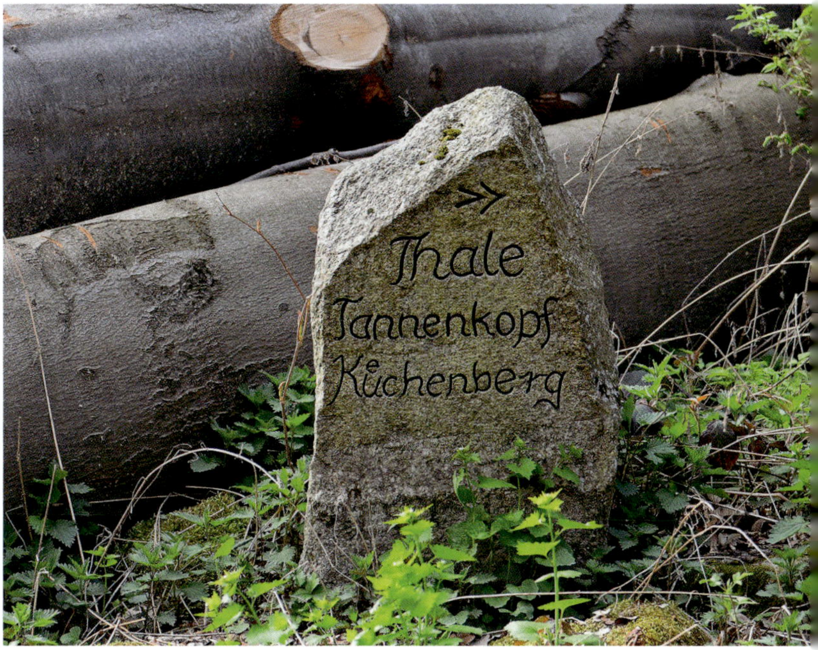

baren Ausblick auf das Harzvorland. Dabei handelt sich um die Vorburg der im 12. Jahrhundert erbauten Anlage. Rechts daran vorbei gelangen wir zu einem weiteren Stempelkasten sowie zur sogenannten Großen Lauenburg, der einstigen Hauptburg.

An der Großen Lauenburg vorbei bringt uns der Wanderweg mit einem sanften Gefälle bis zu den Resten der Ruine der Stecklenburg. Kurz darauf biegen wir links ab, durchqueren einen Park mit Kinderspielplatz und passieren die kleine Kirche von Stecklenberg. Am Kirchplatz wenden wir uns nach links und folgen der Straße Wurmtal wieder durch das gleichnamige Tal bis zum Ⓔ **Parkplatz** am Ende der Ortschaft, wo wir unsere Wanderung begonnen haben.

Die Stecklenburg

Die Stecklenburg erhob sich am Harzrand oberhalb von Stecklenberg und wurde im 11. Jahrhundert auf den Überresten einer damals schon bestehenden älteren Befestigungsanlage errichtet. Bewohnt war sie immerhin bis in das 18. Jahrhundert, doch mit dem Leerstand verfiel sie zusehends und wurde als Steinbruch genutzt. Einige Mauern und Reste des einstigen Bergfrieds sind aber erhalten.

26

Harzwanderung außerhalb des Harzes

Sandsteinhöhlen und Regensteinmühlen

Leicht 6 km 176 Hm 2:30 Std.

Tourencharakter
Leichter Waldspaziergang nahe der Stadt Blankenburg. Bis auf einen kurzen und überschaubaren Aufstieg ohne größere Anstrengung.

Ausgangs-/Endpunkt
Schotterparkplatz neben der Bundesstraße 81 nahe der Autobahnausfahrt zwischen Blankenburg und Heimburg (GPS: 51.814966, 10.940559)

Anfahrt
Auto: Auf der Autobahn 36 bis zur Ausfahrt Blankenburg-Zentrum (Nr. 8) und in Richtung Heimburg bzw. Halberstadt, der Parkplatz ist gleich rechts. **Bus:** Keine Anreisemöglichkeit mit den öffentlichen Verkehrsmitteln, aber der Zugang zur Wanderung ist auch ab dem Blankenburger Zentrum zu Fuß möglich.

Einkehr
Imbiss in der Festung Regenstein (Eintritt erforderlich)

Karte
Karte der Harzer Wandernadel, Blatt 2, 1:50 000, über http://shop.harzer-wandernadel.de

Tourismusinformation
Touristinformation Blankenburg/Harz, Schnappelberg 6, 38889 Blankenburg (Harz), Tel. 03944/36226-0, www.blankenburg-tourismus.de

Sonstiges
Stempelstellen 82 (Regenstein-Mühle), 81 (Sandhöhlen im Heers) und 80 (Burgruine Regenstein)

Zugegeben, die Überschrift ist etwas irreführend, denn wir wandern auch bei dieser Tour weiterhin im Harz. Doch sind die Burg Regenstein und die Sandsteinhöhlen durch die Autobahn 36 ein wenig von den hohen Harzbergen abgetrennt und liegen nördlich von Blankenburg.

Wir befinden uns aber dennoch weiterhin im Naturpark Harz und erleben nicht nur schöne Aussichten, sondern wandern zu wirklich sehenswerten Plätzen, von denen zumindest die Sandsteinhöhlen kein zweites Mal im gesamten Harz vorkommen. Auch die Anstiege sind eher überschaubar, denn kein Gipfel in dem Waldgebiet nördlich von Blankenburg ist höher als 300 Meter. Theoretisch ließe sich die Burg Regenstein sogar vom Blankenburger Zentrum aus zu Fuß sehr einfach erreichen. Es sind lediglich zwei Kilometer, doch diese führen entweder durch ein Industriegebiet oder entlang der Bundesstraße. Und die quer verlaufende Autobahn müsste auch noch überquert werden. Also lassen wir das und starten unsere Tour etwas weiter außerhalb, jedoch nicht dort, wo jeder Tagesausflügler zur Besichtigung der Burg aufbricht.

Uns bringt ein schmaler Weg südlich der **A Parkplatzzufahrt** für ein kurzes Stück am Waldrand entlang, bevor wir schon nach wenigen Metern

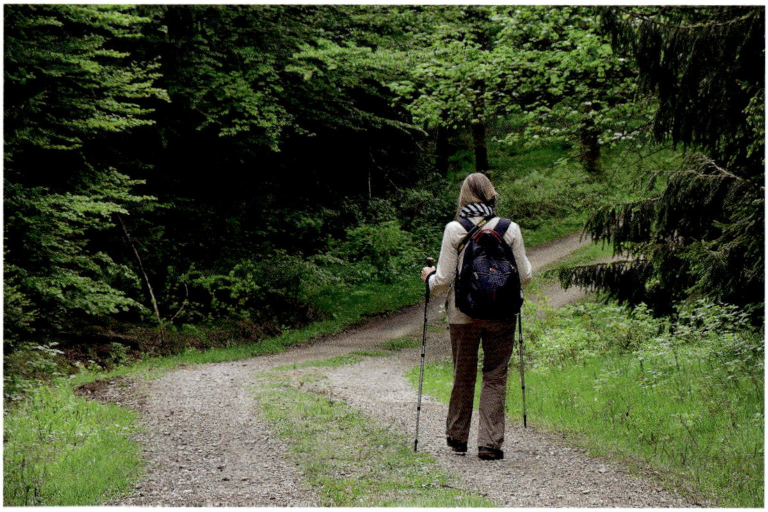

Wanderweg durch die Wälder bei Blankenburg

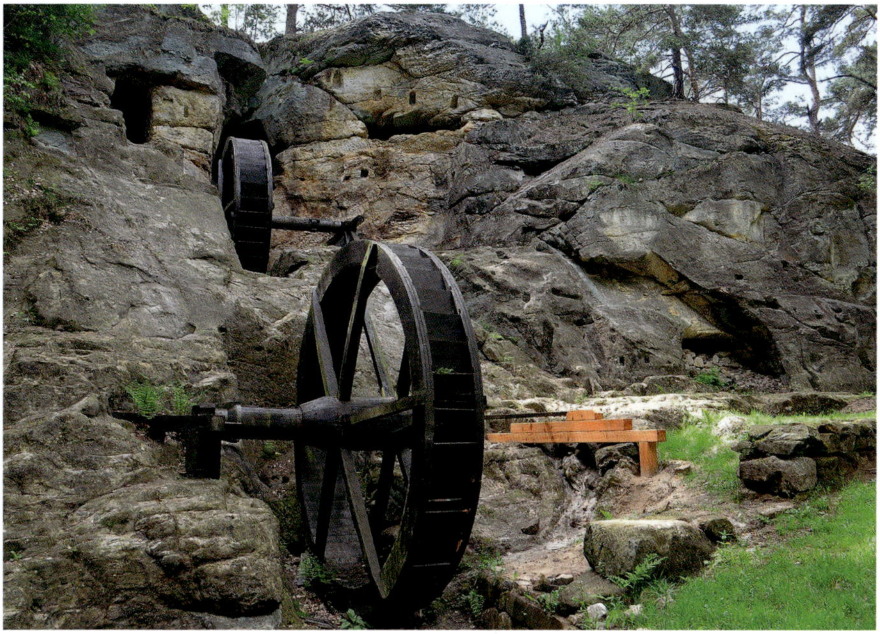

Altes Wasserrad am Mühlgraben

links in den Wald hineinwandern. Der Mühlgrabenweg, auf dem wir unterwegs sind, hat seinen Namen vom schmalen Mühlgraben gleich neben uns, der uns zielsicher bis zur **❶ Regensteinmühle** leitet. Die Mühlräder präsentieren sich so, als ob sie frisch vom Werk wären und ganz so falsch ist dieser Eindruck nicht. Erst vor wenigen Jahren wurden sie neu gefertigt und hier angebracht, um darzustellen, wie die Regensteinmühle einst funktionierte. Ursprünglich wurde sie nämlich gegen Ende des 12. Jahrhunderts errichtet und versah für die Bewohner der Regensteinburg ihren Dienst fast 300 Jahre lang. Nach einem fast vollkommenen Verfall der An-

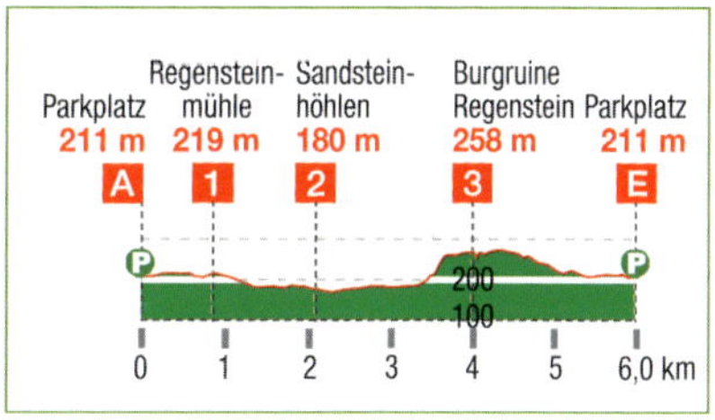

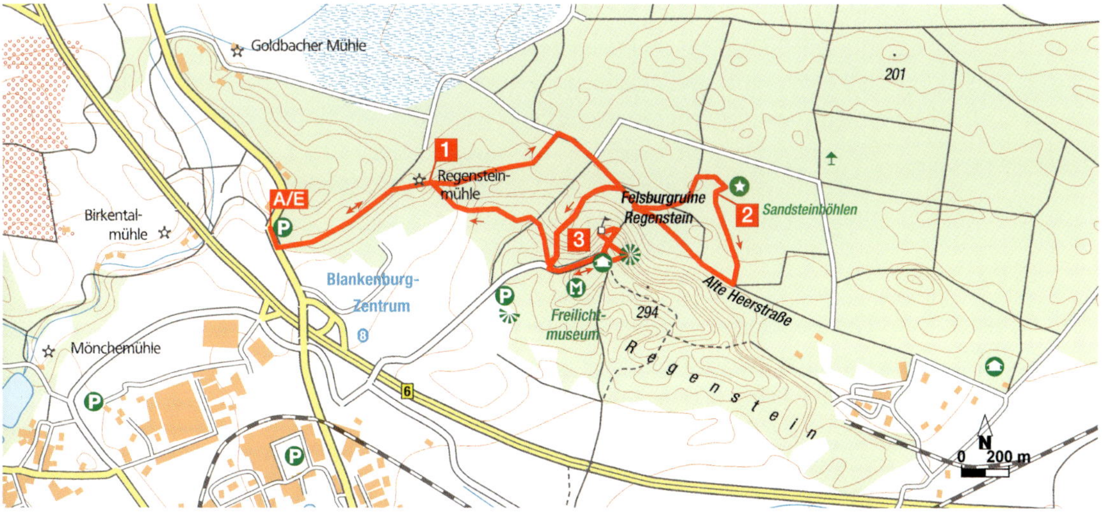

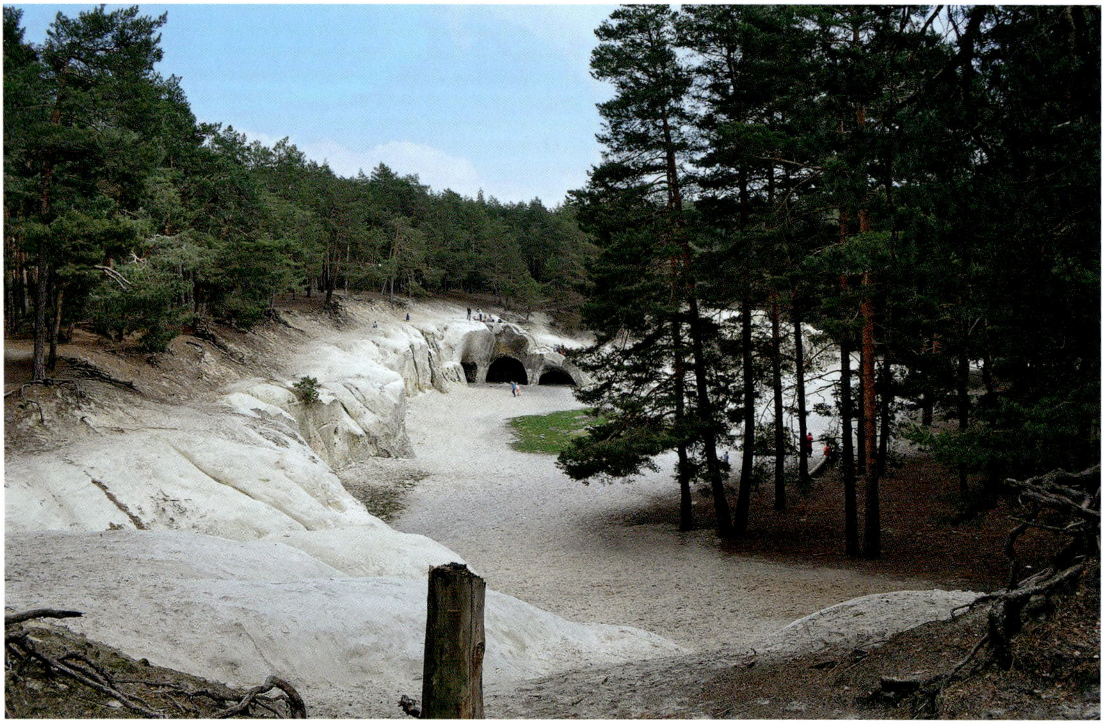

Mitten im Wald breitet sich plötzlich die Sandsteinlandschaft aus.

lage wurde diese Ende des letzten Jahrhunderts wiederentdeckt, freigelegt und in den jetzigen Zustand versetzt. Sammler von Stempeln der Harzer Wandernadel haben auch schon den dazugehörigen Stempelkasten gefunden, der im Jahr 2014 von den Wanderern zur schönsten Stempelstelle des Jahres gekürt wurde.

Lassen wir diesen idyllischen Ort jedoch hinter uns und wandern durch einen schmalen Hohlweg nordwärts bis zu einem breiteren Querweg, der sich als die Alte Heerstraße entpuppt. Wir wenden uns nach rechts, bleiben nur wenige Augenblicke auf dem breiten Waldweg und sehen dabei auf der rechten Seite die hohen Felswände, die zur Burg Regenstein gehören. Doch dazu später, vorher wenden wir uns nämlich nach links und gelangen zu einer Art Lichtung. Die Bezeichnung Lichtung ist möglicherweise ebenso irreführend wie die Überschrift. Denn unter Lichtung versteht man für gewöhnlich eine baumfreie Landschaft innerhalb eines Waldes, in der Tiere beispielsweise beim Äsen beobachtet werden können. An dieser Lichtung beobachtet man keine Tiere, aber sehenswert ist sie zweifellos, denn es breitet sich hier eine ❷ **Sandsteinhöhlenlandschaft** aus.

Wie zwei Terrassen zeigt sich die Landschaft umgeben von zahlreichen Nadelbäumen und würde man nur 50 Meter weiter im Waldinneren spazieren gehen, würde man diesen schönen Anblick schlicht verpassen. Auf der unteren Terrasse spaziert man auf feinem Sand, beinahe wie an einem Strand, während man auf der oberen Terrasse auf den Höhlendächern unterwegs ist. Den größten Spaß haben hier die Kinder, für die sich die Landschaft wie ein großer Spielplatz anfühlt. Schade nur, dass die erwachsenen Besucher mit spitzen Gegenständen irgendwelche Hieroglyphen in den Stein ritzen müssen.

Die Burg Regenstein

Die Ruine der Burg Regenstein erhebt sich als Felsenburg aus einem Waldgebiet nördlich von Blankenburg hervor. Erstmals erwähnt wurde sie Mitte des 12. Jahrhunderts, doch nachdem die Grafenfamilie derer von Regenstein im 15. Jahrhundert auf das Blankenburger Schloss umzog, verfiel die Burg zusehends. Rund 200 Jahre später wurde sie zu einer stattlichen Festung erweitert.

Nachdem wir das Sandsteinareal gequert und Blicke in jede einzelne Höhle geworfen haben, gehen wir auf der gegenüberliegenden Seite wieder auf einem schmalen Weg in den Wald hinein und erreichen wenig später erneut die Alte Heerstraße. Wir wenden uns nach rechts und haben die vorhin gesichteten Felsen nun auf der linken Seite. Gleich hinter diesen verlassen wir die Alte Heerstraße, biegen links ab und folgen in einem weiten Linksbogen dem Aufstieg durch den Wald. Ein Verlaufen ist kaum möglich, man muss nur den Stimmen der anderen Besucher lauschen, denn je lauter sie werden, umso mehr nähern wir uns dem Ziel. Burg Regenstein ist ein beliebtes Ausflugsziel und schon Johann Wolfgang von Goethe war auf seiner dritten Harzreise im Jahr 1784 vor Ort.

Auf der linken Seite sehen wir gleich hinter der dritten Stempelstelle des Tages den Eingang zur ❸ **Burgruine Regenstein**. Nach der Besichtigung gehen wir wieder in den Wald hinein, halten uns aber links und folgen der Beschilderung zurück zur nahe gelegenen Regensteinmühle. Von dort sind es entlang des bereits bekannten Mühlgrabens nur wenige Augenblicke, bis wir unsere Wanderung am Parkplatz bei Ⓔ **Blankenburg** beenden.

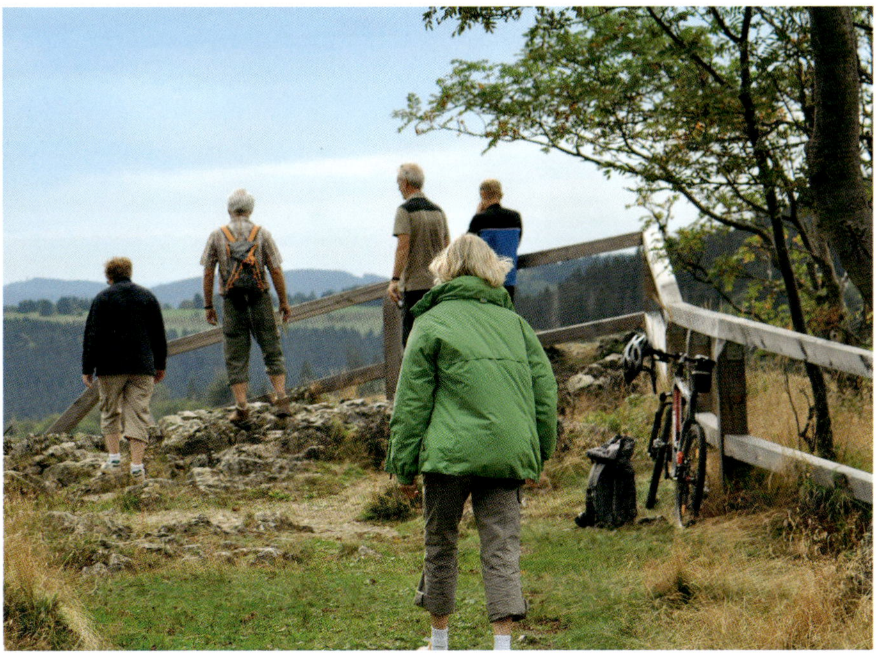

Immer wieder gibt es Aussichtspunkte im Harz.

27

Entlang der Teufelsmauer

Fantastische Kunstwerke der Natur

Leicht | 9,5 km | 160 Hm | 3:00 Std.

Tourencharakter
Leichte Streckenwanderung mit wenigen Höhenmetern und tollen Ausblicken, wobei jedoch der Rückweg entweder zu Fuß erfolgt oder mit dem Bus.

Ausgangs-/Endpunkt
Ausgangspunkt ist der Parkplatz am Sportplatz in der Lindestraße in Timmenrode. (GPS: 51.773322, 11.007016) Endpunkt ist der Parkplatz mit der Bushaltestelle an der Alten Quedlinburger Straße in Weddersleben. (GPS: 51.757122, 11.091146)

Anfahrt
Auto: Über die Autobahn 36 bis Ausfahrt Blankenburg-Ost (Nr. 9) und über die Bundesstraße 27 und Landstraßen bis Timmenrode, dort über die Westerhäuser Straße in die Lindestraße und zum Sportplatz. **Bus:** Mit dem Bus 253 bis zur Haltestelle Kegelhalle. Am Endpunkt mit Bus 9 bis Thale Hauptbahnhof, umsteigen in den Bus 253 und zurück zur Haltestelle Kegelhalle.

Einkehr
Keine

Karte
Karte der Harzer Wandernadel, Blatt 3, 1:50 000, über http://shop.harzer-wandernadel.de

Tourismusinformation
Bodetal-Information Thale, Bahnhofstraße 1, 06502 Thale, Tel. 03947/77680-0, www.bodetal.de

Sonstiges
Stempelstellen 74 (Hamburger Wappen) und 188 (Teufelsmauer Weddersleben)

Der Besuch der Teufelsmauer im nördlichen Harzvorland gehört zum Pflichtprogramm bei einem Aufenthalt im Harz. Einige Abschnitte können sehr einfach besichtigt werden, doch kann man auch mehrere Felsen der Teufelsmauer im Rahmen einer Wanderung miteinander kombinieren.

Bei dieser Streckenwanderung erlebt man das sogenannte Hamburger Wappen an der Teufelsmauer und wandert danach von West nach Ost zum Teufelsmauerstieg. Zwischendurch schlendert man entspannt an den Feldern zwischen den Ortschaften entlang und genießt dabei einfach

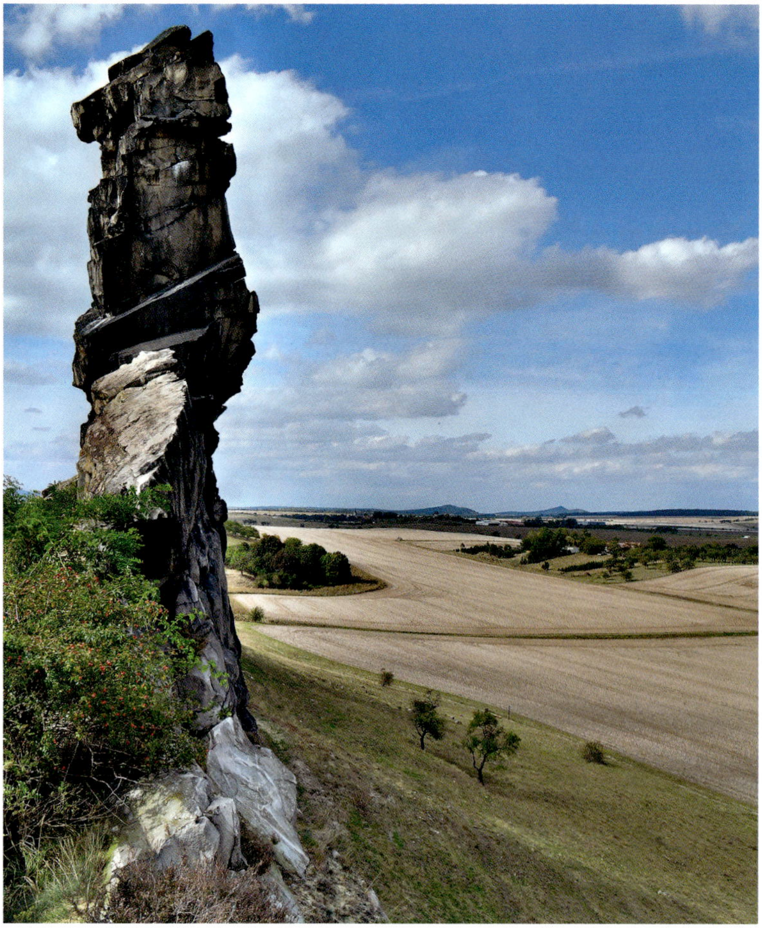

Die Teufelsmauer bietet tolle Ausblicke auf das Harzvorland.

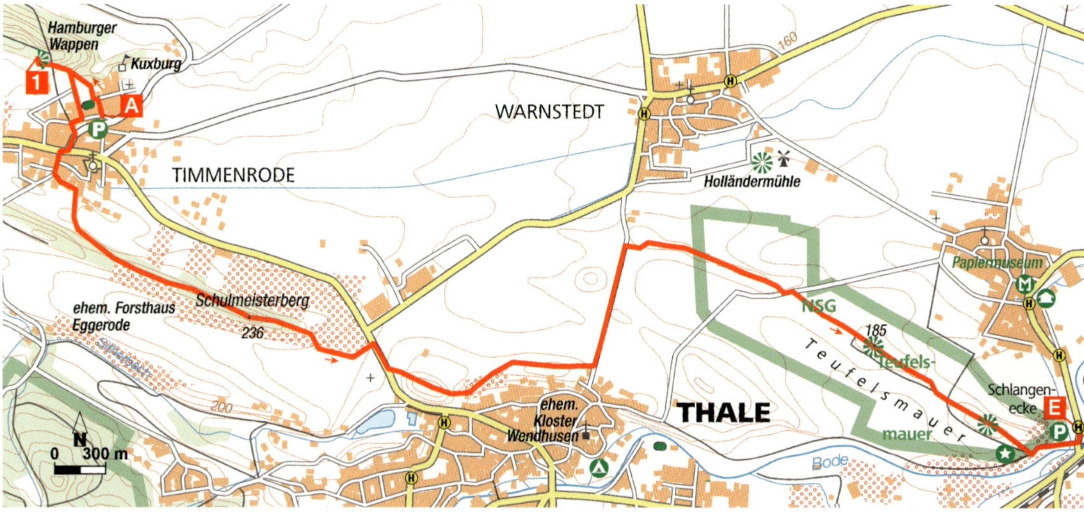

die relativ einsamen Wanderwege. Am **A Parkplatz** von Timmenrode gehen wir zunächst durch die Gehrenstraße am Sportplatz vorbei und lassen weiter oben den Garagenhof ebenfalls hinter uns. Schon wandern wir auf schmalen Pfaden durch das Grün, halten uns halb links und gehen auf einem breiteren Weg leicht bergauf. Nach gerade einmal 300 Metern lichten sich die Bäume zu unserer Rechten und geben den Blick auf eine Felslandschaft frei, in der unser Abenteuerdrang ein wenig geweckt wird. Mehrere Pfade führen kreuz und quer über die Felsen und zu Aussichtspunkten, an denen wir in südliche Richtung auf die Berge des Harzes blicken und in die entgegengesetzte Richtung den Ausblick in das Harzvorland genießen können.

Abbildung des Hamburger Wappens

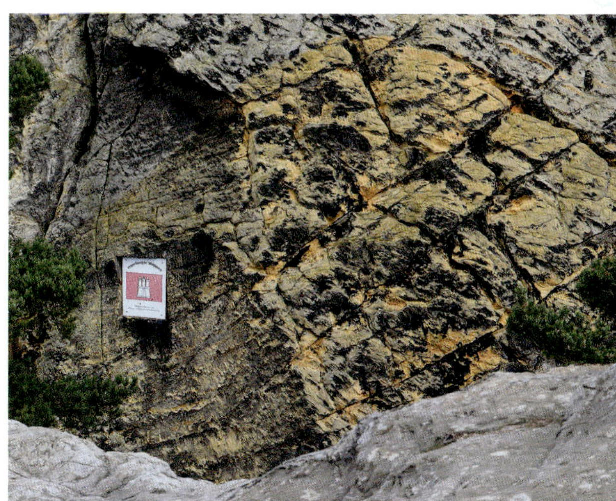

Sehenswert sind vor allen Dingen die drei aufrecht ragenden Felsen, die dem Ort ihren Namen gaben. Denn sie erinnern mit ihrer Form ein wenig an das Wappen der Hansestadt Hamburg, weshalb dieser beliebte Platz als **1 Hamburger Wappen** bekannt ist. Dementsprechend heißt so auch die Stempelstelle mit dem grünen Stempelkasten der Harzer Wandernadel. Nachdem wir uns ausgiebig auf den Felsen getummelt haben und nun über den Kammweg westwärts nach Blankenburg gehen könnten, begeben wir uns zurück nach Timmenrode. Wir bleiben auf dem schmalen Weg, der uns zur Lindestraße bringt, überqueren diese und wandern durch die Bergstraße bis zur Westerhäuser Straße, an der wir uns halb rechts halten.

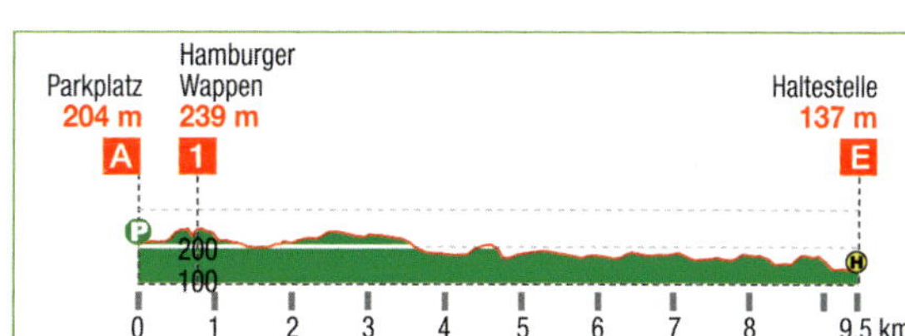

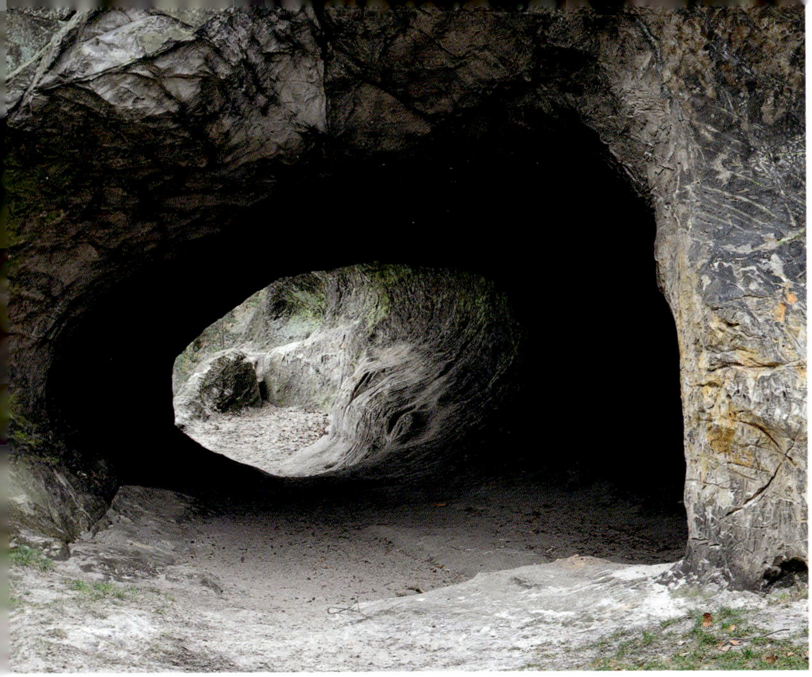

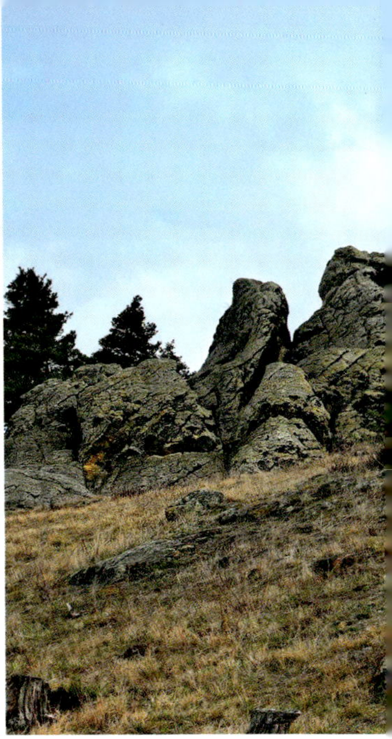

Links: Höhle bzw. Durchgang am Hamburger Wappen

Mitte: Die Teufelsmauer am Hamburger Wappen

Rechts: Wanderung entlang der Teufelsmauer

Die folgende Blankenburger Straße überqueren wir, halten uns rechts und biegen gleich hinter der Hausnummer 43 links ab. Den schmalen Jordansbach überqueren wir ebenfalls, lassen das folgende Gehöft links liegen und verlassen auf diesem Weg Timmenrode. Vor einem Bauernhof weichen wir rechts auf einen schmalen Pfad aus und gehen leicht bergauf in ein Waldstück hinein. Dieses entpuppt sich als schmaler Bergrücken, auf dem wir ostwärts unter den dichten Baumkronen wandern. Nach Verlassen des Waldes queren wir ein Feld bis zu einem Hochspannungsmast. An diesem gehen wir links zum Kreisverkehr, wenden uns nach rechts und wandern vorsichtig für wenige Meter neben der Straße am Friedhof vorbei.

Auf der gegenüberliegenden Straßenseite sehen wir einen Parkplatz, an dem ein schmaler Pfad auf einen weiteren bewaldeten Hügel führt. Dieser Hügel nennt sich Kahlenberg und ist gerade einmal 189 Meter hoch. Mit den richtigen Bergen des Harzes kann er es natürlich nicht aufnehmen, dennoch bietet er einen schönen Ausblick auf Thale. Auf dem schmalen Pfad erreichen wir nach kurzer Zeit einen breiteren Weg, an dem wir links abbiegen und ihm am nördlichen Stadtrand von Thale folgen. An einer Kreuzung unterhalb eines weiteren Hochspannungsmastes wenden wir uns nach rechts auf das befestigte Sträßchen und wandern geradewegs bis zum Einstieg in den Teufelsmauerstieg. Auf dem Teufelsmauerstieg schlendern wir entspannt an zahlreichen Felsformationen entlang und genießen den Ausblick links und rechts unseres Weges. Vereinzelte Felsen ragen in die Höhe, manche von ihnen breiten sich aus und bilden eine Wand,

Die Teufelsmauer

Die rund 20 Kilometer lange Teufelsmauer von Ballenstedt nach Blankenburg gehört zu den ältesten Naturschutzgebieten Deutschlands. Sie besteht aus hartem Sandstein aus der Kreidezeit. Weichere Gesteinsschichten wurden im Laufe der Erdgeschichte langsam abgetragen, sodass nur noch die heute erhaltenen Wände geblieben sind. Zahlreiche Legenden und Mythen gibt es rund um die Teufelsmauer …

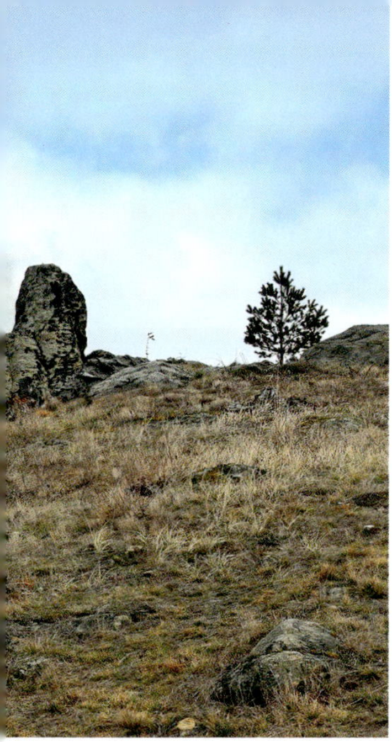

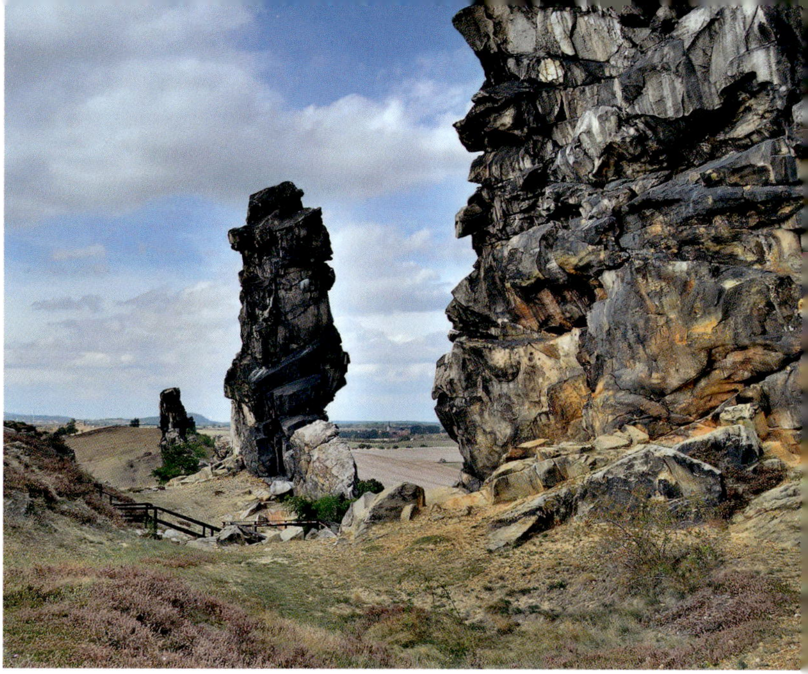

ganz so als wolle man das nördliche Harzvorland von den Gipfeln des Mittelgebirges abtrennen. Zwischendurch ermöglichen immer wieder Löcher in der Felswand die besten Ausblicke über die Ortschaft Warnstedt hinweg.

Wir bleiben auf dem Teufelsmauerstieg, der hin und wieder von Feldern unterbrochen wird, doch die markante Felswand ist immer wieder gut sichtbar und erleichtert uns die Orientierung. Einige Hinweisschilder informieren uns über die Namen, die so mancher Fels aufgrund seiner Form erhalten hat und natürlich erreichen wir auch noch eine weitere Stempelstelle der Harzer Wandernadel. Nach den Mittelsteinen und dem Königstein gelangen wir noch zum Teufelsmauergarten, in dem die Pflanzenwelt der Teufelsmauer vorgestellt wird. Gleich dahinter noch ein Picknickplatz und schon treffen wir zum Abschluss der Wanderung auch noch auf die Bode, die hier den Harz hinter sich lässt. An der Landstraße vor der Bode gehen wir nach links zur E **Haltestelle**, von wo aus wir mit dem Bus über Thale wieder zu unserem Ausgangspunkt zurückfahren können. Wer nach der Wanderung noch fit ist, kann die Strecke natürlich auch wieder zu Fuß zurücklegen. Lohnenswert sind die Ausblicke an der Teufelsmauer auch ein zweites Mal.

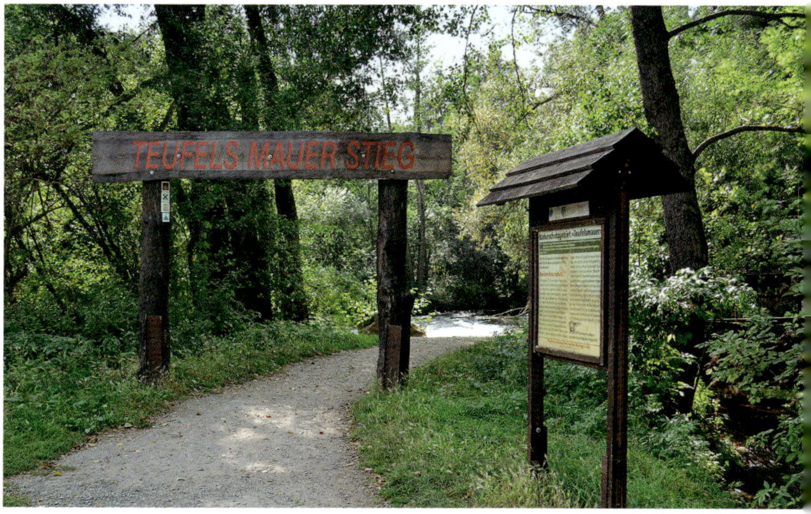

Einstieg in den Teufelsmauerstieg

28

Aufstieg zur Queste

Wanderung durch die Karstlandschaft

Leicht | 1,6 km | 91 Hm | 1:30 Std.

Tourencharakter
Einfache und kurze Wanderung durch einen Teil der Gipskarstlandschaft Questenberg. Trotz der Kürze ist festes Schuhwerk, besonders nach Regenfällen, sinnvoll. Ideale Wanderung für ein kleines Picknick. Auf dem Gipfel der Queste genießt man eine idyllische Aussicht.

Ausgangs-/Endpunkt
Parkplatz kurz hinter dem südlichen Ortseingang auf der linken Seite der Dorfstraße, unweit des Festplatzes (GPS: 51.491920, 11.121332)

Anfahrt
Auto: Auf der Autobahn 38 bis zur Ausfahrt Roßla, rechts abbiegen und durch Ditticherode nach Wickerode. Dort zwei Mal links halten in Richtung Questenberg. **Bus:** Mit dem ÖPNV mit dem VGS 493 bis Questenberg.

Einkehr
In Questenberg das Gasthaus Zur Queste

Karte
Karte der Harzer Wandernadel, Blatt 3, 1:50 000, über http://shop.harzer-wandernadel.de

Tourismusinformation
Nächstgelegene Touristinfo in der Niedergasse 17, 06536 Südharz/Stolberg, Tel. 034654/454, www.tourismus-suedharz.de

Sonstiges
Stempelstelle 212 (Zur Queste)

Rechts: Trampelpfade als Wanderwege in der Gipskarstlandschaft

Dass der Harz noch mehr zu bieten hat als den Nationalpark mit dem Brocken, zeigt sich im äußersten Südosten der Region. Rund um Questenberg erheben sich mehrere kleinere Berge, die die gleichnamige Gipskarstlandschaft und damit ein sehenswertes Naturschutzgebiet bilden.

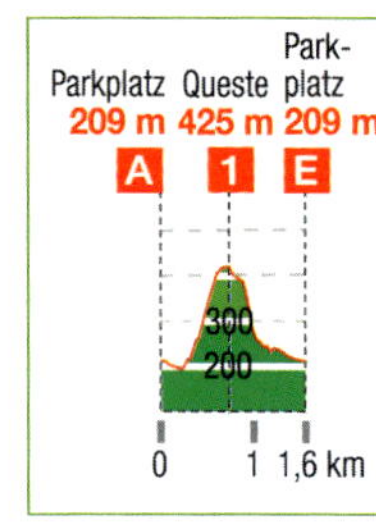

Diese Wanderung sieht beim ersten Blick auf die Karte zunächst einmal überschaubar aus, ist aber ein guter Einstieg in die Gipskarstlandschaft der Region und kann natürlich auch noch mit Wanderungen zu anderen Gipfeln ergänzt werden. Wir entscheiden uns für eine kurze Tour auf den Gipfel namens Queste, der die Ortschaft Questenberg im Westen begrenzt und überragt. Hier kommen zugleich auch die Sammler der Harzer Wandernadel auf ihre Kosten, da sich neben dem Gipfelkreuz die Stempelstelle 212 befindet. Doch so weit sind wir noch nicht. Den Ⓐ **Parkplatz** am südlichen Ortseingang lassen

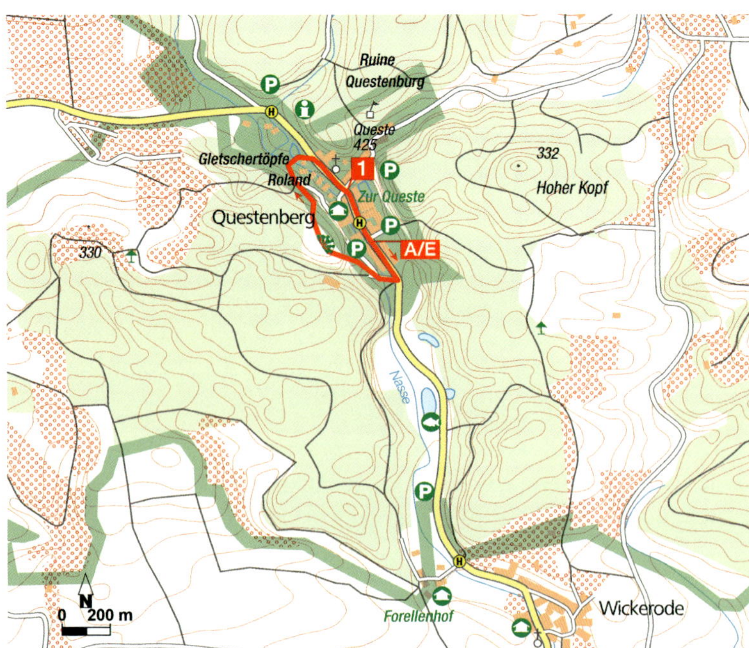

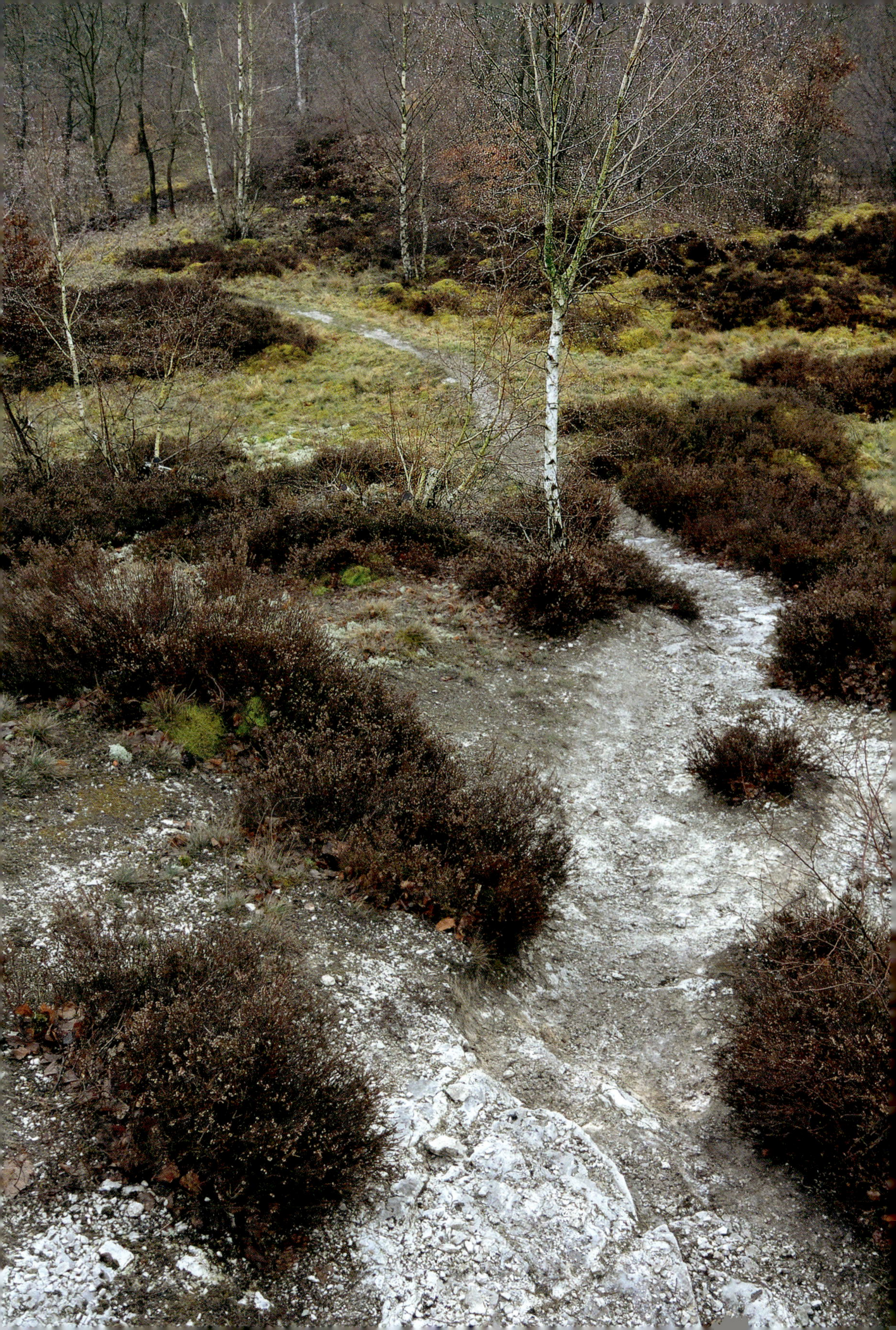

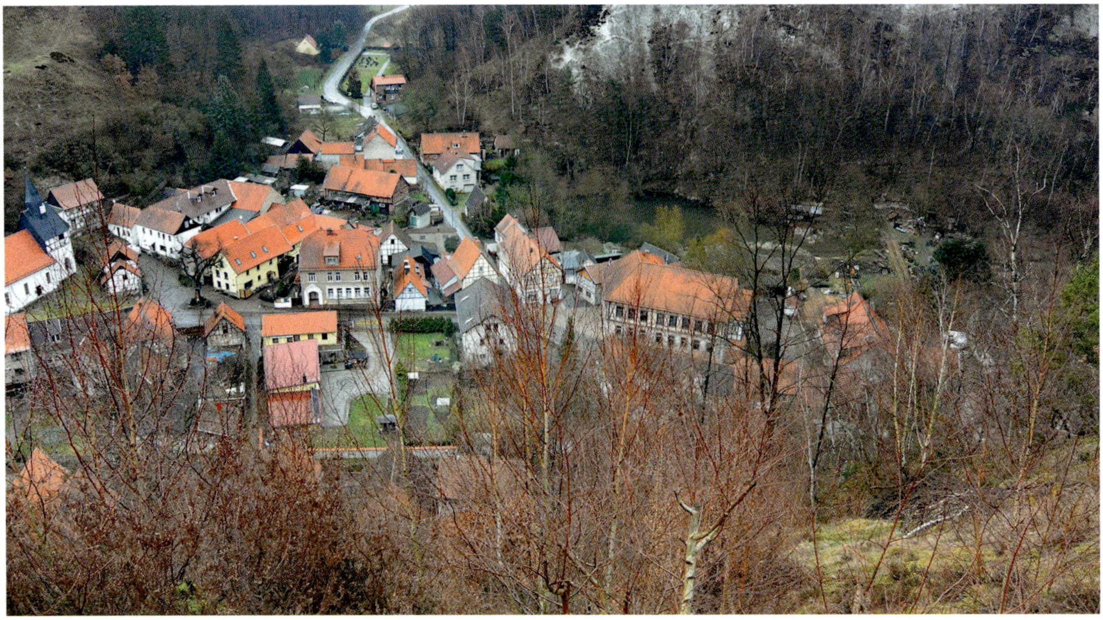

Blick von der Queste auf den Ort Questenberg

wir hinter uns und drehen der Ortsmitte den Rücken zu, gleich so als ob wir Questenberg zu Fuß verlassen wollten. Der kleine Bach Nesse begleitet uns ein kurzes Stück am Festplatz vorbei, hinter dem wir rund 50 Meter an der Straße entlangspazieren.

Direkt hinter der ersten Wiese wenden wir uns nach rechts, gehen zum Waldrand und sehen halb rechts einen schmalen Pfad, der deutlich hinaufsteigt. So unscheinbar der Weg auch im ersten Augenblick zu sein scheint, ist aber festes Schuhwerk

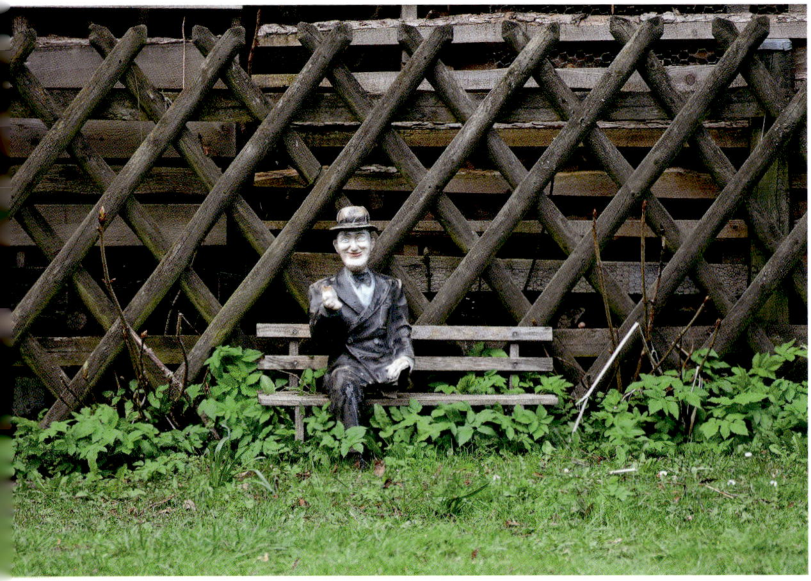

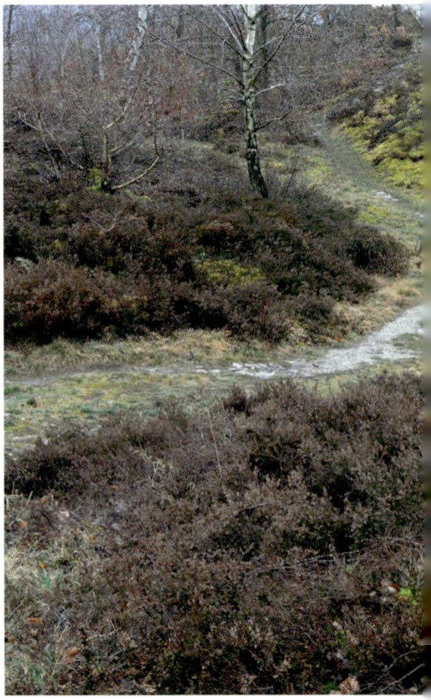

Der Karstwanderweg

Auf über 230 Kilometern Länge schlängelt sich der Karstwanderweg durch den Südharz. Er verbindet den Landkreis Mansfeld-Südharz in Sachsen-Anhalt mit dem niedersächsischen Göttingen und verläuft in weiten Teilen auch durch Thüringen. Dabei wandert man durch eine Karstlandschaft, die durch einen hohen unterirdischen Wasserhaushalt und damit verbundene Korrosion entstanden ist.

notwendig, besonders nach Regenfällen, wenn der Untergrund teilweise sehr glatt sein kann. Teilweise mit Unterstützung durch einen hölzernen Handlauf steigen wir langsam nach oben in eine einmalige Landschaft, in der Bäume nur spärlich vorhanden sind. Vielmehr wird der Berg von einer Heidelandschaft dominiert, die von zahlreichen schmalen Pfaden durchzogen ist. Zwischendurch liegen immer wieder kleine von Flechten überzogene Felsen. Nach kurzer Zeit erreichen wir schon bald das Gipfelkreuz der ❶ **Queste** sowie den angekündigten Stempelkasten und können zugleich einen schönen Ausblick auf die wenigen Häuser der unten liegenden Ortschaft Questenberg genießen. Über den Ort hinweg in Richtung Norden erkennen wir auf dem Burgberg die Überreste der einstigen Burg Questenberg, die vom 12. bis zum 17. Jahrhundert genutzt wurde.

Nach einer ausgiebigen Gipfelpause auf dem Gipfel gehen wir geradeaus in nördliche Richtung weiter auf dem Karstwanderweg und folgen dem steilen Abstieg an den sogenannten Gletschertöpfen hinab in den Ort. Die bemoosten Steine, die an Gletschertöpfe in den Alpen erinnern, wurden im letzten Jahrhundert entdeckt und entstanden im Laufe der Jahrtausende durch das Wasser der Nasse. Dem kleinen Fluss folgen wir nach rechts an der kleinen Kirche vorbei, um nach kurzer Zeit wieder unseren Ⓔ **Ausgangspunkt** zu erreichen. Hinter dem Gotteshaus finden wir übrigens auch den Aufstieg zu den Ruinen der Burg Questenberg, die wir so auch aus nächster Nähe betrachten könnten.

Links: Die Anwohner versuchen, es sich gemütlich zu machen.

Mitte: Gipskarst prägt die Landschaft am Questenberg.

Rechts: Immer wieder wird man von kleinen Waldbewohnern begrüßt.

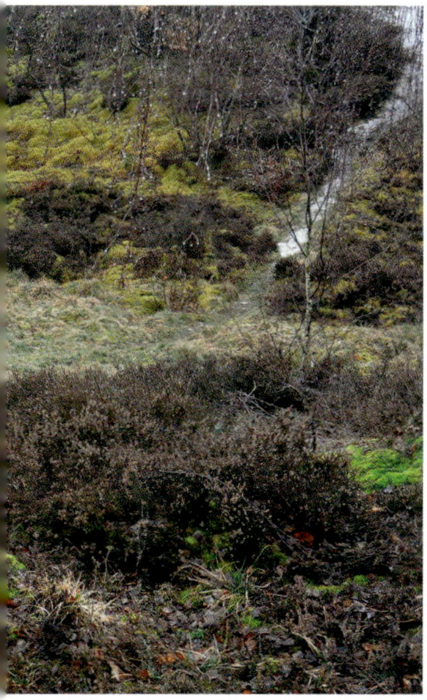

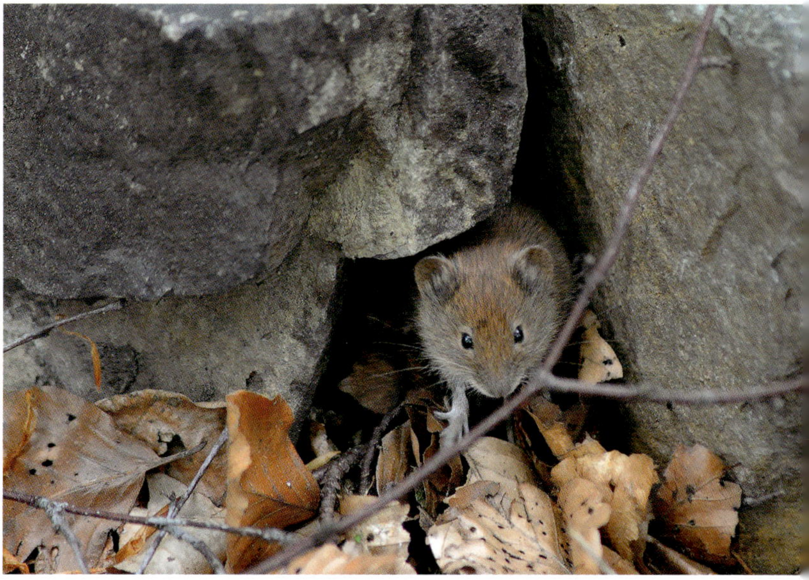

29 Singend zum Josephskreuz

Zu einem der Wahrzeichen des Harzes

Leicht | 3 km | 98 Hm | 2:00 Std.

Tourencharakter
Leichte Wanderung, die eher einem Verdauungsspaziergang am Sonntagnachmittag ähnelt. Aber das Josephskreuz gehört zu den Wahrzeichen der Region. Festes Schuhwerk ist für diese Wanderung nicht zwingend notwendig und wer denselben Rückweg nimmt, der hat eine schöne Tour, die auch für Rollstuhlfahrer möglich ist.

Ausgangs-/Endpunkt
Parkplatz Auerberg am Feriendorf Forsthaus Auerberg an der Kreuzung der Landstraßen L 235 und L 236 (GPS: 51.588002, 11.012438)

Anfahrt
Auto: Auf der Autobahn 38 bis zur Ausfahrt Roßla, links abbiegen und in Berga rechts auf die L 236 bis Rottleberode. Dort an der ersten Möglichkeit rechts und der L 236 bis zum Feriendorf folgen. **Bus:** Mit dem Rufbus (Tel. 0391/5363180) bis zur Haltestelle Auerberg.

Einkehr
Bergstüb'l Josephshöhe neben dem Josephskreuz

Karte
Karte der Harzer Wandernadel, Blatt 3, 1:50 000, über http://shop.harzer-wandernadel.de

Tourismusinformation
Nächstgelegene Touristinfo in der Niedergasse 17, 06536 Südharz/Stolberg, Tel. 034654/454, www.tourismus-suedharz.de

Sonstiges
Stempelstellen 215 (Josephshöhe)

Im Südharz erhebt sich ein Doppelgipfel mit dem Großen Auerberg und der Josephshöhe. Beide liegen fast 500 Meter auseinander, unterscheiden sich in der Höhe aber nur minimal. Auf dem Letzteren wurde das Josephskreuz errichtet, das auch ein wenig an die Stadt der Liebe erinnert …

Paris sei 711 Kilometer entfernt, so steht es auf einem Holzschild auf der Josephshöhe. Wer diese Angabe bei Google Earth nachmisst, der wird feststellen, dass man knapp 20 Kilometer danebenliegt. Denn das digitale Messwerkzeug sagt, es seien 691 Kilometer bis zum Eiffelturm. Warum

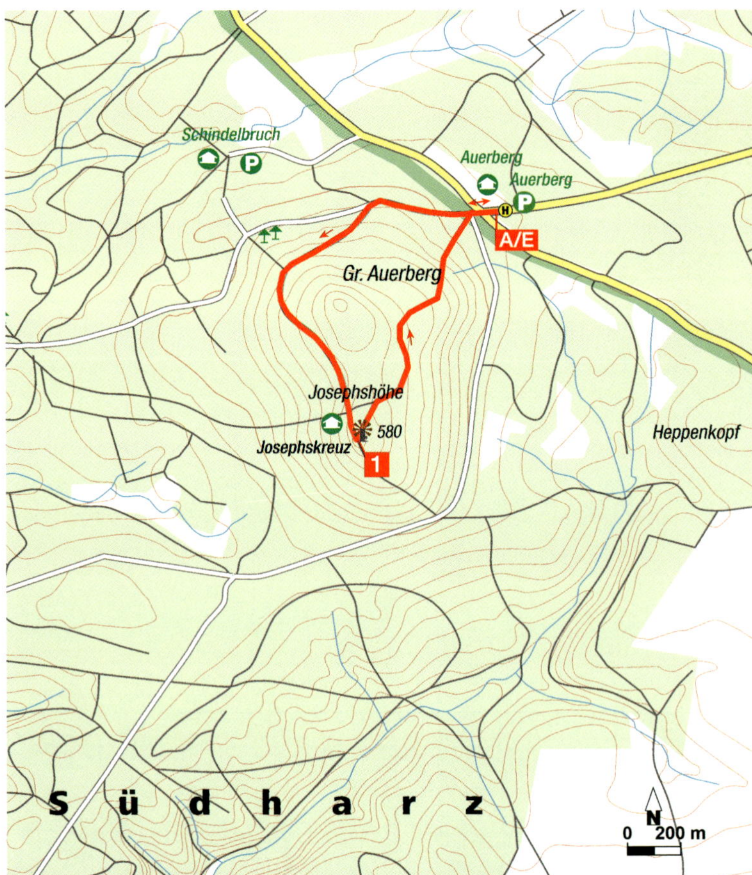

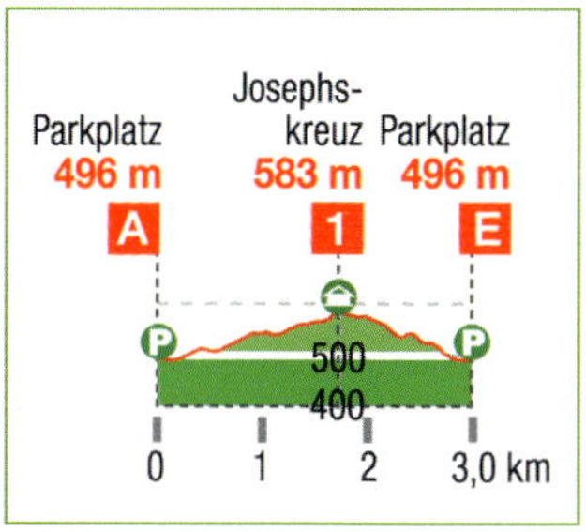

Das Josephskreuz

Bereits im 17. Jahrhundert stand hier ein kleiner Aussichtsturm. Dieser war aus Holz und musste im Jahr 1768 aus Sicherheitsgründen abgetragen werden. Der folgende Aussichtsturm im 19. Jahrhundert war zum ersten Mal in Kreuzform erbaut worden und trug den Namen von Graf Joseph zu Stolberg. Der jetzige Aussichtsturm entstand 1896 und bietet nach 200 Stufen eine Aussichtsplattform.

gerade der Eiffelturm? Nun, das werden wir sehen, sobald wir oben sind. Neugier geweckt? Dann kann es ja losgehen.

Es gibt mehrere Wege hinauf, wir entscheiden uns für eine einfache Variante ab dem Ⓐ **Großparkplatz Auerberg** inklusive eines etwas steileren Abstiegs. Wer sämtliche Bänke mit den Gesängen besuchen möchte, der startet jedoch besser am nahe gelegenen Hotel Schindelbruch. Wir lassen den Parkplatz an der Straße hinter uns und gehen unter dem rot-weißen Banner hindurch, das in großen Lettern auf den Wanderweg zum Josephskreuz hinweist. Ein Verlaufen wird hier offensichtlich schwer-

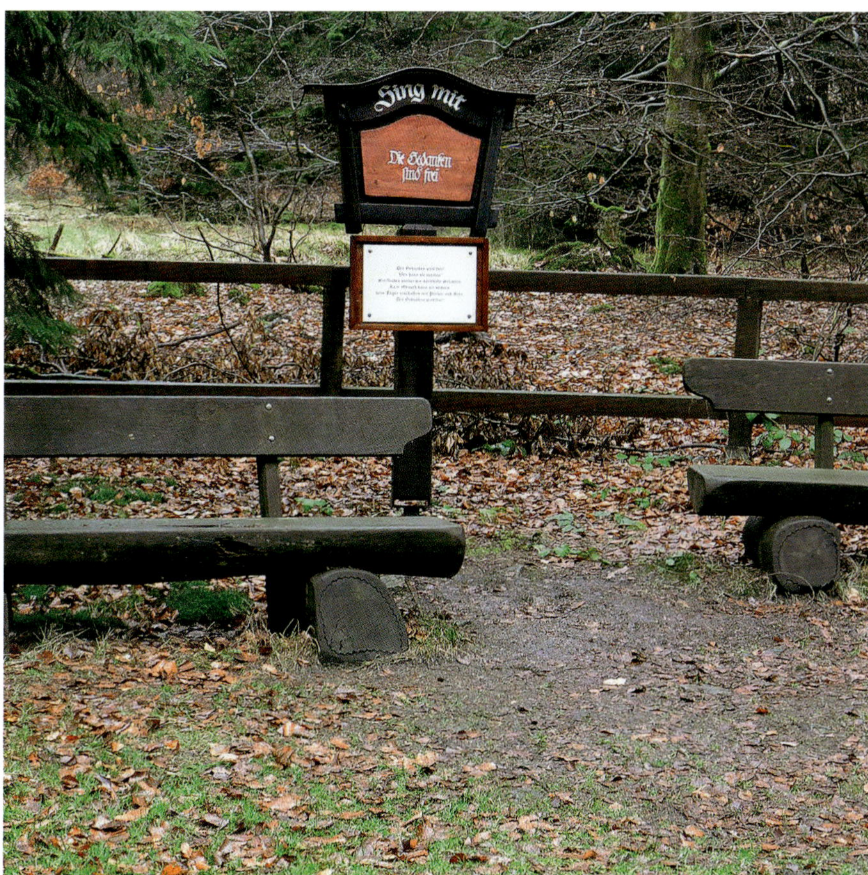

Sitzbank mit Gesangsgelegenheit

gemacht. Der Weg entpuppt sich als gut ausgebauter Forstweg, der nur mäßig in die Höhe führt. An einer Gabelung halten wir uns halb links und wandern in einem weiten Linksbogen durch den Wald. Nach einiger Zeit erreicht uns von rechts die sogenannte Straße der Lieder, die am genannten Hotel beginnt.

Wir bleiben weiter auf unserem Weg und treffen trotzdem auf Sitzbänke, an denen Holztafeln die Texte deutscher Volkslieder verraten. »Kein schöner Land«, »Wem Gott will rechte Gunst erweisen«, »Die Gedanken sind frei« und »Lola« unterhalten uns beim Wandern. Weitere Liedtexte finden wir auf dem Weg bergab zum Hotel und erinnern uns daran, wie ein Knab' ein Röslein sah, wie wir horchen, was von draußen reinkommt und wie wir einst gesessen hatten – hoch auf dem gelben Wagen.

Das Josephskreuz erinnert an den Pariser Eiffelturm ...

Nach der letzten Sitzbank, dort wo der Jäger mit seiner Lola sitzt, erhebt sich vor uns das eigentliche Ziel der Wanderung und unsere Sangesübungen verstummen ur-

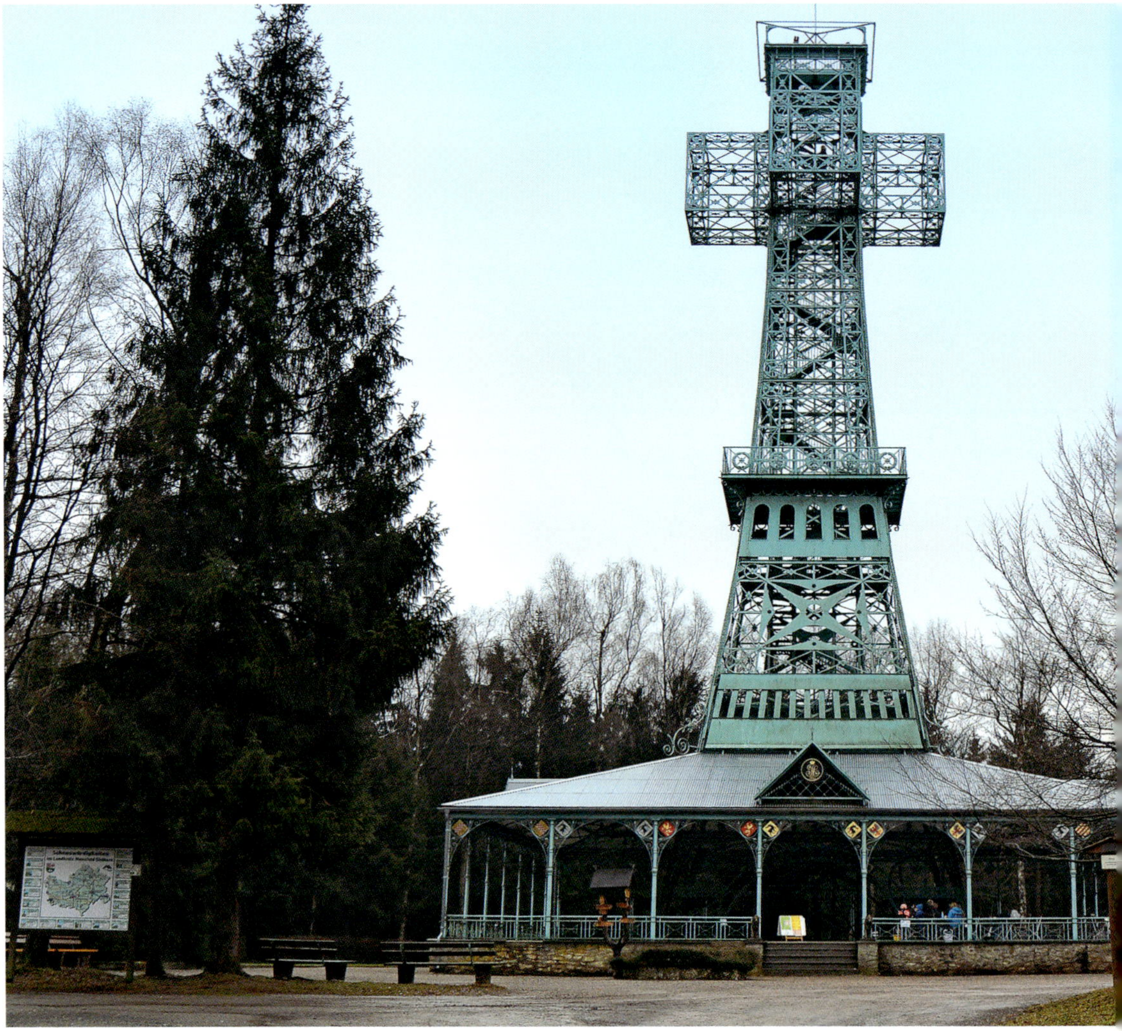

plötzlich, denn auf einen Schlag wird klar, warum weiter oben die Rede von der französischen Hauptstadt war. Das 38 Meter hohe ❶ **Josephskreuz** erinnert ganz eindeutig an den berühmten Eiffelturm. Der grün angestrichene Turm ist zwar in Kreuzform errichtet worden, doch das Stahlfachwerk ist in der Tat dem Eiffelturm nachempfunden worden. Wenn wir unter das Vordach zum Eingangsbereich gehen, sehen wir sogar, dass die Stützen der Anlagen beinahe originalgetreu gebaut wurden – nur eben eine Spur kleiner.

Nach einer Einkehr im Bergstüb'l und der Aussicht vom Josephskreuz gehen wir halb links auf einem deutlich schmaleren und etwas steileren Weg wieder hinab bis zum Parkplatz. Alternativ können wir natürlich auch auf dem breiten Weg wieder zurückgehen oder der Straße der Lieder bis zum Hotel folgen und am letzten Gesangsschild rechts abbiegen, um später ebenfalls den Ⓔ **Parkplatz** wieder zu erreichen.

... und auch die Entfernungsangabe zum Original fehlt nicht.

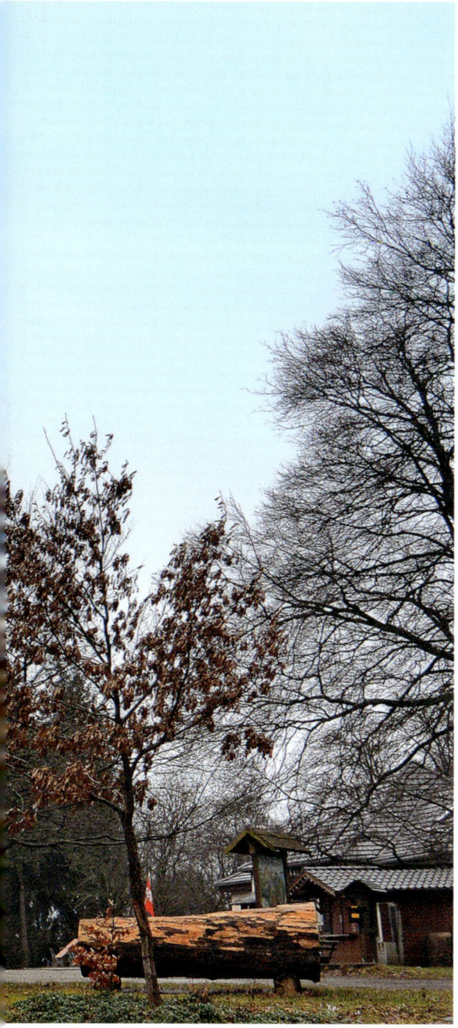

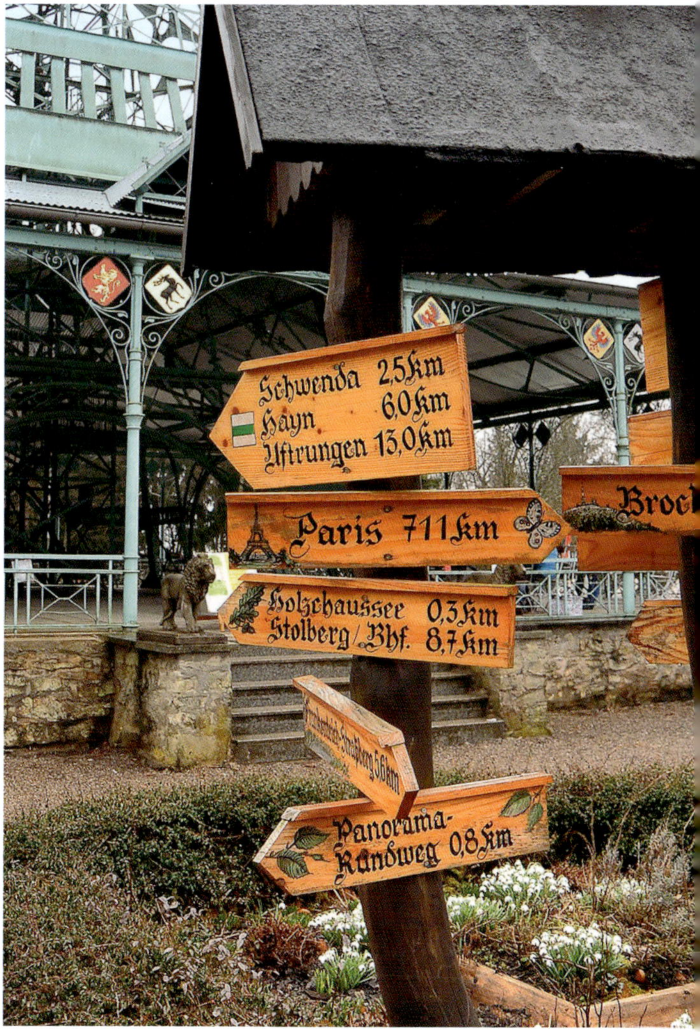

30

Zum Ring der Erinnerung

Auf den Spuren deutscher Geschichte

Leicht | 9,3 km | 227 Hm | 3:30 Std.

Tourencharakter
Leichte Wanderung mit einigen kleineren Auf- und Abstiegen. Festes Schuhwerk ist sinnvoll, da man sich stellenweise auf den Lochplatten des einstigen Kolonnenweges bewegt. Es ist empfehlenswert, neben den Platten zu wandern.

Ausgangs-/Endpunkt
Parkplatz in der Ebersbachstraße am westlichen Ortsausgang von Sorge, gleich neben der Trasse der Harzquerbahn (GPS: 51.695240, 10.693404)

Anfahrt
Auto: Auf der Bundesstraße 242 von Hasselfelde oder Braunlage bis Sorge, dort an der ersten Straße rechts und bis zum Parkplatz. **Bus:** Entweder mit dem Bus 262 bis zur Haltestelle Sorge, Försterbergstraße, oder mit der Harzquerbahn bis zum Bahnhof Sorge.

Einkehr
Keine

Karte
Karte der Harzer Wandernadel, Blatt 2, 1:50 000, über http://shop.harzer-wandernadel.de

Tourismusinformation
Die für Sorge zuständige Touristinfo befindet sich im Ortsteil Elend der Gemeinde Oberharz am Brocken: Hauptstraße 19, 38875 Oberharz am Brocken, Tel. 05320/2290444, www.oberharzinfo.de

Sonstiges
Grenzmuseum Sorge; Stempelstelle 46 (Ring der Erinnerung); Grenzmuseum in Sorge

Einen kleinen Teil vom sogenannten Grünen Band Europas lernt man auf dieser Wandertour zwischen Sorge und Braunlage kennen, wo früher die bestbewachte Grenze der Welt verlief. Heute spazieren wir friedvoll zwischen Sachsen-Anhalt und Niedersachsen zu den Denkmälern dieser Zeit.

Mit Wortspielen nach dem Motto »Wir lassen die Sorgen hinter uns«, wenn wir Sorge verlassen, wollen wir uns gar nicht lange befassen. Denn angesichts der Tatsache, dass Sorge früher nur wenige Hundert Meter östlich der deutsch-deutschen Grenze lag, hatte man hier dereinst wirkliche Sorgen und kein leichtes Leben. Die Zeiten haben sich glücklicherweise gewandelt und so können wir heute unbesorgt die Wälder betreten, zu denen es damals keinen Zutritt gab. Den Ⓐ **Parkplatz** verlassen wir in Richtung der Bahngleise der Harzquerbahn, überqueren diese

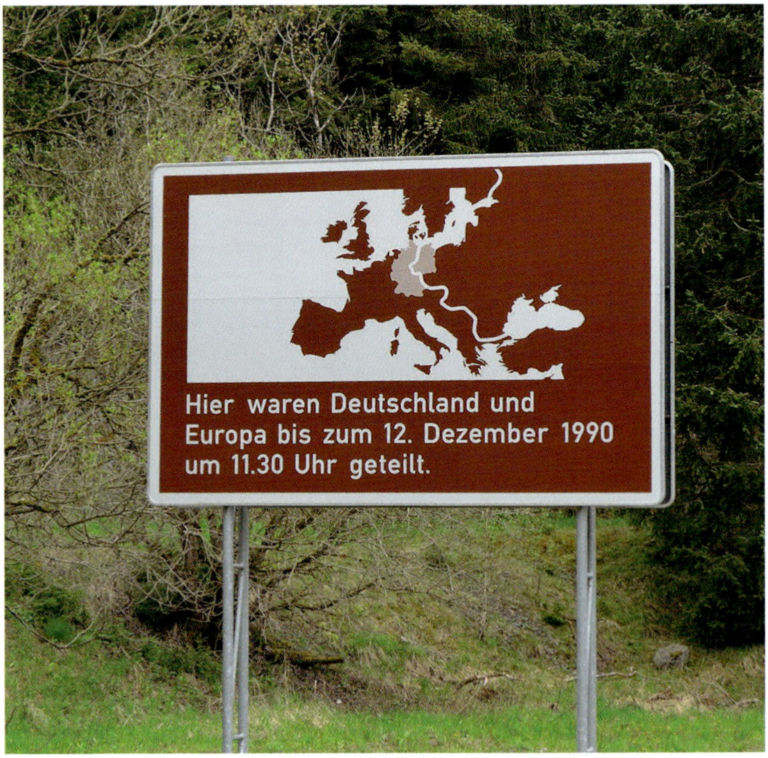

Hinweis an der nahegelegenen Landstraße bei Sorge

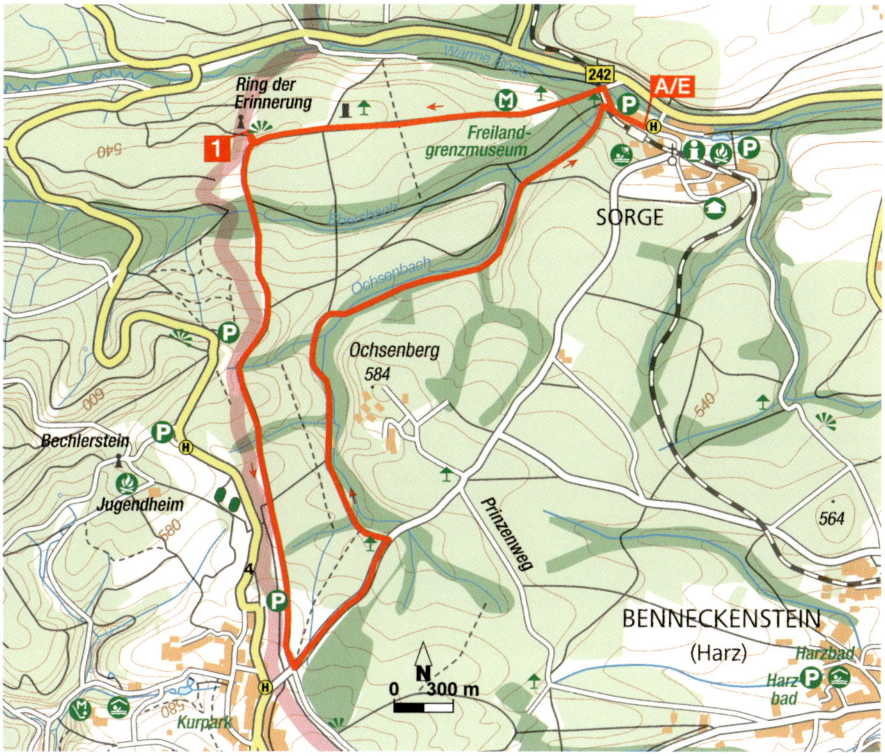

nach wenigen Metern und haben gleich den ersten Rastplatz am Wegesrand. Doch Erholung brauchen wir noch nicht und wandern daher auf einem breiten Weg zwischen weiten Wiesen entlang. Mit etwas Glück können wir auf der rechten Seite sogar den Wurmberg und den Brocken erkennen, die sich gerade so eben hinter den Baumwipfeln zeigen. Gleich hinter den Wiesen tauchen wir nicht nur tiefer in den Wald hinein, sondern auch in die deutsche Geschichte. Ein ehemaliger Sperrzaun ist heute geöffnet und steht uns nicht mehr im Weg. Auch der kleine Betonbunker auf der rechten Seite ist nicht mehr besetzt. Beides sind Relikte, die an die Zeit der deutschen Teilung erinnern und die heute zum Grenzmuseum Sorge gehören.

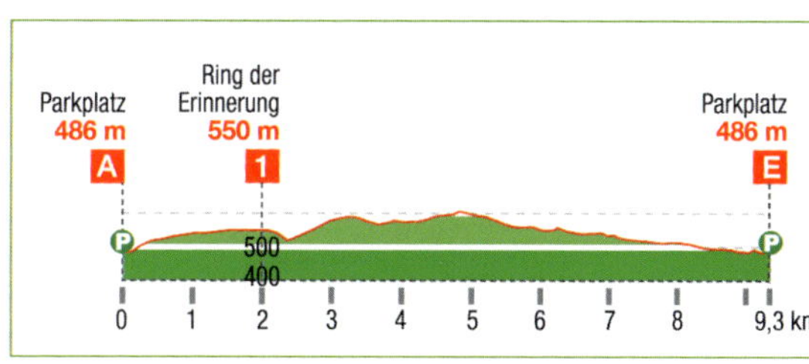

Auf dem Lochplattenweg ist das Wandern nicht ganz einfach. Dafür wurden die Lochplatten zugegebenermaßen auch nicht hergestellt. Vielmehr dienten sie dazu, die Grenze zu sichern und waren ein Fahrweg für die Fahrzeuge der Grenzsoldaten. Der Weg ist schnurgerade und bringt uns zu einer Schneise im Wald, die uns

Die innerdeutsche Grenze

Fast 1400 Kilometer war die innerdeutsche Grenze lang, die die DDR und die BRD von der Ostseeküste bis zur damals tschechoslowakischen Grenze trennte. Zahlreiche Grenzmuseen entlang des einstigen sogenannten Todesstreifens dokumentieren diese Teilung, die durch einen Zaun, Selbstschussanlagen und Splitterminen markiert wurde. Der Sperrbereich war bis zu fünf Kilometer breit.

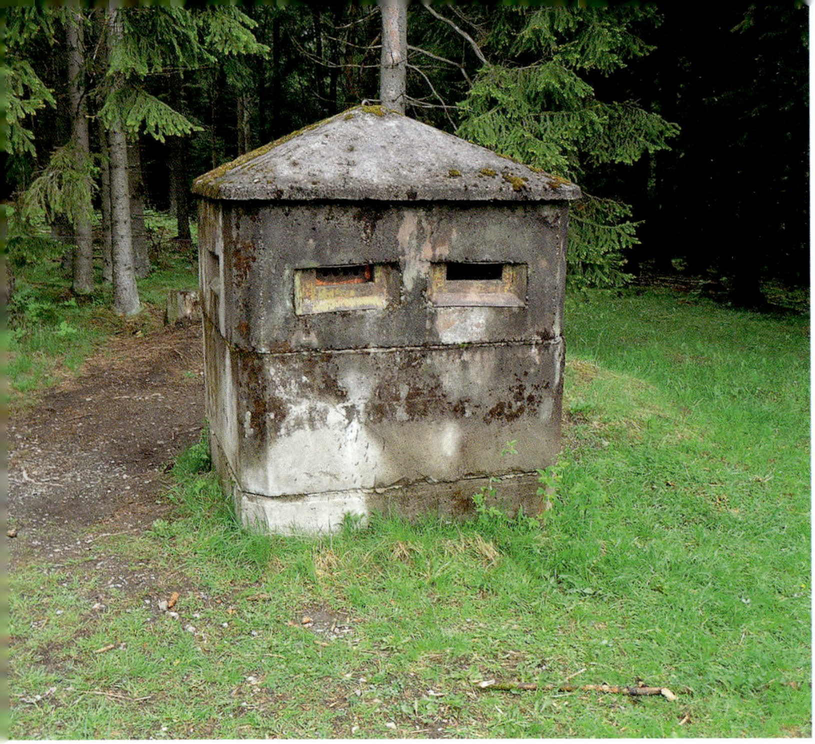

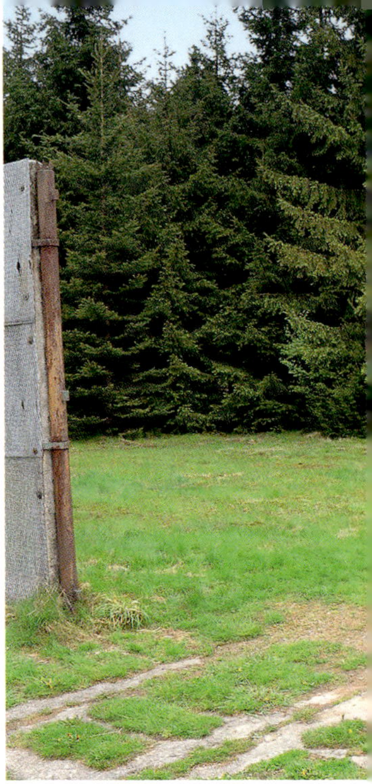

Links: Alter Bunker der DDR-Grenzsoldaten

Mitte: Die Öffnung der Grenze hat man kaum für möglich gehalten.

Rechts: Kolonnenweg mit Wachturm der DDR

unwirklich erscheint. Noch immer steht hier ein hoher Wachturm, von dem aus man seinerzeit den Bereich kontrollierte. Gleich dahinter erstreckt sich der engmaschige Zaun, der damals die beiden Staaten trennte. Wir gehen weiter geradeaus, bleiben auf der DDR-Seite des Zaunes und gelangen knapp 400 Meter hinter dem Wachturm zum sogenannten ❶ **Ring der Erinnerung**. Dieser wurde als vergängliche Kunst installiert und besteht aus einer kreisförmigen Hecke genau auf dem ehemaligen Grenzstreifen. Mittendrin erhalten Sammler der Harzer Wandernadel einen weiteren Stempel für ihr Stempelheft.

Wenn wir uns nach links wenden, wandern wir auf bzw. neben dem Kolonnenweg in südliche Richtung. Im Auf und Ab der Landschaft freuen wir uns, dass hier heute ein unbeschwertes Wandern möglich ist. Auf der rechten Seite erheben sich die Bäume in Niedersachsen, die im Westteil Deutschlands wuchsen, während sich links von uns der Wald der Ex-DDR befindet. Landschaftlich macht es keinen Unterschied, Vögel fliegen von West nach Ost und umgekehrt. Ein idyllisches Bild, umso schwerer ist es vorstellbar, dass diese Waldschneise bis 1989 als Todesstreifen bezeichnet werden musste. Rund zweieinhalb Kilometer wandern wir ab dem Ring der Erinnerung auf dem Grünen Band und erreichen in Höhe der niedersächsischen Gemeinde Hohegeiß die schmale Sorger Straße. Ein Hinweisschild informiert uns darüber, dass dieses Sträßchen die kürzeste Verbindung zwischen Sorge und Hohegeiß ist und ab dem 28. April 1990 wieder dauerhaft genutzt werden konnte.

An der kleinen Straße wenden wir uns nach rechts, lassen den Grenzstreifen hinter uns und erreichen einen weiteren Abzweig an einer kleinen Schutzhütte. Nach einer kurzen Pause biegen wir links ab und wandern am schmalen Lauf des Ochsenbachs

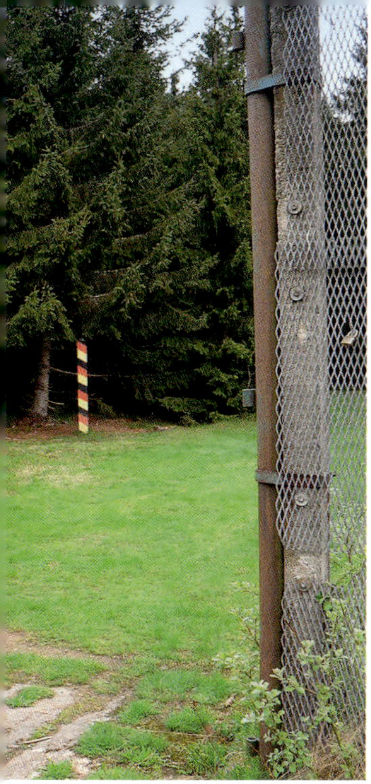

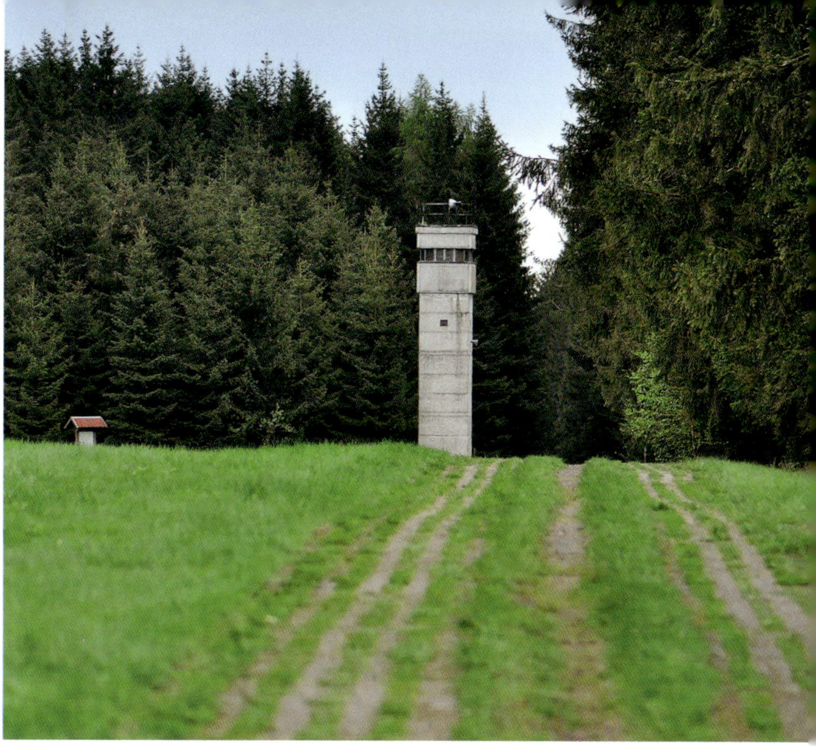

weiter durch den Wald, mittlerweile wieder in Richtung Norden. Nach einiger Zeit überqueren wir auf einem schmalen Steg den Ochsenbach, halten uns gleich dahinter links und bleiben dem Lauf des Wassers treu. Auch auf diesem Weg gilt, dass wir hin und wieder Überreste der Grenzanlage finden. Betonfundamente ragen nämlich am Wegesrand in die Höhe, an denen der Absperrzaun befestigt war. Wir erreichen wieder eine Schneise im Wald und könnten den Ochsenbach erneut überqueren, womit wir zu dem kleinen Betonbunker gelangen, den wir zu Beginn der Wanderung gesehen haben. Doch wir bleiben geradeaus und unterqueren wenig später die Eisenbahnunterführung der Harzquerbahn. Gleich dahinter erkennen wir unseren **E Parkplatz** wieder. Doch anstatt unsere Wanderung zu beenden, sollten wir nach rechts abbiegen und noch 300 Meter in den Ort Sorge hineingehen. Nach den vielen Grenzerfahrungen und Eindrücken lohnt sich hier noch ein Besuch im Grenzmuseum sowie in der privaten Dokumentationsstätte im Landhaus Weichelt.

Der Ring der Erinnerung besteht aus gewachsenen Bäumen.

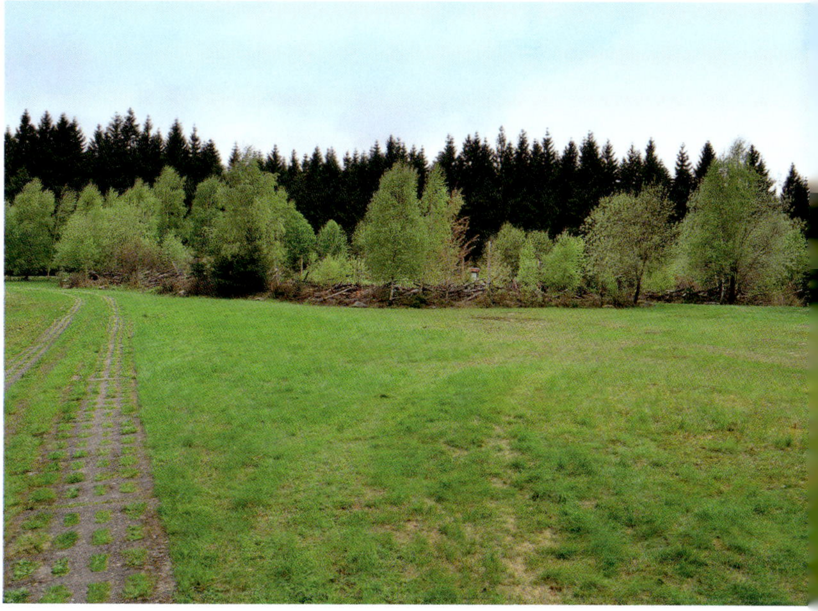

Für jeden Tag die richtige Tour

			km		Std.										
1	🔵	Der Liebesbankweg	6,3	190	2:30	●	●	●	●		●		112	●	
2	⚫	Die Hallesche Hütte	7,2	380	3:00	●							119	●	●
3	🔴	Unterwegs oberhalb vom Okertal	9	362	3:00	●	●	●		●			118, 117, 116	●	
4	🔵	Oberharzer Wasserwirtschaft	8,5	185	3:00	●	●	●		●			127, 128	●	
5	⚫	Oberhalb der Innerstetalsperre	21	610	7:00					●			103, 104, 102	●	
6	🔴	Großer Knollen	11	450	3:30	●	●	●	●		●		152, 150	●	
7	🔵	Zu Kuckholzklippe und Dorotheenblick	11,3	376	3:30		●		●	●			139, 138	●	
8	🔵	Goslar Rammelsberg	9,2	416	3:00	●	●	●	●	●			114, 91	●	
9	🔴	Wolfswarte und Oderteich	12,1	290	4:30		●	●	●		●		217, 135	●	
10	⚫	Brocken	17,5	617	6:30	●	●	●		●			11, 9, 22, 13	●	
11	🔴	Der höchste Punkt in Niedersachsen	12,5	460	4:30	●	●	●		●		●	18, 156	●	
12	🔴	Baumwipfelpfad Bad Harzburg	10,8	475	3:30	●	●	●			●	●	121, 122, 170	●	
13	🔴	Eckertalsperre	14,4	445	5:00	●	●	●			●		19, 1	●	
14	🔴	Auf die Achtermannshöhe	12,1	300	4:30		●			●			168, 136, 12	●	
15	⚫	Hanskühnenburg	17,5	660	6:30	●		●		●			147, 144	●	

Nr.		Tour	Länge	Höhenunterschied hinauf/hinab	Gehzeit	Einkehr	kindergeeignet	Sehenswürdigkeit	wintergeeignet	viel Sonne	schattiger Weg	Seilbahn	Stempel	ÖPNV	Klettern
16	●	Borkenkäferpfad	21	614	7:30	●		●		●			5, 4, 3, 2, 8, 6	●	
17	●	Moorwanderung im Nationalpark	12	331	4:00	●	●	●	●	●			221	●	
18	●	Zum Pferdchen in Zorge	11	416	3:30		●			●			58, 160, 163	●	
19	●	Rappbodetalsperre	12,5	372	4:00		●	●		●			52, 56, 53	●	
20	●	Bad Suderode	9	433	3:30	●	●				●		186, 183, 185	●	
21	●	Von der Steinernen Renne zum Ottofelsen	12	485	4:30	●	●	●			●		85, 27, 28, 26	●	
22	●	Hexentanzplatz	10	480	3:30	●	●	●	●		●	●	72, 70, 178	●	
23	●	Zum Aussichtspunkt Wilhelmsblick	9,5	450	3:30	●	●		●	●			64, 65, 66	●	
24	●	Von der Selkesicht zur Burg Falkenstein	7,5	392	3:00	●	●	●	●		●		204, 200		
25	●	Glockenstein und Lauenburg	6,4	340	2:30		●	●	●		●		73, 187	●	
26	●	Sandsteinhöhlen	6	176	2:30	●	●	●	●		●		82, 81, 80	●	
27	●	Entlang der Teufelsmauer	9,5	160	3:00		●	●	●	●			74, 188	●	
28	●	Questenberg	1,6	91	1:30	●	●	●	●	●			212	●	
29	●	Josephskreuz	3	98	2:00	●	●	●	●		●		215	●	
30	●	Zum Ring der Erinnerung	9,3	227	3:30		●	●	●	●			46	●	

Piktogramme erleichtern den Überblick

- Länge
- Höhenunterschied hinauf/hinab
- Gehzeit
- Einkehr
- kindergeeignet
- Sehenswürdigkeit
- wintergeeignet
- viel Sonne
- schattiger Weg
- Seilbahn
- Stempel
- ÖPNV
- Klettern

PS: Was ich Ihnen noch weitergeben möchte ...

... sind meine Erfahrungen mit dem Wetter. Für gewöhnlich reise ich mit dem Wohnmobil in den Harz, bin aber auch schon in der Pension Blechleppel in Benneckenstein untergekommen. Bei meinen Wohnmobiltouren steuerte ich immer den Wohnmobilstellplatz in Braunlage an, der jedoch leider im Jahr 2017 seine Pforten schloss.

Der Standort in Braunlage war wirklich grandios. Mitten im Harz und mit Blick auf die beiden prominenten Gipfel Wurmberg und Brocken kann man in Braunlage gleich in die Wanderschuhe schlüpfen und wunderbare Touren unternehmen.

Allerdings muss man berücksichtigen, dass Braunlage deutlich höher liegt als andere Ortschaften in diesem Mittelgebirge. Das bedeutet, der morgendliche Blick aus dem Fenster kann ernüchternd sein, wenn man gerne nach draußen möchte, der Regen jedoch an die Scheiben klopft. Meine Frau und ich haben es dann oft so gehalten, dass wir weiter nach Osten gefahren sind.

Der Harz wird in Ostrichtung deutlich flacher und verliert ziemlich an Höhe. Da sich das meist von der Westseite kommende schlechte Wetter oft rund um den Brocken verfängt und dort abregnet, war es in Thale oder Harzgerode zumindest trocken. In manchen Fällen erlebten wir nach der kurzen Fahrt von Braunlage in den Ostharz dort sogar Sonnenschein und auch deutlich angenehmere Temperaturen.

Wenn Sie also zentral im Harz übernachten und das Wetter Ihnen gerade die Wanderlust verderben möchte, dann empfehle ich einfach, aus der Höhenlage in die nahe gelegenen östlichen Wanderregionen zu fahren. Schönes Wetter auf allen Touren wünsche ich Ihnen!

Herzlich,

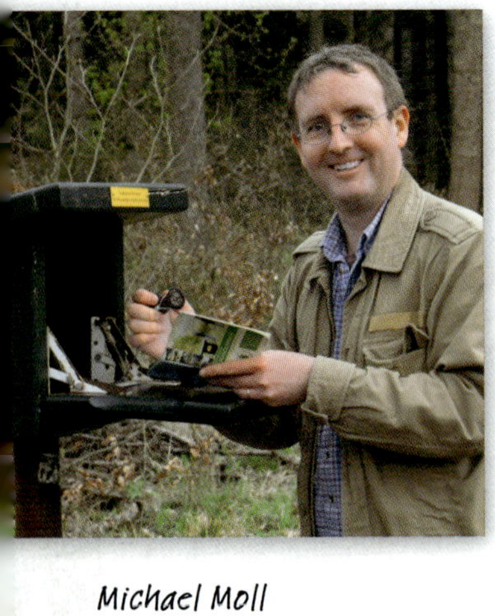

Michael Moll

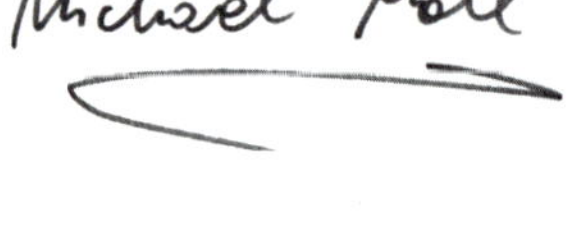

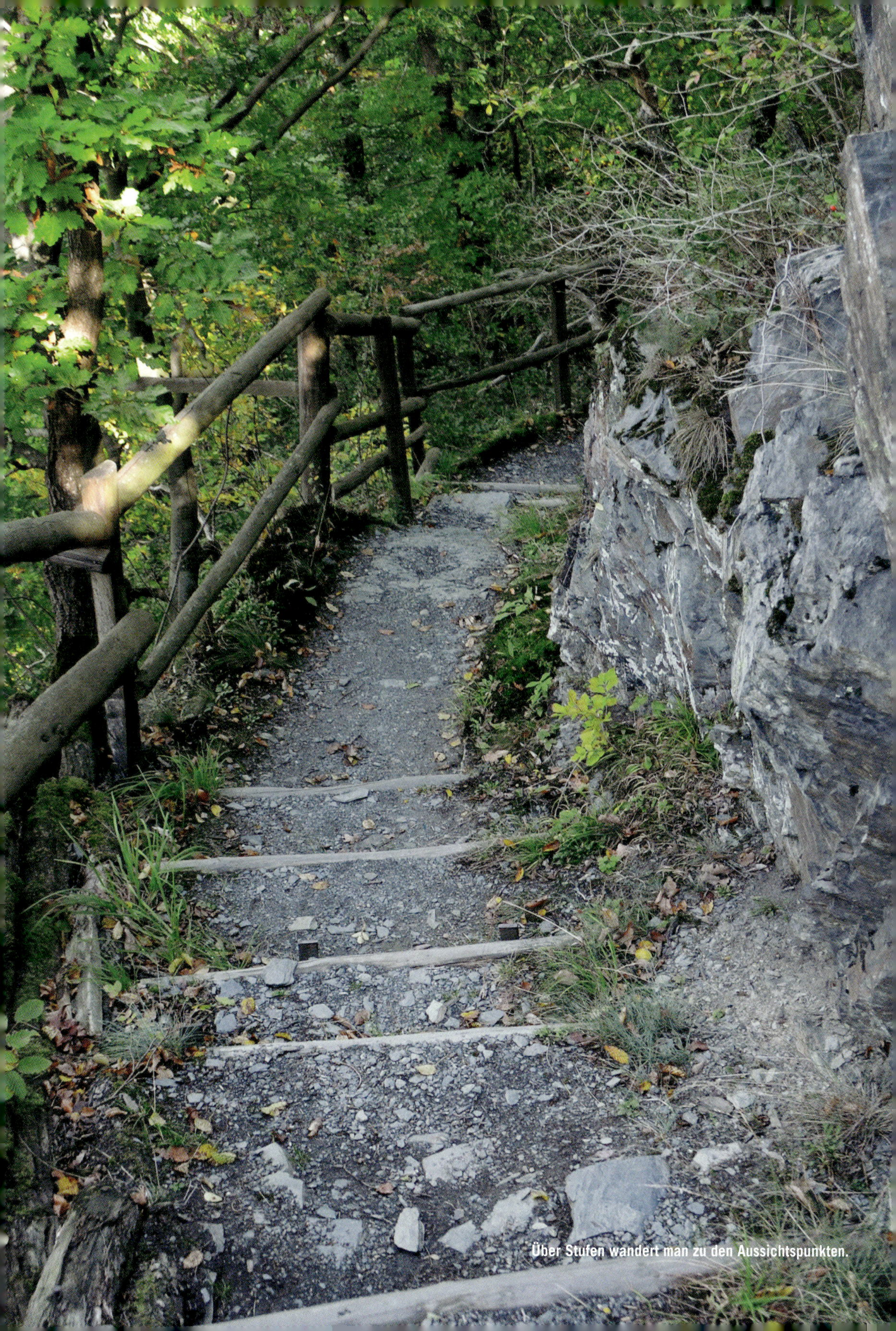

Über Stufen wandert man zu den Aussichtspunkten.

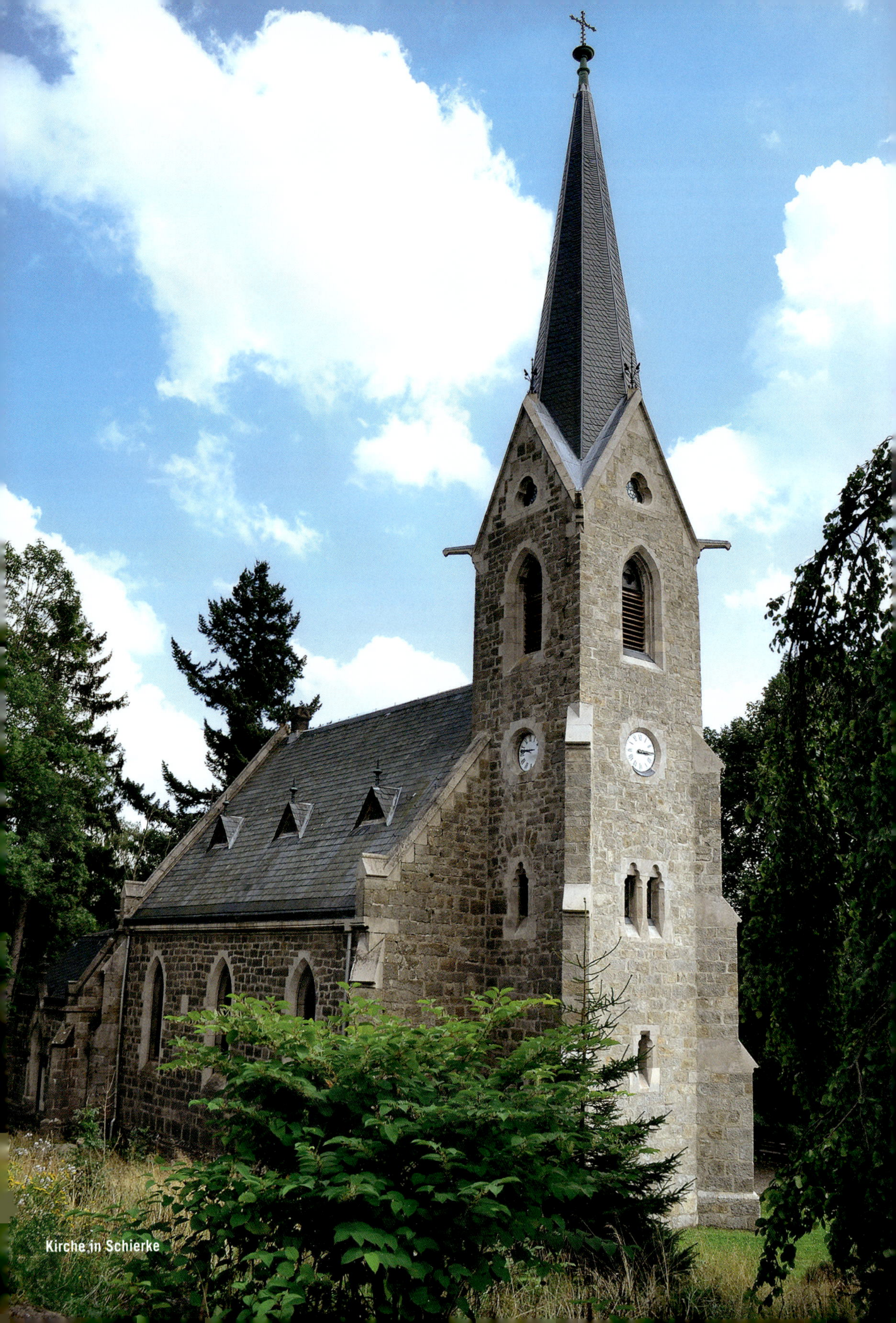
Kirche in Schierke

Register

Ebenfalls erhältlich …

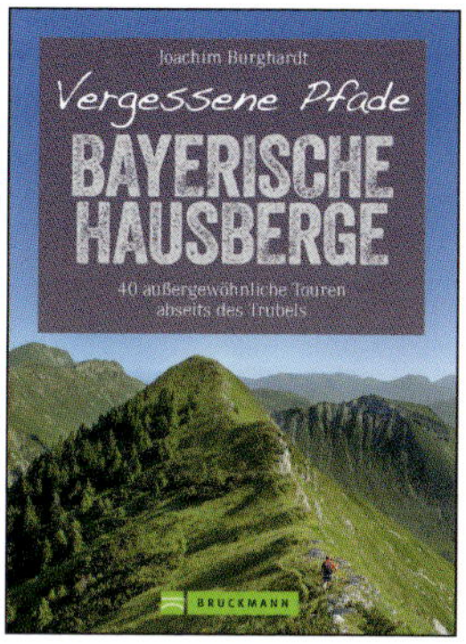

ISBN 978-3-7343-1210-6

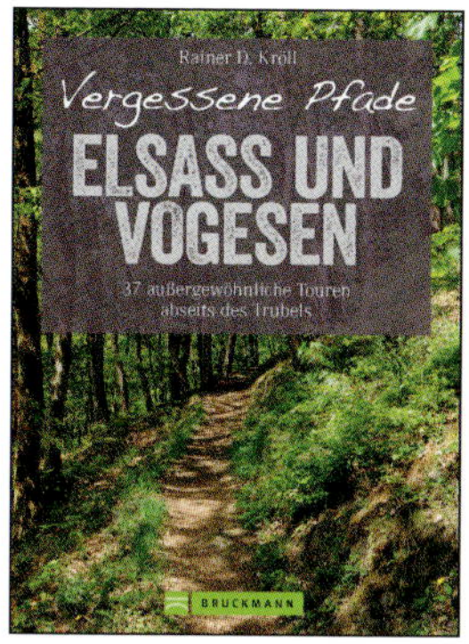

ISBN 978-3-7654-6024-1

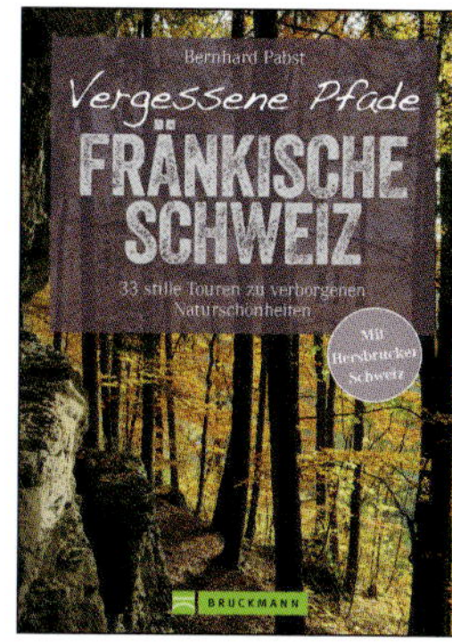

ISBN 978-3-7654-5205-5

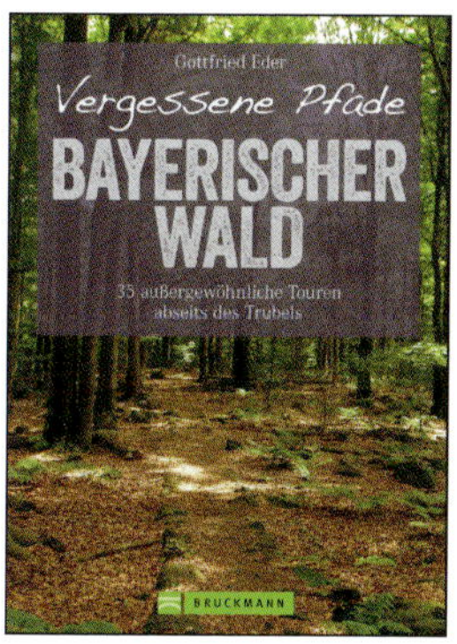

ISBN 978-3-7654-8391-2

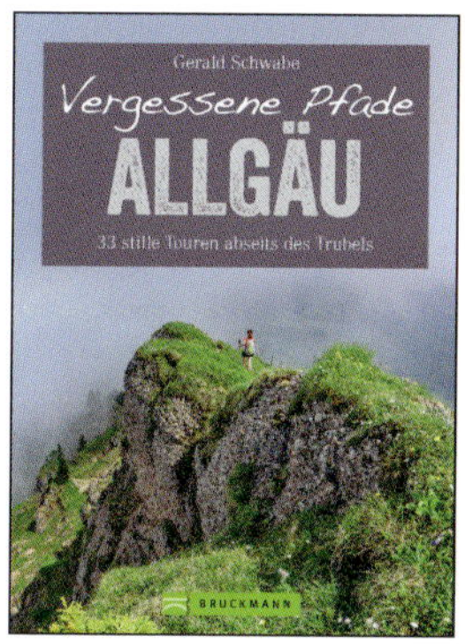

ISBN 978-3-7654-5275-8

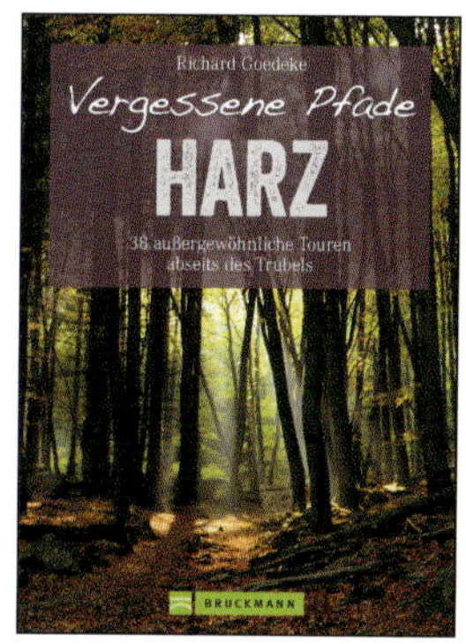

ISBN 978-3-7654-6819-3

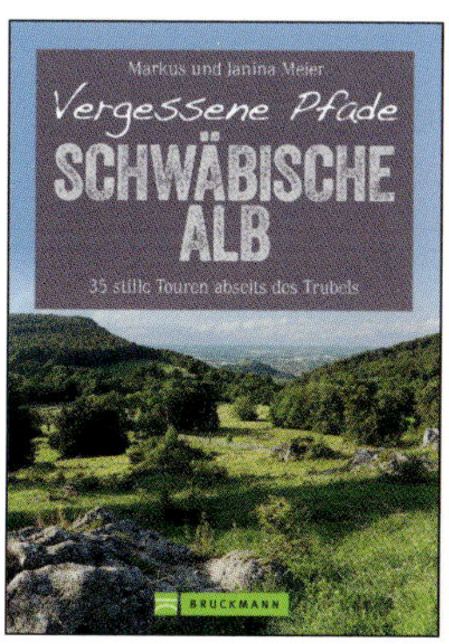

ISBN 978-3-7654-6070-8

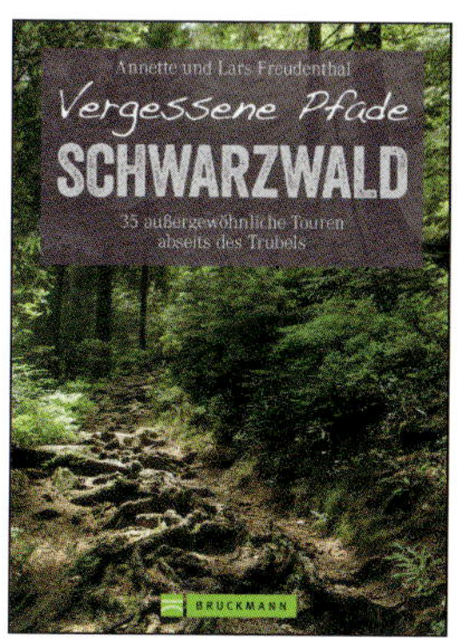

ISBN 978-3-7654-6803-2

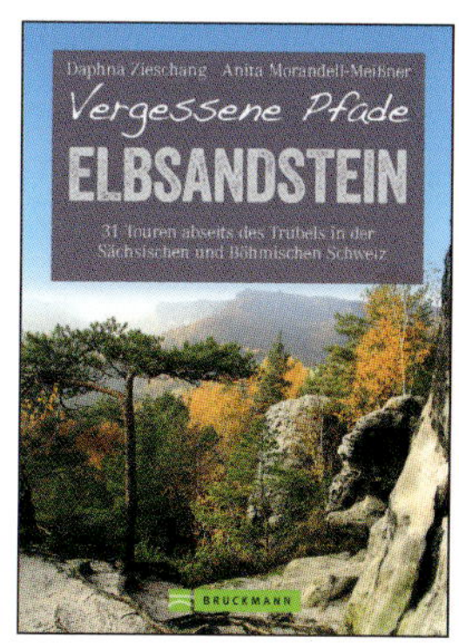

ISBN 978-3-7343-1063-8

BRUCKMANN

www.bruckmann.de

Impressum

Verantwortlich: Stefanie Krüger
Lektorat: Gotlind Blechschmidt
Layout: BUCHFLINK Rüdiger Wagner
Umschlaggestaltung: Mediaservice Rudi Stix
Repro: Cromika
Kartografie: Bruckmann Verlag GmbH, Heidi Schmalfuß
Herstellung: Alexander Knoll
Printed in Slovenia by Florjancic

★ ★ ★ ★ ★

Sind Sie mit diesem Titel zufrieden? Dann würden wir uns über Ihre Weiterempfehlung freuen.
Erzählen Sie es im Freundeskreis, berichten Sie Ihrem Buchhändler, oder bewerten Sie bei Onlinekauf. Und wenn Sie Kritik, Korrekturen, Aktualisierungen haben, freuen wir uns über Ihre Nachricht an Bruckmann Verlag, Postfach 40 02 09, D-80702 München oder per E-Mail an lektorat@verlagshaus.de.

Unser komplettes Programm finden Sie unter www.bruckmann.de

Alle Angaben dieses Werkes wurden vom Autor sorgfältig recherchiert und auf den neuesten Stand gebracht sowie vom Verlag geprüft. Für die Richtigkeit der Angaben kann jedoch keine Haftung übernommen werden, weshalb die Nutzung auf eigene Gefahr erfolgt. Insbesondere bei GPS-Daten können Abweichungen nicht ausgeschlossen werden. Sollte dieses Werk Links auf Webseiten Dritter enthalten, so machen wir uns die Inhalte nicht zu eigen und übernehmen für die Inhalte keine Haftung.

Sie sind auf der Suche nach weiterführender Literatur? Dann empfehle ich Ihnen den Titel »Vergessene Pfade Harz« von Richard Goedecke. Oder Sie werfen einen Blick in die Zeitschrift »Bergsteiger«. Hier werden Sie bestimmt fündig.
Ihr Michael Moll

Bildnachweis: Alle Aufnahmen im Innenteil stammen von Michael Moll, außer S. 97 o. re.: K|Photography/shutterstock.com
Umschlagvorderseite: Naturschutzgebiet Teufelsmauer, mauritius images/Andreas Vitting/imageBROKER (TOUR 27)
Umschlagrückseite: Fantastischer Ausblick vom höchsten Berg des Harzes (TOUR 10)

Die Deutsche Nationalbibliothek verzeichnet diese Publikation in der Deutschen Nationalbibliografie; detaillierte bibliografische Daten sind im Internet über http://dnb.d-nb.de abrufbar.

3. aktualisierte Auflage

Infanteriestraße 11a
80797 München

ISBN 978-3-7654-5201-7